中華文化促進會主持編纂

國家“十一五”~“十四五”重點圖書出版規劃項目

中國社會科學院哲學社會科學創新工程學術出版資助項目

出品人 王石 段先念

今注本二十四史

舊五代史

一四

晉書〔四〕漢書〔一〕

宋 薛居正等 撰

陳智超 紀雪娟 主持校注

中国社会科学出版社

舊五代史　卷九六

晉書二十二

列傳第十一

孔崇弼

孔崇弼，[1]唐僖、昭兩朝宰相魯國公緯之子也。[2]緯有重名于時，無子，崇弼以猶子入繼，[3]承蔭授畿尉。[4]崇弼登進士第，爲弘文校理。[5]從昭宗幸洛陽，河南尹張宗奭以崇弼名家子，[6]署爲幕賓。[7]初仕後唐，自吏部郎中授給事中，[8]時族兄昭序由給事中改左常侍，[9]兄弟同居門下，時論榮之。[10]

[1]孔崇弼：中華書局本有校勘記："《册府》卷七八二同，句下殿本、劉本有'唐僖宗宰相緯之子也'九字，《册府》卷八六三作'唐僖昭兩朝宰相魯國公緯之子也'。"《舊五代史考異》："《新唐書·世系表》作昌弼，字佐化。《薛史》作崇弼，蓋避後唐廟諱改。"《輯本舊史》之影庫本粘籤："《孔崇弼傳》，《永樂大典》僅

存一條，今引《册府元龜》以補其闕。”又《輯本舊史》之原輯者案語：“此傳原本殘闕。”見《宋本册府》卷七八二《總録部·榮遇門》、卷八六三《總録部·爲人後門》。

[2]僖：即唐僖宗李儇，873年至888年在位。紀見《舊唐書》卷一九下、《新唐書》卷九。　昭：即唐昭宗李曄，888年至904年在位。紀見《舊唐書》卷二〇上、《新唐書》卷一〇。　緯：人名。即孔緯。曲阜（今山東曲阜市）人。孔子後代。唐代中後期大臣。傳見《舊唐書》卷一七九。

[3]猶子：兄弟之子，即侄子的别稱。　畿尉：官名。縣之佐官，掌軍事、治安。唐代縣的級别分爲七等，畿縣是第二等。正九品下。

[4]“唐僖、昭兩朝宰相魯國公緯之子也”至“承蔭授畿尉”：《宋本册府》卷八六三《總録部·爲人後門》。

[5]弘文校理：官名。弘文館爲唐代中央官學之一，弘文校理掌校理圖籍。

[6]張宗奭：人名。濮州臨濮（今山東鄄城縣臨濮鎮）人。五代後梁將領。傳見本書卷六三、《新五代史》卷四五。

[7]“崇弼登進士第”至“署爲幕賓”：《宋本册府》卷七二九《幕府部·辟署門四》。

[8]吏部郎中：官名。尚書省吏部頭司吏部司長官。掌文官階品、朝集、録賜，給其告身、假使以及選補流外官等事。《新唐書》記正五品上。　給事中：官名。秦始置。隋唐以來，爲門下省屬官。掌讀署奏抄、駁正違失。正五品上。

[9]昭序：即孔昭序。《全唐文作者小傳正補》卷八五二：“昭序，晋天福中，官太子賓客。累遷工部尚書。”《舊五代史考異》：“《世系表》作昌序，字昭舉。《薛史》作詔序，疑亦因避諱而改也。”　左常侍：官名。門下省屬官。掌侍奉規諷，備顧問應對。正三品下。

[10]“初仕後唐”至“時論榮之”：亦見《宋本册府》卷七八

二《總録部·榮遇門》。

爲庫部郎中。[1]後唐長興元年九月,[2]奏天下州縣長吏每到任,造得公廨什物,罷任之時,多事已有,不係案牘。此後請公廨什物,明立文案,不許乾没,免致擾人。[3]十月,吏部侍郎王權、將作監王澄、太僕少卿魏仁鍔、庫部郎中孔崇弼、司門郎中李殷夢、河南縣令郭正封等六人妻敘封郡君、縣君者,[4]敕旨:"敘封之例,敕格甚明,况在所司,備經其事。既成差誤,蓋是因循,顯有糾彈,實爲允當。欺即難恕,錯即可矜。然欲示戒懲,須行責罰。本行令史馬仁珪決臀杖七十勒停。[5]本判郎中裴坦罰兩月俸。[6]王權等六人妻進封敘封郡縣邑號官告,宜令所司追納毁廢。"初,《郊天后赦書節文》云:"朝臣並與追封贈及敘封制,不在此限。"其年七月十二日,中書以前赦書節文不該據品秩依格例施行。[7]又奏覆:"在朝臣寮,限兩月内一齊聞奏,並據品秩,依格例施行。"河南縣令郭正封制前任考功員外郎、朝議郎,[8]階俱是六品;後遷河南縣令、加朝請大夫,[9]正五品。其妻乃敘封縣君。内彈侍御史吕琦舉劾,[10]乃招僞濫,有涉情故。[11]

[1]庫部郎中:官名。尚書省庫部長官。掌全國武器、儀仗、符勘、尺籍、武學諸事。從五品上。

[2]長興:五代後唐明宗李嗣源年號(930—933)。

[3]"爲庫部郎中"至"免致擾人":《宋本册府》卷四七五《臺省部·奏議門六》。

［4］吏部侍郎：官名。尚書省吏部次官。協助吏部尚書掌文選、勳封、考課之政。正四品上。　王權：人名。太原（今山西太原市）人。五代官員。傳見本書卷九二、《新五代史》卷五六。　將作監：官名。秦代設將作少府，唐代改將作監，其長官即爲將作監。掌宫廷器物置辦及宫室修建事宜。從三品。　王澄：人名。籍貫不詳。五代官員。事見本書本卷。　太僕少卿：官名。北魏始置。太僕卿副貳，太僕寺次官。佐太僕卿掌車馬及牲畜之政令。從四品上。　魏仁鍔：人名。籍貫不詳。五代官員。事見本書卷四五《唐閔帝紀》及本卷。　司門郎中：官名。尚書省刑部司門司官員。主門關出入之籍及没收違禁之物。從五品上。　李殷夢：人名。籍貫不詳。五代官員。事見本書本卷。　縣令：官名。爲縣的行政長官，掌治本縣。唐代之縣，分赤（京）、次赤、畿、次畿、望、緊、上、中、中下、下十等。縣令分六等，正五品上至從七品下。河南縣令爲京縣令，正五品上。　郭正封：人名。籍貫不詳。五代官員。事見本書本卷及卷九二。　敘封：官制用語。古代宗室外戚、大臣依不同品級加封其母、妻邑號。　郡君、縣君：均爲命婦封號。

［5］令史：官名。低級屬官之名。　馬仁珪：人名。籍貫不詳。五代官員。事見本書本卷及卷九二。

［6］裴坦：人名。籍貫不詳。五代後晋官員。事見本書本卷。

［7］中書：指中書門下，唐代宰相辦公和處理政事的機構。

［8］考功員外郎：官名。尚書省吏部考功司副長官。爲考功郎中的副職，協助考功郎中掌考察内外百官及功臣家傳、碑、頌、誄、謚等事。從六品上。　朝議郎：官名。隋始置。文散官。正六品上。

［9］朝請大夫：官名。隋代始設，唐、五代文散官。從五品下。

［10］侍御史：官名。秦始置。掌糾舉百官、推鞫獄訟。從六品下。　吕琦：人名。幽州安次（今河北廊坊市安次區）人。五代官員。以剛直、才幹著稱。未及重用而去世。傳見本書卷九二、《新

五代史》卷五六。

［11］“十月”至“有涉情故”：《宋本册府》卷一五四《帝王部·明罰門三》，又見卷五二〇《憲官部·彈劾門三》。

崇弼天福中遷左散騎常侍。[1]無他才，但能談笑，戲玩人物，揚眉抵掌，取悦於人。[2]五年，詔令泛海使于杭越。先是，浙中贈賄，每歲恒及萬緡，時議者曰：“孔常侍奇薄，何消盈數，有命即無財，有財即無命。”明年使還，果海中船壞，空手而歸。《永樂大典》卷一萬三千三百三十九。[3]

［1］天福：五代後晋高祖石敬瑭年號（936—942）。出帝石重貴沿用至九年（944）。後漢高祖劉知遠繼位後沿用一年，稱天福十二年（947）。　左散騎常侍：官名。門下省屬官。掌侍奉規諷，備顧問應對。正三品下。　崇弼天福中遷左散騎常侍：《大典》卷一三三三九“侍”字韻“散騎常侍”事目。

［2］“無他才”至“取悦於人”：亦見《宋本册府》卷九四四《總録部·佻薄門》。

［3］“五年”至“空手而歸”：《大典》卷一三三三九“侍”字韻“散騎常侍”事目。

程遜

程遜，字浮休，壽春人。[1]天成二年十二月，[2]中書舍人遜上言：[3]“以民間機杼多有假僞，虚費絲縷，不堪爲衣，請下禁止，庶歸樸素。”[4]四年四月丙辰，上言曰：“臣聞身體髮膚，受之父母，不敢毁傷。所以樂正子春，下堂傷足，三月不出，而有憂色。民間多有割股上聞天聽者，伏以堯代則共推虞舜，[5]孔門則首舉曾參，[6]皆以至孝奉親，不聞割股肉療疾。或真有懷怙恃之感，報劬勞之恩，孝起因心，痛忘遺體，實行此事，自是人子之常情，不合鼓扇聲名，希沾恤賚。伏惟陛下，道齊覆載。孝治寰區，漸致昇平，全除矯妄。乞願明敕，遍下諸州，更有此色之人，不令舉奏。所冀真誠者自彰孝感，詐僞者免惑鄉閭。咸歸樸素之風，永布雍熙之化。"[7]十二月丙午，遜奏："三冬未降時雪，請命臣僚虔申祈禱。"從之。[8]

[1]壽春：地名。位於今安徽壽縣。　程遜，字浮休，壽春人：《大典》卷一六七七七"面"字韵"事韵"，應爲"手捫其面"事目，見下文所引。《輯本舊史》之影庫本粘籤："《程遜傳》，《永樂大典》僅存一條，今引《册府元龜》以補其闕。"原輯者案語："此下有闕文。（殿本）"《輯本舊史》卷三八《唐明宗紀四》天成二年九月乙丑條："以河陽掌書記程遜爲比部員外郎，知制誥。"

[2]天成：五代後唐明宗李嗣源年號（926—930）。

[3]中書舍人：官名。中書省屬官。掌起草文書、呈遞奏章、傳宣詔命等。正五品上。

[4]"天成二年十二月"至"庶歸樸素"：明本《册府》卷五〇四《邦計部·絲帛門》，亦見卷五五三《詞臣部·獻替門》。

[5]舜："舜"字原闕，中華書局本據宗文本補。今從。

[6]曾參：人名。姒姓，曾氏，魯國南武城（今山東平邑縣，一説今山東嘉祥縣）人。春秋末年思想家，孔子弟子之一。傳見《史記》卷六七。

[7]"四年四月丙辰"至"永布雍熙之化"：《宋本册府》卷四

七五《臺省部・奏議門六》。

［8］“十二月丙午”至“從之”：《宋本册府》卷一四五《帝王部・弭災門三》。

遜後爲翰林學士，[1]與學士和凝、張礪等上十三事。[2]其一：前代帝王，親觀風俗，訊民利病，其後不暇親行，亦遣使巡行風俗，唐朝於十道置採訪使一員。[3]請如舊制，亦冀民病蘇舒。其二：天成已來，久不括田，自水旱累年，民户疾苦不均。今歲夏秋，或稔于常歲，請行檢括，庶獲均輸。其三：中原邊上，率多閒田，可令近下軍都，興起屯田。舊時銅冶鐵冶，亦令軍人興置，不費於民。其四：人君求理，欲廣視聽，須群臣上言。然則人才有短長，智略有能否，其於聽用之間，乞留睿鑒，伏恐失人。其五：朝野官吏，人數衆多，若不行黜陟之科，何以察其能否。望准考課令，凡中外官，歲終校考，以行進退。其六：古人得位相讓，所冀不掩賢能，得其髦俊。請依建中故事，群官授命後，舉人自代。其七：治道既知損益，務實去華，伏見自中興以來，或於邊境權立州縣名目，户口不多，虚張吏員，枉費禄食。其權置名目，望一切停省，以賑邊軍。臣伏見徐、宿州管内，[4]有泗濱院、徐山院、市丘院、白土務，[5]所管人户共數千家。請罷廢名額，其户税請還州縣。其八：請止游墮，勸農桑，減冗食之員，停不急之務。其九：君上置諫諍之官，此期聞過，況聞官給諫紙，虚佇讜言，時政有所不便，請諫官陳論，詔書有所依違，請給事中封駁。其十：國朝承平時，諸監鑄錢不輟，尚不能給，今國家所鑄絶少，而市人銷錢，貴賣銅器，累行止絶，尚未知禁。伏乞嚴下條法，其銅，除鏡、鞍轡、腰帶外，不許市賣銅器，犯者以贓論。其十一：沿邊鎮戍，請明斥候，習戰陣，謹烽候，令夷狄知懼，戰必有功。其十二：每年給散蠶鹽不敷斤兩，雜之以硝土，請給散之時，命清强官止絶。其十三：伏聞關西、河東，人民饑饉，殍殕者多。其城市鄉村，積粟之家，望令官司通指姓名，俾令出糶，以濟饑民。中書門下覆奏："程遜等十三事，其置採訪使，難擇公清之吏，却生僥倖之門，問疾苦則未能，勞供須則轉費。况刺史廉使，自合訪求，不勞别置。其累年水旱，欲與檢田，以均勞逸。今年夏苗，已多災旱，秋稼今未及時，請下三司，可否聞奏。其屯田治務，興造之初，所費不少，今國力未辦，可俟它時。其受官舉代，劉鼎近已上聞。[6]其餘九件並可施行。擇良善爲心腹，群官書考，併省州縣，止遊惰，勸耕桑，諫官論事，給事封奏，斷用銅器，邊城習武，備差官散蠶鹽，均糶以濟饑民等事。"詔曰："程遜等所陳時務，並關王道，兼雜霸圖。益國利民，無所不至，成仁去害，悉在其間。救時病以良多，比忠言之更切，封駁詔敕，尤可施行，餘據事條下所司。"[7]

[1]翰林學士：官名。由南北朝始設之學士發展而來，唐玄宗改翰林供奉爲翰林學士，備顧問、代王言。掌拜免將相、號令征伐等詔令的起草。

[2]和凝：人名。鄆州須昌（今山東東平縣）人。歷仕後梁至

後周，五代官員、詞人。傳見本書卷一二七、《新五代史》卷五六。張礪：人名。籍貫不詳。五代後唐翰林學士。後入契丹，爲翰林學士。傳見本書卷九八。

[3]採訪使：官名。唐玄宗時於十道各置採訪處置使，掌本道民政。唐肅宗時改爲觀察處置使。

[4]徐：州名。治所在今江蘇徐州市。　宿州：州名。治所在今安徽宿州市。

[5]泗濱院、徐山院、市丘院、白土務：行政單位名。位於今江蘇、安徽部分地區。建制功能不詳。

[6]劉鼎：人名。徐州蕭縣（今江蘇徐州市）人。五代官員。傳見本書卷一〇八。

[7]“遜後爲翰林學士”至“餘據事條下所司”：《宋本册府》卷五五三《詞臣部·獻替門二》。《輯本舊史》卷四三《唐明宗紀九》長興三年（932）十二月壬戌條：“以翰林學士、中書舍人程遜爲户部侍郎，依前充職。”

唐末帝一日御廣壽殿，[1]召李懌及遜、崔拙、和凝、李崧、舍人王延、張昭遠、李詳、吕琦等賜食。[2]帝曰：“俱掌王言，何以分别内外。”李懌對曰：“王言本舍人所掌，衹自肅宗舉兵靈武後，[3]軍中逐急時令學士草詞，自後乃分職命。將相由内，群臣由外，其實一也。”食畢，人賜馬一匹，衣一襲。[4]

[1]唐末帝：即五代後唐末帝李從珂。又稱廢帝。934年至936年在位。後唐明宗養子，明宗入洛陽，他率兵追隨，以功拜河中節度使，封潞王。紀見本書卷四六至卷四八、《新五代史》卷七。廣壽殿：宫殿名。位於今河南洛陽市。

[2]李懌：人名。京兆（今陝西西安市）人。五代官員。傳見

本書卷九二、《新五代史》卷五五。　崔拙：人名。籍貫不詳。五代大臣。事見本書本卷。　李崧：人名。深州饒陽（今河北饒陽縣）人。五代後晋宰相，歷仕後唐至後漢。傳見本書卷一〇八、《新五代史》卷五七。　王延：人名。鄭州長豐（今河北文安縣南）人。五代大臣，歷仕五代各朝。傳見本書卷一三一、《新五代史》卷五七。　張昭遠：人名。籍貫不詳。五代後唐官員。事見本書本卷。　李詳：人名。籍貫不詳。五代後唐至後周官員，歷任左補闕、中書舍人、尚書右丞、吏部侍郎。事見本書卷四二、卷七七、卷一一一。

［3］肅宗：即唐肅宗李亨。唐玄宗之子。756 年至 761 年在位。天寶十四載（755）爆發安史之亂，次年叛軍攻占潼關，唐玄宗逃往四川，其在靈武即皇帝位，遥尊唐玄宗爲太上皇。爲收復長安、洛陽，平定藩鎮的叛亂，肅宗借兵回紇。至德二載（757）收復長安、洛陽，三年（758）迎玄宗歸長安。寶應元年（762），李輔國、程元振發動事變，殺死張皇后和越王係等，擁立太子李豫，肅宗憂驚而死。紀見《舊唐書》卷一〇、《新唐書》卷六。　靈武：郡名。治所在今寧夏吴忠市。乾元元年（758）改名靈州。此處代指治所在靈州的方鎮朔方軍。

［4］“唐末帝一日御廣壽殿”至“衣一襲”：《宋本册府》卷五五〇《詞臣部·恩獎門》。《輯本舊史》卷四六《唐末帝紀上》清泰元年（934）八月乙亥條：“以翰林學士、户部侍郎、知制誥程遜爲學士承旨。”卷一四九《職官志·較考》：“清泰二年秋九月庚申，尚書考功上言：‘今年五月，翰林學士程遜所上封事内，請自宰相、百執事、外鎮節度使、刺史，應係公事官，逐年書考，較其優劣。遂檢尋《唐書》《六典》《會要》考課，令書考第。’從之。時議者曰：‘考績之法，唐堯、三代舊制。西漢以刺史六條察郡守，五曹尚書綜庶績，法尤精察，吏有檢繩。漢末亂離，舊章弛廢。魏武于軍中權制品第，議吏清濁，用人按吏，頓爽前規。隋唐已來，始著於令。漢代郡守，入爲三公；魏晋之後，政在中書。左右僕射知政

事，午前視禁中，午後視省中，三臺百職，無不統攝。以是論之，宰輔憑何較考。自天寶末，權置使務已後，庶事因循，尚書諸司，漸致有名無實，廢墜已久，未知憑何督責。’程遜所上，亦未詳本源，其時所司雖有舉明，大都諸官亦無考較之事。”亦見《宋本册府》卷六三六《銓選部·考課門二》。

召入翰林充學士，自兵部侍郎承旨授太常卿。[1]天福三年秋，命使吴越，母羸老雙瞽，遜未嘗白執政以辭之。將行，母以手捫其面，號泣以送之。[2]《永樂大典》卷六千七百七十七。仲秋之夕，陰暝如晦，遜嘗爲詩曰："幽室有時聞雁叫，空庭無路見蟾光。"同僚見之，訝其詩語稍異。及使迴，遭風水而溺焉。[3]遜性温厚，鮮是非，所履循繩墨，與善惡人交，皆無悔吝，朝野賢達咸慕而重之。[4]

[1]兵部侍郎：官名。尚書省兵部次官。協助兵部尚書掌武官銓選、勳階、考課之政。正四品下。　太常卿：官名。西漢置太常，南朝梁始置太常卿。太常寺長官。掌宗廟祭祀禮樂及教育等。正三品。

[2]“召入翰林充學士”至“號泣以送之”：《大典》卷一六七七七“面”字韵“事韵”。又見《宋本册府》卷九二三《總録部·不孝門》。《輯本舊史》之原輯者案語：“《十國春秋》云：禮部尚書程遜爲加恩使。（殿本）”《輯本舊史》卷七六《晋高祖紀二》天福二年（937）夏五月戊寅條：“以翰林學士承旨、兵部侍郎程遜爲檢校禮部尚書、太常卿。”

[3]“仲秋之夕”至“遭風水而溺焉”：《宋本册府》卷九五一《總録部·咎徵門二》。《舊五代史考異》：“《通鑑考異·晋實録》：

‘天福二年十一月，加錢元瓘副元帥、國王，程遜等爲加恩使。四年十月丙午，以程遜没于海，廢朝，贈官。’《程遜傳》云：‘天福三年秋，使吴越，使回溺死。’《元瓘傳》云：‘天福三年，封吴越國王。’蓋二年冬制下，遜等以三年至杭州，不知溺死在何年，而晋朝以四年十月始聞之也。”

［4］“遜性温厚”至“朝野賢達咸慕而重之”：《宋本册府》卷八〇六《總録部·賢德門》。《輯本舊史》卷七八《晋高祖紀四》天福四年十月丙午條：“以太常卿程遜没於海，廢朝一日，贈右僕射。”

陳保極

陳保極，[1]閩中人也。好學，善屬文，[2]後唐天成中擢進士第，秦王從榮聞其名，[3]辟爲從事。從榮素急暴，後怒保極不告出遊宰相門，以馬箠鞭之，尋出爲定州推官。[4]從榮敗，執政知其屈，擢居三署，歷禮部、倉部員外郎。[5]

［1］陳保極：《（淳熙）三山志》卷二六：“陳保極，字天錫，閩縣人。”

［2］好學，善屬文：中華書局本有校勘記：“句上《册府》卷七二九有‘少’字。”見《宋本册府》卷七二九《幕府部·辟署門四》。

［3］從榮：人名。即李從榮。沙陀部人。五代後唐明宗李嗣源次子。傳見本書卷五一、《新五代史》卷一五。

［4］定州：州名。治所在今河北定州市。　推官：官名。唐肅宗以後置，五代沿置。爲節度、觀察、團練、防禦等使的屬官。度

支、鹽鐵等使也置推官掌理刑案之事。

[5]禮部、倉部員外郎：禮部員外郎，官名。尚書省禮部次官。佐禮部侍郎掌諸司事。從六品上。倉部員外郎，官名。户部倉部司次官。隋代始設，司本曹籍帳，侍郎缺則代理曹事。唐代復置。從六品上。

初，桑維翰登第之歲，[1]保極時在秦王幕下，因戲謂同輩曰："近知今歲有三個半人及第。"蓋其年收四人，保極以維翰短陋，故謂之半人也。天福中，維翰既居相位，保極時在曹郎，慮除官差跌，心不自安，乃乞假南遊，將謀退迹。既而襄、鄧長吏以行止入奏，[2]維翰乃奏於高祖曰："保極閩人，多狡，恐逃入淮海。"即以詔追赴闕，將下臺鍛成其事，同列李崧極言以解之，因令所司就所居鞫之。貶爲衛尉寺丞，[3]仍奪金紫，尋復爲倉部員外郎，[4]竟以銜憤而卒。

[1]桑維翰：人名。洛陽（今河南洛陽市）人。初爲石敬瑭節度掌書記，石敬瑭稱帝後出任翰林學士、知樞密院事等職。傳見本書卷八九、《新五代史》卷二九。

[2]襄：州名。治所在今湖北襄陽市。　鄧：州名。治所在今河南鄧州市。

[3]衛尉寺：官署名。北齊始置，掌軍器儀仗、祭祀幕帳之類，長官爲衛尉寺卿或衛尉卿，少卿爲副官。

[4]尋復爲倉部員外郎：《宋本册府》卷一四九《帝王部·捨過門》晋高祖條天福三年（938）四月："詔：責授朝散大夫、衛尉寺丞陳保極，夙蘊才名，早登科第，洎居班列，深顯器能。近者假限既違，朝章是舉，自聞左降，深悟前非。宜推宥罪之恩，俾奉自

新之命。勉伸傾竭，繼俟陟遷。可復行尚書倉部員外郎，賜紫金魚袋。”

保極無時才，有傲人之名，而性復鄙吝，所得利禄，未嘗奉身，但蔬食而已。每與人奕棋，敗則以手亂其局，蓋拒所賭金錢不欲償也。及卒，室無妻兒，唯囊中貯白金十鋌，[1]爲他人所有，時甚嗤之。《永樂大典》卷三千一百三十九。[2]

[1]唯囊中貯白金十鋌：中華書局本有校勘記："'十鋌'，《册府》（宋本）卷九三六作'數十鋌'。"見《宋本册府》卷九三六《總録部・吝嗇門》。

[2]《大典》卷三一三九"陳"字韻"姓氏"事目。

王瑜

王瑜，其先范陽人也。[1]父欽祚，[2]仕至殿中監，[3]出爲義州刺史。[4]瑜性兇狡，然雋辯驍果，騎射刀筆之長，亦稱於當代。起家累爲從事。天福中，授左贊善大夫。[5]會濮陽郡秋稼豐衍，[6]税籍不均，命乘使車，按察定計。[7]既至郡，謂校簿吏胡藴、惠鶚曰：[8]"余食貧久矣，室無增貲，爲我致意縣宰，且求假貸。"由是濮之部内五邑令長共斂錢五十萬，私獻於瑜。瑜即以書上奏，高祖覽章歎曰："廉直清慎有如此者，誠良臣也。"於是二吏五宰即時停黜，擢瑜爲太府少卿。[9]

[1]范陽：縣名。治所在今河北涿州市。

[2]欽祚：人名。即王欽祚。五代後晋官員。事見本書卷八〇、卷一〇九、《新五代史》卷五二。

[3]殿中監：官名。殿中省長官。掌宫廷供奉之事。從三品。

[4]義州：州名。治所在今河南信陽市。　刺史：官名。西漢武帝始置。州一級行政長官，總掌考核官吏、勸課農桑、地方教化等事。唐中期以後，節度、觀察使轄州而設，刺史爲其屬官，職任漸輕。

[5]左贊善大夫：官名。掌規諫太子過失、贊禮儀等事。正五品。

[6]濮陽郡：郡名。治所在今河南濮陽市。中華書局本有校勘記："'濮陽郡'原作'濮郡'，據《册府》卷九二四改。"

[7]按察定計：中華書局本有校勘記："'定'原作'大'，據《永樂大典》卷六八五一引《五代薛史》、《册府》卷九二四改。"

[8]校簿吏：官名。五代地方官員。掌軍民帳籍。　胡藴：人名。籍貫不詳。五代地方官員。事見本書本卷。　惠鶚：人名。籍貫不詳。五代地方官員。事見本書本卷。

[9]太府少卿：官名。南朝梁始置。太府寺副長官。佐太府卿掌國家財帛庫藏出納、關市税收等務。從四品上。　"天福中"至"擢瑜爲太府少卿"：《宋本册府》卷九二四《總録部·傾險門》："王瑜，天福中爲贊善大夫。會濮陽郡秋稼豐秀，税籍不均，命乘使車，按察定計。既至郡，謂校簿吏胡藴、惠鶚曰：'余有處約之疾，室無增貨，爲我致意縣尹，且求假貸。'於是鄄城令劉承珪、濮陽令王傳賓、臨濮令曹光裔、雷澤令張璿、范陽令范皋聚錢五十萬，私書而獻。瑜以書上奏，帝覽章稱歎曰：'廉直清慎，尚有如此者，誠良臣也。'二吏五宰，即時停黜。瑜則進位太府少卿，詔書褒美。"

杜重威之鎮東平也，[1]瑜父欽祚爲節度副使，[2]及重威移鎮常山，[3]瑜乃詭計干重威，使奏己爲恒州節度副使，[4]竟代其父位。歲餘，入爲刑部郎中。[5]丙午歲，父欽祚刺舉義州，瑜歸寧至郡。會北戎盜據中夏，[6]何建以秦州歸蜀，[7]瑜説欽祚曰："若不西走，當爲左衽矣！"[8]厲色數諫，其父怒而不從。因其卧疾涉旬，瑜仗劍而脅之曰："老懦無謀，欲趨炮烙，不即爲計，則死於刃下。"父不得已而聽之。時隴東屯兵扼其川路，[9]將北趣蕃部，假途而往，[10]因與郡盜酋長趙徽歃血爲約，[11]以兄事之。謂徽曰："西至成都，余身爲相，余父爲將，爾當領一大郡，能遂行乎？"徽曰："諾。"瑜慮爲所賣，先致其妻孥，館於郡中。行有期矣，徽潛召其黨，伺於郊外。子夜，瑜舉族行，[12]輜重絡繹十有餘里，徽之所親，循溝澮而遁，至馬峽路隅，[13]舉燧相應，其黨起於伏莽，斷欽祚之首，貫諸長矛，平生聚蓄金幣萬計，皆爲賊所掠，少長百口，殺之殆盡。瑜尚獨戰千人，矢不虚發，手無射捍，其指流血。及宭，[14]乃夜竄山谷，落髮爲僧。月餘，爲樵人所獲，縶送岐州，[15]爲侯益所殺，[16]時年三十九。

[1]杜重威：人名。五代後晋將領。朔州（今山西朔州市朔城區）人。五代將領、石敬瑭妹婿。傳見本書卷一〇九、《新五代史》卷五一。　東平：縣名。治所在今山東東平縣。

[2]節度副使：官名。唐、五代方鎮屬官。位於行軍司馬之下、判官之上。

[3]常山：即鎮州，治所在今河北正定縣。

［4］恒州：州名。即鎮州。治所在今河北正定縣。

［5］刑部郎中：官名。尚書省刑部頭司刑部司長官。掌司法及審覆大理寺及州府刑獄。從五品上。　“杜重威之鎮東平也”至“入爲刑部郎中”：《通鑑》卷二八三天福七年（942）正月條：“安重榮私財及恒州府庫，重威盡有之，帝知而不問。又表衛尉少卿范陽王瑜爲副使，瑜爲之重斂於民，恒人不勝其苦。”《宋本册府》卷九四二《總録部·禍敗門》：“杜重威之鎮東平也，瑜父欽祚爲節度副使。及重威移帥崇山，瑜乃僥求苟合，代其父位。後自常州貳車再遷刑部郎中。”

［6］北戎盜據：《輯本舊史》原作“契丹據有”。中華書局本有校勘記：“孔本、《永樂大典》卷六八五一引《五代薛史》、《册府》卷九四二作‘北戎盜據’。”但未改。此因輯者忌清諱竄改，今據諸書回改。

［7］何建：人名。回鶻人。五代將領、藩鎮軍閥。後投於孟昶。傳見本書卷九四。　秦州：州名。治所在今甘肅天水市。《輯本舊史》之影庫本粘籤：“秦州，原本作‘泰州’，今從《通鑑》改正。”見《通鑑》卷二八六天福十二年正月癸丑條。

［8］當爲左衽矣：“爲左衽”《輯本舊史》原作“屬契丹”。中華書局本有校勘記：“孔本、《永樂大典》卷六八五一引《五代薛史》、《册府》卷九四二作‘爲左衽’。”但未改，今據諸書回改。

［9］時隴東屯兵扼其川路：中華書局本有校勘記：“《永樂大典》卷六八五一引《五代薛史》同，‘屯兵’下《册府》卷九四二有‘新關’二字。按《通鑑》卷二八八胡注：‘新關在隴州汧源縣西。’”

［10］假途而往：中華書局本有校勘記：“‘往’字原闕，據《册府》卷九四二補。”

［11］趙徽：人名。籍貫不詳。五代地方武裝首領。事見本書本卷。　因與郡盜酋長趙徽歃血爲約：中華書局本有校勘記：“‘郡’，《永樂大典》卷六八五一引《五代薛史》同，《册府》卷九四二作‘群’。”

［12］瑜舉族行：中華書局本有校勘記："'舉族行'，《册府》卷九四二作'聚族而出'，《永樂大典》卷六八五一引《五代薛史》作'舉族而'。"

［13］馬峽：地名。位於今甘肅華亭縣西。

［14］及穿：明本《册府》卷九四二作"及韃靴罄空，乃持弓擊人，簫弭皆碎"。

［15］岐州：州名。治所在今陝西鳳翔縣。

［16］侯益：人名。汾州平遥（今山西平遥縣）人。五代後唐至宋初將領。傳見《宋史》卷二五四。

始瑜有姑寡居，來歸其家，以前夫遺腹有子，經數年不産，每因事預告人吉凶，無不驗者。時契丹來犯闕，[1]前月餘謂瑜曰："暴兵將至，宜速去之，苟不去，亂必及矣。"後瑜果死，此謂"天作孽，猶可違，自作孽，不可逭"也。《永樂大典》卷六千八百五十一。[2]

［1］契丹：古部族、政權名。公元4世紀中葉宇文部爲前燕攻破，始分離而成單獨的部落，自號契丹。唐貞觀中，置松漠都督府，以其首領爲都督。唐末强盛，916年迭剌部耶律阿保機建立契丹國（遼）。先後與五代、北宋並立，保大五年（1125）爲金所滅。參見張正明《契丹史略》，中華書局1979年版。

［2］《大典》卷六八五一"王"字韻"姓氏"事目。此卷現存。

張繼祚

張繼祚，故齊王全義之子也。[1]始爲河南府衙内指揮使，[2]全義卒，除金吾將軍，[3]旋授蔡州刺史，[4]累官至檢校太保。[5]明宗郊天，充供頓使，[6]復除西衛上將軍。[7]唐清泰末，[8]丁母憂。天福初，喪制未闋，會張從賓作亂，[9]發兵迫脅，取赴河陽，[10]令知留守事。[11]從賓敗，與二子詔戮於市。始繼祚與范延光有舊，[12]嘗遣人以馬遺之。屬朝廷起兵，將討鄴城，[13]爲巡兵所獲，奏之，高祖深忌之。[14]及敗，宰臣桑維翰以父珙早事齊王，奏欲雪之，高祖不允，遂止罪繼祚一房，不累其族。[15]《永樂大典》卷六千三百五十。[16]

[1]全義：人名。即張全義。五代後梁、後唐官員。傳見本書卷六三、《新五代史》卷四五。　故齊王全義之子也：《新五代史》卷四五《張全義傳》："自梁與晋戰河北，兵數敗亡，全義輒蒐卒伍鎧馬，月獻之以補其缺。太祖兵敗蓨縣，道病，還洛，幸全義會節園避暑，留旬日，全義妻女皆迫淫之。其子繼祚憤耻不自勝，欲剚刃太祖，全義止之曰：'吾爲李罕之兵圍河陽，啖木屑以爲食，惟有一馬，欲殺以餉軍，死在朝夕，而梁兵出之，得至今日，此恩不可忘也。'繼祚乃止。"

[2]河南府：府名。治所在今河南洛陽市。　衙内指揮使：官名。唐、五代時期，衙内指揮使爲節度使府衙内之牙將，統最親近衛兵。

[3]金吾將軍：官名。唐置，掌宫禁宿衛。唐代置十六衛，即左右衛、左右驍衛、左右武衛、左右威衛、左右領軍衛、左右金吾衛、左右監門衛、左右千牛衛，各置上將軍，從二品；大將軍，正三品；將軍，從三品。

[4]蔡州：州名。治所在今河南汝南縣。

[5]檢校太保：官名。爲散官或加官，以示恩寵，無實際執掌。

[6]供頓使：官名。五代負責祭祀禮儀器用的官員。

[7]“明宗郊天”至“復除西衛上將軍”：《輯本舊史》卷四五《唐閔帝紀》應順元年（934）正月丁丑條：“以前蔡州刺史張繼祚爲左武衛上將軍，充山陵橋道頓遞副使。”卷四六《唐末帝紀上》清泰元年（934）八月乙酉條：“以右武衛上將軍張繼祚爲右衛上將軍。”

[8]清泰：五代後唐末帝李從珂年號（934—936）。

[9]張從賓：人名。籍貫不詳。五代後唐、後晋將領。傳見本書卷九七。

[10]河陽：縣名。治所在今河南孟州市。

[11]留守：官名。古代皇帝出巡或親征時指定親王或大臣留守京城，綜理國家軍事、行政、民事、財政，稱京城留守。在陪都或軍事重鎮也常設留守。　“會張從賓作亂”至“令知留守事”：《通鑑》卷二八一天福二年（937）六月條：“詔張從賓發河南兵數千人擊范延光。延光使人誘從賓，從賓遂與之同反，殺皇子河陽節度使重信，使上將軍張繼祚知河陽留後。”

[12]范延光：人名。臨漳（今河北臨漳縣）人。五代將領。傳見本書卷九七、《新五代史》卷五一。

[13]鄴城：指安陽城。

[14]高祖：即五代後漢高祖劉知遠。紀見本書卷九九至卷一〇〇、《新五代史》卷一〇。

[15]“從賓敗”至“不累其族”：《舊五代史考異》：“《通鑑》云：史館修撰李濤上言：張全義有再造洛邑之功，乞免其族。遂止誅繼祚妻子。”見《通鑑》卷二八一天福二年七月乙卯條、《新五代史》卷四五、《宋史》卷二六二《李濤傳》。

[16]《大典》卷六三五〇“張”字韻“姓氏”事目。

鄭阮

鄭阮，洺州人也。[1]少爲本郡牙將，[2]莊宗略地山東，[3]以阮首歸義旗，繼遷軍職。阮有子，自幼事明宗中門使安重誨，[4]重誨以其桀黠，愛之。及明宗即位，擢阮至鳳翔節度副使。[5]會唐末帝鎮其地，阮稍狎之。末帝嗣位，以阮爲趙州刺史。[6]而阮性貪濁，民間細務，皆密察而糾之，[7]令納賂以贖罪。有屬邑令，因科醵拒命，密以束素募人陰求其過，後竟停其職，人甚非之。又嘗以郡符取部内凶肆中人隸其籍者，遣於青州，[8]舁喪至洺，郡人憚其遠，願輸直百緡以免其行，阮本無喪，即受直放還。識者曰："此非吉兆也。"未幾，改曹州刺史，[9]爲政愈弊。高祖建義入洛，爲本州指揮使石重立所殺，[10]舉族無孑遺。《永樂大典》卷一萬八千八百八十一。[11]

[1]洺州：州名。治所在今河北邯鄲市永年區。

[2]牙將：官名。古代軍隊中的中低級軍官。

[3]莊宗：即五代後唐開國皇帝李存勗。沙陀部人。923年至926年在位。紀見本書卷二七至卷三四、《新五代史》卷四至卷五。

[4]明宗：即五代後唐明宗李嗣源。沙陀部人。926年至933年在位。原名邈佶烈，爲李克用養子。同光四年（926），莊宗李存勗在兵變中被殺，李嗣源入洛陽，稱監國，後稱帝，改名亶。在位時，精減宫人伶官，廢内藏庫，百姓賴以休息。李嗣源病危時，次子李從榮作亂被殺，悲駭憂慮而死。紀見本書卷三五至卷四四、《新五代史》卷六。　中門使：官名。五代時晋王李存勗所置。爲節度使屬官，執掌同於朝廷之樞密使。　安重誨：人名。應州（今山西應縣）人。五代後唐大臣。傳見本書卷六六、《新五代史》卷二四。

[5]鳳翔：方鎮名。治所在鳳翔府（今陝西鳳翔縣）。

[6]趙州：州名。治所在今河北趙縣。

[7]皆密察而糾之：中華書局本有校勘記："'糾'，殿本、劉本、孔本作'紀'。"

[8]青州：州名。治所在今山東青州市。

[9]曹州：州名。治所在今山東曹縣西北。

[10指揮使：原作"指揮軍使"，中華書局本據撫州刊本、浙江本、宗文本、《通鑑》卷二七四改，今從。　石重立：人名。籍貫不詳。五代後晋將領。事見《通鑑》卷二八〇。　爲本州指揮使石重立所殺：中華書局本有校勘記："句上殿本有'阮自郡來朝旋'六字。"《通鑑》卷二八〇天福元年十二月丁亥條："曹州刺史鄭阮貪暴，指揮使石重立因亂殺之，族其家。"

[11]《大典》卷一八八八一"鄭"字韻"姓氏（一〇）"事目。亦見《宋本册府》卷九五一《總録部·咎徵門二》。

胡饒

胡饒，大梁人也。[1]少事本鎮連帥爲都吏，歷馬步都虞候。[2]會唐明宗鎮其地，與部將王建立相善，[3]明宗即位，建立領常山，奏饒爲真定少尹。[4]饒本憸人，既在府幕，無士君子之風。嘗因事趙郡，[5]有平棘令張鵬者獻策，[6]請建立於境内每縣所管鄉置鄉直一人，令月書縣令出入行止，饒乃導而薦焉。建立行之彌年，詞訟蜂起，四郡大擾。天成末，定州王都構亂，[7]陰使人結建立爲兄弟之國。時饒又曾薦梁時右庶子張澄爲判官，[8]建立亦狎之。澄素不知書，每座則以《陰符》《鬼谷》爲己任。[9]建立時密以王都之盟告之，澄與饒俱贊成其事，會王師圍中山，其事遂寢。凡饒之兇戾如此。[10]清泰初，馮道出鎮同州，[11]饒時爲副使，道以重臣，稀於接洽，饒忿之，每乘酒於牙門詬道，道必延入，待以酒餚，致敬而退。道謂左右曰："此人爲不善，自當有報，吾何怒焉。"[12]饒後閑居河陽。天福二年夏，會張從賓作亂，饒謁於麾下，請預其行。從賓敗，饒以王建立方鎮平盧，[13]走投之，建立延入城，斬之以聞，聞者快焉。《永樂大典》卷二千二百四十一。[14]

［1］大梁：地名。位於今河南開封市。

［2］馬步都虞候：官名。五代侍衛親軍馬步軍統兵官，僅次於馬步軍都指揮使、副都指揮使。

［3］王建立：人名。遼州榆社（今山西榆社縣）人。五代後唐、後晋大臣。傳見本書卷九一、《新五代史》卷四六。　與部將王建立相善：中華書局本有校勘記："'部將'，孔本作'腹心'。"

［4］真定：縣名。治所在今河北正定縣。　少尹：官名。唐、五代於三京、鳳翔等府均置少尹，爲尹的副職。協助尹通判列曹諸務。從四品下。

［5］趙郡：郡名。治所在今河北趙縣。

［6］平棘：縣名。治所在今河北趙縣。　張鵬：人名。鎮州鼓城（今河北晋州市晋州鎮鼓城村）人。時爲成德軍節度副使，因言論失當爲節度使高行周奏殺。傳見本書卷一〇六。

［7］王都：人名。原名劉雲郎。中山陘邑（今河北定州）人。五代義武節度使王處直的義子。後唐明宗時叛，兵敗身死。傳見本書卷五四。

［8］右庶子：官名。亦稱太子右庶子。太子府屬官，掌侍從太子左右、獻納啓奏、宣傳令言。正四品下。　張澄：人名。籍貫不詳。五代後晋官員。事見本書卷七九。　判官：官名。唐、五代方鎮僚屬，位在行軍司馬下。分判倉曹、兵曹、騎曹、胄曹事。

［9］《陰符》：書名。相傳由西周姜尚所作《太公》之一部分，以兵法謀略爲主。　《鬼谷》：書名。相傳由戰國時期縱横家鼻祖鬼谷子所作，以計謀詭詐爲主。

［10］“天成末”至“凡饒之兇戾如此”：亦見《宋本册府》卷七三〇《幕府部·邪謀門》。“定州王都構亂”之“定州”，“陰使人結建立爲兄弟之國”之“人”，《輯本舊史》原無，據《册府》補。

［11］馮道：人名。瀛州景城（今河北滄縣）人。五代時官拜宰相，歷仕後唐、後晋、後漢、後周，亦曾臣事契丹。傳見本書卷一二六、《新五代史》卷五四。　同州：州名。治所在今陝西大荔縣。

［12］“清泰初”至“吾何怒焉”：《輯本舊史》卷一二六《馮道傳》：“一日，有上介胡饒，本出軍吏，性麤獷，因事詬道于牙門，左右數報不應。道曰：‘此必醉耳！’因招入，開尊設食，盡夕而起，無撓愠之色。”

［13］平盧：方鎮名。唐玄宗開元七年（719）升平盧軍置，治所在青州（今山東青州市）。

［14］《大典》卷二二四一“胡”字韻“姓氏（一）”事目。

劉遂清

劉遂清，字得一，青州北海人，[1]梁開封尹鄩之猶子也。[2]父琪，以鴻臚卿致仕。[3]遂清少敏惠，初仕梁爲保鑾軍使，[4]歷内諸司使，莊宗入汴，不改其職。明宗即位，加檢校尚書右僕射，[5]委以西都監守。[6]踰歲，以中山王都有不臣之迹，[7]除遂清爲易州刺史，[8]俾遏其寇衝，既至郡，大有禦侮之略，境内賴焉。王都平，加檢校司空，[9]遷棣州刺史。[10]天成、長興中，歷典淄、興、登三郡，[11]咸有善政。

[1]北海：縣名。治所在今山東濰坊市。

[2]開封尹：官名。五代除後唐外均定都開封，因置開封府尹。執掌京師政務。從三品。　鄩：人名。即劉鄩。密州安丘（今山東安丘市）人。五代官員。傳見本書卷二三、《新五代史》卷二二。

[3]鴻臚卿：官名。秦稱典客，漢初改大行令，漢武帝時改大鴻臚，北齊置鴻臚寺，以鴻臚寺卿爲主官，後代沿置。掌四夷朝貢、宴飲賞賜、送迎外使等禮儀活動。從三品。　致仕：官員告老辭官。

[4]初仕梁爲保鑾軍使：中華書局本有校勘記："'仕'，原作'事'，據孔本、《册府》卷六七一改。"見《宋本册府》卷六七一《牧守部·選任門》。

[5]檢校尚書右僕射：官名。爲散官或加官，以示恩寵，無實際執掌。中華書局本有校勘記："'右'字原闕，據《册府》卷六七一補。"見明本《册府》卷六七一《牧守部·選任門》。

[6]西都：五代後唐時以京兆府（今陝西西安市）爲西京，亦稱西都。

[7]中山：地名。此處代指唐末河北方鎮義武軍（治所在定州）。時王處直任義武軍節度使。

[8]易州：州名。治所在今河北易縣。

[9]檢校司空：官名。爲散官或加官，以示恩寵，無實際執掌。

[10]棣州：州名。治所在今山東惠民縣。

[11]淄：州名。治所在今山東淄博市。　興：州名。治所在今陝西略陽縣。　登：州名。治所在今山東蓬萊市。　天成、長興中，歷典淄、興、登三郡：亦見《宋本册府》卷六七七《牧守部·能政門》。《舊五代史考異》："《通鑑·潞王紀》：帝之起鳳翔

也，召興州刺史劉遂清，遲疑不至。聞帝入洛，乃悉集三泉、西縣、金牛、桑林戍兵以歸，自散關以南，城鎮悉棄之，皆爲蜀人所有。入朝，帝欲治罪，以其能自歸，乃赦之。”此《考異》中華書局本有校勘記：“‘金牛’，原作‘金林’，據《通鑑》卷二七九改。”見《通鑑》卷二七九清泰元年（934）四月癸未條。《輯本舊史》卷四四《唐明宗紀十》長興四年（933）七月己卯條：“東岳三郎神贈威雄大將軍。初，帝不豫，前淄州刺史劉遂清薦泰山僧一人，云善醫，及召見，乃庸僧耳。問方藥，僧曰：‘不工醫，嘗于泰山中親覩嶽神，謂僧曰：“吾第三子威靈可愛，而未有爵秩，師爲我請之。”’宮中神其事，故有是命，識者嫉遂清之妖佞焉。”《新五代史》卷二二《劉鄩傳》：“廢帝入立，拜遂雍淄州刺史，以鄩兄琪之子遂清代遂雍爲西京副留守。”遂雍爲劉鄩之子。《宋本册府》卷七七一《總録部·世官門》：“劉遂清，末帝清太元年，以前興州刺史爲西京副留守，代其兄遂雍爲淄州刺史。”“清太”當作“清泰”。明本《册府》卷九九《帝王部·親信門》唐末帝條：“末帝即位初，以前興州刺史劉遂清爲西京副留守。其兄遂雍先爲西京副留守，帝自鳳翔始憂王思同、藥彦稠合力固城，至岐山，聞遂雍不内思同，甚喜，遣人宣撫，遂雍乃盡出庫藏於軍士前，至者便賞給令過，比軍前賞遍，並不入城。帝至奉迎，仍括率都民，刑捶嚴酷而軍獲濟。帝見，握手流涕，自是相隨，事無巨細，必與遂雍謀而後行。帝即位，以遂雍爲淄州刺史，仍以遂清代其任。”

高祖即位之二年，授鳳州防禦使，[1]加檢校司徒。[2]會丁母憂，起復，[3]授内客省使、右監門衛大將軍。[4]六年，駕幸鄴都，[5]轉宣徽北院使、兼判三司，[6]加檢校太保。七年，少帝嗣位，加右領軍衛上將軍，[7]仍賜竭誠翊戴保節功臣。八年，出領鄭州，[8]加檢校太傅。[9]開運二年，[10]遷安州防禦使。[11]未幾，上表稱疾，詔許就便，迴至上蔡，[12]終於郵舍，時三年四月也。

［1］鳳州：州名。治所在今陜西鳳縣。

［2］檢校司徒：官名。爲散官或加官，以示恩寵加此官，無實際執掌。

［3］起復：官吏服喪未滿而再起用。

［4］内客省使：官名。中書省内客省長官。　右監門衛大將軍：官名。唐置，掌宫禁宿衛。唐代十六衛之一。正三品。

［5］鄴都：地名。位於今河北大名縣。五代後唐同光元年（923），改魏州爲興唐府，建號東京，三年改東京爲鄴都。

［6］宣徽北院使：官名。唐始置。宣徽北院的長官。初用宦官，五代以後改用士人。與宣徽南院使通掌内諸司及三班内侍之名籍，郊祀、朝會、宴享供帳之儀，檢視内外進奉名物。參見王永平《論唐代宣徽使》，《中國史研究》1995 年第 1 期；王孫盈政《再論唐代的宣徽使》，《中華文史論叢》2018 年第 3 期。　判三司：官名。通掌鹽鐵、度支、户部三個部門事務。爲三司使之起始。　轉宣徽北院使、兼判三司：《輯本舊史》卷八〇《晋高祖紀六》繫此事於天福六年八月己亥條。

［7］右領軍衛上將軍：官名。唐置，掌宫禁宿衛。唐代十六衛之一。從二品。

［8］鄭州：州名。治所在今河南鄭州市。　八年，出領鄭州：中華書局本有校勘記：“‘八年’，本書卷八一《晋少帝紀一》繫其事於天福七年。”《輯本舊史》卷八一《晋少帝紀一》天福七年九月壬寅條：“以宣徽北院使、判三司劉遂清爲鄭州防禦使。”

［9］檢校太傅：官名。爲散官或加官，以示恩寵，無實際執掌。

［10］開運：五代後晋出帝石重貴年號（944—946）。

［11］安州：州名。治所在今湖北安陸市。　防禦使：官名。唐代始置，設有都防禦使、州防禦使兩種。常由刺史或觀察使兼任，

實際上爲唐代後期州或方鎮的軍政長官。

［12］上蔡：縣名。治所在今河南上蔡縣。

遂清性至孝，[1]牧淄川日，[2]自北海迎其母赴郡，母既及境，遂清奔馳路側，控轡行數十里，父老觀者如堵，當時榮之。遂清素不知書，但多計畫，判三司日，每給百官俸料，與判官議曰："斯輩非盡有才能，多世禄之家，宜澄其污而留其清者。"[3]或對曰："昔唐朝渾、郭、顏、段，每一赦出，以一子出身，率爲常制；且延賞垂裕，爲國美譚，未有因月給而欲沙汰，[4]恐未當也。"群論由此減之。《永樂大典》卷九千九十八。[5]

［1］遂清性至孝：《新五代史》卷二二《劉鄩傳》："遂清性至孝，居父喪哀毁，鄉里稱之。"亦見《宋本册府》卷七五六《總録部·孝門》。

［2］淄川：地名。位於今山東淄博市淄川區。

［3］澄其污而留其清者：中華書局本有校勘記："'清'原作'精'，據殿本、劉本、孔本校改。影庫本批校：澄其污而留其清者，'清'訛'精'。"

［4］未有因月給而欲沙汰：中華書局本有校勘記："'未'，邵本校作'未聞'。"

［5］《大典》卷九〇九八"劉"字韻"姓氏（二六）"事目。

劉遂雍[1]

［1］劉遂雍：《輯本舊史》卷二三《劉鄩傳》云"子遂凝、遂雍别有傳"，知舊史有劉遂雍傳，今據增。

劉遂雍，密州安丘縣人也。[1]父鄩，唐末爲淄州刺史，仕梁至河東道招討使。[2]潞王從珂反於鳳翔，[3]時遂雍爲西京副留守，[4]留守王思同率諸鎮兵討鳳翔，[5]戰敗東歸，遂雍閉門不内，悉封府庫以待潞王。[6]潞王自鳳翔始憂王思同、藥彦稠合力固城，[7]至岐山，[8]聞遂雍不内思同，甚喜，遣人宣撫。遂雍乃盡出庫藏，於軍士前至者便賞給令過，比軍前賞遍，並不入城。潞王至奉迎，仍括率都民，刑捶嚴酷而軍獲濟。潞王見握手流涕，自是相隨，事無巨細，必與遂雍謀而後行。[9]末帝入立，拜遂雍淄州刺史，以鄩兄琪之子遂清代遂雍爲西京副留守。[10]

[1]密州：州名。治所在今山東諸城市。　安丘縣：縣名。治所在今山東安丘市。

[2]河東道：道名。唐貞觀十道、開元十五道之一。治所在蒲州（今山西永濟市西南蒲州）。　招討使：官名。唐始置。戰時任命，兵罷則省。常以大臣、將帥或地方軍政長官兼任。掌招撫討伐等事務。　“劉遂雍”至“仕梁至河東道招討使”：劉遂雍籍貫及家世，據《輯本舊史》卷二三《劉鄩傳》、《新五代史》卷二二《劉鄩傳》酌補。

[3]從珂：人名。即後唐末帝李從珂。又稱廢帝。934 年至 936 年在位。鎮州（今河北正定縣）人。後唐明宗養子。明宗入洛陽，他率兵追隨，以功拜河中節度使，封潞王。紀見本書卷四六至卷四八、《新五代史》卷七。

[4]副留守：官名。古代在都城、陪都或軍事重鎮所設留守，由地方行政長官兼任。副留守爲留守之貳。

[5]王思同：人名。幽州（今北京市）人。五代後唐將領。傳

見本書卷六五、《新五代史》卷三三。

［6］“潞王從珂反於鳳翔”至“悉封府庫以待潞王”：《新五代史》卷二二《劉鄩傳》。《輯本舊史》卷六五《王思同傳》、《宋本册府》卷三七四《將帥部·忠門五》王思同條載，應順元年（934）三月，“十七日，思同與藥彦稠、萇從簡俱至長安，劉遂雍閉關不内，乃奔潼關”。《輯本舊史》卷四六《唐末帝紀上》應順元年三月二十日條：“二十日，次長安，副留守劉遂雍以城降，率京兆居民家財犒軍。”明本《册府》卷一一《帝王部·繼統門三》載，應順元年三月，“二十日，次長安，副留守劉遂雍以城降”。《宋本册府》卷七七一《總録部·世官門》劉遂清條：“劉遂清，末帝清泰元年，以前興州刺史爲西京副留守，代其兄遂雍爲淄州刺史。”《新五代史》卷七《唐愍帝紀》應順元年三月條：“西京副留守劉遂雍叛降于從珂，思同奔歸于京師，不克，死之。”同卷《唐廢帝紀》清泰元年（934）三月庚申條：“庚申，次長安，西京副留守劉遂雍叛于唐，來降。”同書卷三三《王思同傳》：“思同挺身走，至長安，西京副留守劉遂雍閉門不納，乃走潼關。”《通鑑》卷二七九清泰元年二月辛卯條：“以王思同爲西面行營馬步軍都部署，前静難節度使藥彦稠副之，前絳州刺史萇從簡爲馬步都虞候，嚴衛步軍左廂指揮使尹暉、羽林指揮使楊思權等皆爲偏裨。”同年三月丁巳、庚申條：“丁巳，王思同、藥彦稠等走至長安，西京副留守劉遂雍閉門不内，乃趣潼關。潞王建大將旗鼓，整衆而東，以孔目官虞城劉延朗爲腹心。潞王始憂王思同等併力據長安拒守，至岐山，聞劉遂雍不内思同，甚喜，遣使慰撫之。遂雍悉出府庫之財於外，軍士前至者即給賞令過；比潞王至，前軍賞遍，皆不入城。庚申，潞王至長安，遂雍迎謁，率民財以充賞。”

［7］藥彦稠：人名。沙陀部人。五代將領、方鎮軍閥。傳見本書卷六六、《新五代史》卷二七。

［8］岐山：縣名。治所在今陝西寶鷄市。

［9］“潞王自鳳翔始憂王思同”至“必與遂雍謀而後行”：明

本《册府》卷九九《帝王部·親信門》。“潞王”原作“帝”，據本書體例改。《新五代史》卷二二《劉鄩傳》：“潞王前軍至者，悉以金帛給之。潞王見遂雍，握手流涕，由是事無大小，皆與圖議。”

［10］“末帝入立”至“以鄩兄琪之子遂清代遂雍爲西京副留守”：《新五代史》卷二二《劉鄩傳》。“末帝”原作“廢帝”，據本書體例改。明本《册府》卷九九《帝王部·親信門》：“帝即位，以遂雍爲淄州刺史，仍以遂清代其任。”遂雍不知所終。

房暠

房暠，京兆長安人也。少爲唐宰臣崔魏公家臣，[1]後因亂，客於蒲州。[2]天成中，唐末帝出鎮河中，暠於路左迎謁，求事軍門，末帝愛之，使治賓客。[3]及末帝登極，歷南北院宣徽使，[4]尋與趙延壽同爲樞密使。[5]時薛文遇、劉延朗之徒居中用事，[6]暠雖處密地，其聽用之言，十不得三四，但隨勢可否，不爲事先。每朝廷有大事，暠與端明學士等環坐會議，多於衆中俛首而睡，其避事也如此。[7]高祖即位，以暠濡足閏朝，不專與奪，故特恩原之，命爲左驍衛大將軍，[8]留於西京。開運元年春，卒於洛陽。《永樂大典》卷六千一百四十九。[9]

［1］崔魏公：人名。即崔鉉。博州（今山東聊城市）人。唐代大臣，官拜宰相。傳見《舊唐書》卷一六三、《新唐書》卷一六〇。

［2］蒲州：州名。唐開元八年（720）改蒲州爲河中府，因地處黄河中游而得名，其後名稱屢有改易。治所在今山西永濟市。

［3］“天成中”至“使治賓客”：《新五代史》卷二七《劉延

朗傳》："初，廢帝起於鳳翔，與共事者五人：節度判官韓昭胤，掌書記李專美，牙將宋審虔，客將房暠，而延朗爲孔目官。初，愍帝即位，徙廢帝爲北京留守，不降制書，遣供奉官趙處愿促帝上道。帝疑惑，召昭胤等計議，昭胤等皆勸帝反，由是事無大小，皆此五人謀之。而暠又喜鬼神巫祝之説，有瞽者張濛，自言事太白山神。神，魏崔浩也，其言吉凶無不中，暠素信之。嘗引濛見帝，聞其語聲，驚曰：'此非人臣也！'暠使濛問於神，神傳語曰：'三珠併一珠，驢馬没人驅。歲月甲庚午，中興戊己土。'暠不曉其義，使問濛，濛曰：'神言如此，我能傳之，不能解也。'帝即以濛爲館驛巡官。帝將反，而兵少，又乏食，由此甚懼，使暠問濛，濛傳神語曰：'王當有天下，可無憂！'於是決反，使專美作檄書，言：'朱弘昭、馮贇幸明宗病，殺秦王而立愍帝。帝年少，小人用事，離間骨肉，將問罪於朝！'遣使者馳告諸鎮，皆不應，獨隴州防禦使相里金遣其判官薛文遇計事。帝得文遇，大喜。而延朗調率城中民財以給軍。王思同率諸鎮兵圍鳳翔，廢帝懼，又遣暠問神，神曰：'王兵少，東兵來，所以迎王也。'已而東兵果叛降于帝。帝入京師，即位之日，受册明宗柩前。册曰：'維應順元年歲次甲午四月庚午朔。'帝回顧暠曰：'張濛神言，豈不驗哉！'由是暠益見親信，而專以巫祝用事。"《輯本舊史》卷四六《唐末帝紀上》應順元年（934）四月乙亥條："先是，帝在鳳翔日，有瞽者張濛自言知術數，事太白山神，其神祠即元魏時崔浩廟也。時之否泰，人之休咎，濛告於神，即傳吉凶之言，帝親校房暠酷信之。一日，濛至府，聞帝語聲，駭然曰：'非人臣也。'暠詢其事，即傳神語曰：'三珠併一珠，驢馬没人驅，歲月甲庚午，中興戊己土。'暠請解釋，曰：'神言，予不知也。'長興四年五月，府廨諸門無故自動，人頗駭異。遣暠問濛。濛曰：'衙署小異，勿怪，不出三日，當有恩命。'是夜報至，封潞王。及帝移鎮河東，甚懼，問濛。濛曰：'王保無患。'王思同兵至，又詰之。濛曰：'王有天下，不能獨力，朝廷兵來迎王也。王若疑臣，臣唯一子，請王致之麾下，以質臣心。'帝乃以濛攝館驛巡官。至是，帝受册，册曰‘維應順元年歲次甲午四月庚午朔’，帝回視房暠曰：‘張濛神言甲庚午，不亦異乎！’帝令暠共術士解三珠一珠事，言：‘三珠，三帝也。驢馬没人驅，失位也。’帝即位之後，以濛爲將作少監同正，仍賜金紫以酬之。帝初封潞王，言事者云：‘潞字一足已入洛矣。’”亦見明本《册府》卷二一《帝王部·徵應門》唐末帝條。《宋本册府》卷八七六《總録部·方術門》：“後唐廣微者，華州僧也，知術數。末帝在河中，廣微嘗密謂房暠曰：‘相公極貴，然明年有大厄極危，如得濟此厄，事不可言。’明年，果有楊彦温之變。”

［4］歷南北院宣徽使：《輯本舊史》卷四六《唐末帝紀上》清泰元年（934）五月丙午條：“以權知樞密事房暠爲宣徽北院使。”卷四七《唐末帝紀中》清泰二年四月辛卯條：“以宣徽北院使房暠爲左衛上將軍，充宣徽南院使。”

［5］趙延壽：人名。常山（今河北正定縣）人。本姓劉，爲五代後唐將領趙德鈞養子。仕至後唐樞密使，遼朝幽州節度使、燕王。傳見本書卷九八、《遼史》卷七六。　樞密使：官名。樞密院長官，五代時以士人爲之，備顧問，參謀議，出納詔奏，權侔宰相。參見李全德《唐宋變革期樞密院研究》，國家圖書館出版社2009年版。　尋與趙延壽同爲樞密使：《輯本舊史》卷四七《唐末帝紀中》清泰二年九月己酉條：“以宣徽南院使房暠爲刑部尚書，充樞密使。”

［6］薛文遇：人名。籍貫不詳。五代後梁大臣。事見本書卷四八《唐末帝本紀下》及《通鑑》卷二七九、卷二八〇。　劉延朗：人名。宋州虞城（今河南虞城縣）人。五代後唐大臣。傳見本書卷六九、《新五代史》卷二七。

［7］“時薛文遇、劉延朗之徒”至“其避事也如此”：《通鑑》卷二八〇天福元年（936）四月條：“初，石敬瑭欲嘗唐主之意，累表自陳羸疾，乞解兵柄，移他鎮；帝與執政議從其請，移鎮鄆州。房暠、李崧、吕琦等皆力諫，以爲不可，帝猶豫久之。”

［8］左驍衛大將軍：官名。唐置，掌宫禁宿衛。唐代十六衛之一。正三品。　命爲左驍衛大將軍：中華書局本有校勘記："'左'，本書卷七八《晋高祖紀四》、《通鑑》卷二八二作'右'。"《輯本舊史》卷七八《晋高祖紀四》天福四年四月丙戌條："房暠爲右驍衛大將軍致仕。"亦見《通鑑》卷二八二天福四年四月丙戌條。

［9］《大典》卷六一四九爲"房"字韻"姓氏（二）"事目。

孟承誨

孟承誨，大名人也。[1]始爲本府牙校，[2]遇高祖臨其地，升爲客將。[3]後奏爲宗城令，[4]秩滿，以百姓舉留，移常山槀城令，[5]皆有善政。高祖有天下，擢爲閤門副使，[6]累遷宣徽使，官至檢校司空、太府卿、右武衛大將軍。[7]及少帝嗣位，以植性纖巧，善於希旨，復與權臣宦官密相表裏，凡朝廷恩澤美使，必承誨爲之。[8]一歲之中，數四不已，由是居第華敞，財帛累積。及契丹入汴，張彦澤引兵逼宫城，[9]少帝召承誨計之，承誨匿身不赴。少帝既出宫，寓於開封府舍，具以承誨背恩之事告彦澤，令捕而殺之，其妻女並配部族。[10]漢高祖即位，詔贈太保。[11]《永樂大典》卷一萬一千一百十三。[12]

［1］大名：府名。治所在今河北大名縣。

［2］牙校：即軍校。爲低級武職。

［3］客將：官名。亦稱典客。唐末、五代藩鎮負責接待使節、賓客、出使等外交職責的武官。詳見吴麗娱《試論晚唐五代的客將、客司與客省》，《中國史研究》2002年第4期。

［4］宗城：縣名。治所在今河北威縣。

［5］稾城：縣名。治所在今河北石家莊市稾城區。　移常山稾城令：中華書局本有校勘記：“‘移’原作‘於’，據《册府》卷七〇二改，殿本、邵本校作‘爲’。‘城’原作‘地’，據殿本，劉本，邵本校，彭校，《册府》卷七〇二、卷七六六改。”見明本《册府》卷七〇二《令長部·能政門》、《宋本册府》卷七六六《總録部·攀附門二》。

［6］閤門副使：官名。唐代中期始置，閤門使副貳，佐其掌供朝會、贊引百官。

［7］太府卿：官名。南朝梁始置。太府寺長官。掌國家財帛庫藏出納、關市税收等務。從三品。　右武衛大將軍：官名。唐置，掌宫禁宿衛。唐代十六衛之一。正三品。

［8］“高祖有天下”至“必承誨爲之”：《輯本舊史》卷八〇《晋高祖紀六》天福七年（942）正月丁卯條：“以判四方館事孟承誨爲太府卿充職。”卷八一《晋少帝紀一》天福八年三月辛丑條：“引進使、太府卿孟承誨使契丹。”卷八三《晋少帝紀三》開運二年（945）正月癸卯條：“以客省使孟承誨爲内客省使。”卷八四《晋少帝紀四》開運二年九月己酉條：“以内客省使孟承誨爲宣徽北院使。”同卷開運三年二月壬午條：“以宣徽北院使兼太府卿孟承誨爲右武衛大將軍充職。”

［9］張彦澤：人名。河東太原人。五代後晋大臣，又降契丹，因故爲耶律德光所殺。傳見本書卷九八。

［10］“及契丹入汴”至“其妻女並配部族”：《通鑑》卷二八五開運三年十二月癸酉條：“宣徽使孟承誨，素以佞巧有寵於帝，至是，帝召承誨，欲與之謀，承誨伏匿不至；張彦澤捕而殺之。”《輯本舊史》卷八五《晋少帝紀五》開運三年十二月甲戌條：“是夜，開封尹桑維翰、宣徽使孟承誨皆遇害。”

［11］太保：官名。與太師、太傅並爲三師。唐後期、五代多爲大臣、勳貴加官。正一品。　漢高祖即位，詔贈太保：《輯本舊史》卷一〇〇《漢高祖紀下》天福十二年閏七月壬申條：“故宣徽使孟

承誨贈太保。”

［12］《大典》卷一一一一三爲“水”字韻“水利（八）”事目，與傳無涉，注誤。

劉繼勳

劉繼勳，衛州人也。[1]唐天成中，高祖鎮鄴都，繼勳時爲客將，高祖愛其端謹，籍其名於帳下，從歷數鎮。及即位，擢爲閤門使，出爲淄州刺史，遷澶州防禦使，[2]俄改鄭州，自宣徽北院使拜華州刺史。[3]歲餘，移鎮同州。[4]始少帝與契丹絶好，繼勳亦預其謀，及契丹主至闕，繼勳自鎮來朝，契丹責之。時馮道在側，繼勳事急，指道曰："少帝在鄴，道爲首相，與景延廣謀議，[5]遂致南北失歡。臣位至卑，未嘗措言，今請問道，道細知之。”契丹主曰："此老子不是好鬧人，無相牽引，皆爾輩爲之。”繼勳不敢復對。繼勳時有疾，契丹主因令人候其疾狀，云有風痹，契丹主曰："北方地凉，居之此疾可愈。”乃命鎖繼勳，[6]尋解之，以疾終於家。[7]漢高祖入汴，贈太尉。[8]《永樂大典》卷九千九十九。[9]

［1］衛州：州名。治所在今河南衛輝市。

［2］澶州：州名。唐、五代初，治所在今河南清豐縣。後晉天福四年（939）移治於今河南濮陽縣。　遷澶州防禦使：《通鑑》卷二八一天福三年十一月辛亥條："澶州舊治頓丘，帝慮契丹爲後世之患，遣前淄州刺史汲人劉繼勳徙澶州跨德勝津，並頓丘徙焉。”

［3］華州：州名。治所在今陝西渭南市華州區。　自宣徽北院使拜華州刺史：《輯本舊史》卷八一《晉少帝紀一》天福八年三月庚寅條："以前鄭州防禦使劉繼勳爲左千牛衛大將軍，充宣徽北院使。"卷八二《晉少帝紀二》天福八年十二月丁卯條："詔宣徽使劉繼勳就杜威園亭會節度使統軍等習射。"卷八三《晉少帝紀三》開運元年（944）七月庚寅條："宣徽北院使劉繼勳改宣徽南院使。"卷八四《晉少帝紀四》開運二年五月甲寅條："以宣徽南院使劉繼勳爲華州節度使。"案此，繼勳自宣徽北院使改宣徽南院使，繼而拜華州節度使，與傳異。

［4］歲餘，移鎮同州：中華書局本有校勘記："'移'字原闕，據殿本、孔本補。"《輯本舊史》卷八四《晉少帝紀四》開運三年正月癸卯條："以前華州節度使劉繼勳爲同州節度使。"據此及上一校勘記所引《輯本舊史》卷八四開運二年五月甲寅條，劉繼勳自華州節度使拜同州節度使不足一年，不當稱"歲餘"。

［5］景延廣：人名。陝州（今河南三門峽市）人。五代後晉大臣。傳見《新五代史》卷二九。

［6］"始少帝與契丹絶好"至"乃命鎖繼勳"：《通鑑》卷二八六天福十二年正月癸丑條："晉主之絶契丹也，匡國節度使劉繼勳爲宣徽北院使，頗豫其謀；契丹主入汴，繼勳入朝，契丹主責之。時馮道在殿上，繼勳急指道曰：'馮道爲首相，與景延廣實爲此謀。臣位卑，何敢發言！'契丹主曰：'此叟非多事者，勿妄引之！'命鎖繼勳，將送黄龍府。"

［7］尋解之，以疾終於家：《舊五代史考異》："《通鑑》云：契丹主聞趙在禮死，乃釋繼勳，繼勳憂憤而卒。"見《通鑑》卷二八六天福十二年正月乙卯條。

［8］太尉：官名。與司徒、司空並爲三公，唐後期、五代多爲大臣、勳貴加官。正一品。　漢高祖入汴，贈太尉：《輯本舊史》卷一〇〇《漢高祖紀下》天福十二年閏七月壬申條："故同州節度使劉繼勳……贈太尉。"

［9］《大典》卷九〇九九“劉”字韻“姓氏（二七）”事目。

鄭受益

鄭受益，[1]唐宰相餘慶之曾孫也。[2]餘慶生澣。[3]澣生從讜，兩爲太原節度使，再登相位。從讜兄處誨，[4]爲汴州節度使。[5]家襲清儉，深有士風，中朝禮法，以鄭氏爲甲。處誨生受益。受益亦以文學致身，累歷臺閣，自尚書郎遷右諫議大夫。[6]天福七年夏，以張彦澤數爲不道，上章請行國典，旬日不報。又貢表切言，訐直無所忌，執政稍惡之。[7]俄而以病請告，歸長安。高祖晏駕，以不赴國哀停任，會赦，拜京兆少尹。宰相趙瑩出鎮咸秦，[8]以受益朝班舊僚，眷待甚至。屬天下率借金穀，乃謂瑩曰："京兆户籍登耗，民力虛實，某備知之矣，品而定之，可使平允。"瑩信之，因使與王人同掌其事。受益既經廢棄，薄於仕宦，遂阿法射利，冀爲生生之資；又素恃門望，陵轢同幕，内奸外直，群情無相洽者。及贓污事發，騰於衆口，瑩不得已，遂按之，其直百萬。八年冬，賜死於家。受益數世公臺，一朝自棄，士君子皆惜之。《永樂大典》卷一萬八千八百八十八。[9]

［1］鄭受益：《舊五代史考異》："《新唐書·宰相世系表》：字謙光。"見《新唐書》卷七五上《宰相世系表五上》。

［2］餘慶：人名。即鄭餘慶。鄭州滎陽（今河南滎陽市）人。唐代宰相。傳見《舊唐書》卷一五八、《新唐書》卷一六五。

［3］瀚：人名。即鄭瀚。鄭餘慶子。唐代官員。傳見《舊唐書》卷一五八、《新唐書》卷一六五。　餘慶生瀚：中華書局本有校勘記："'瀚'原作'幹'，據殿本，《册府》卷七八三、卷七九四，《新唐書》卷七五《宰相世系表五上》改。本卷下一處同。"見《宋本册府》卷七八三《總録部·世德門》、明本《册府》卷七九四《總録部·家法門》。

［4］從讜：人名。即鄭從讜。鄭州滎陽（今河南滎陽市）人。唐代官員。傳見《舊唐書》卷一五八、《新唐書》卷一六五。　處誨：人名。即鄭處誨。鄭從讜兄。唐代官員。傳見《舊唐書》卷一五八、《新唐書》卷一六五。

［5］汴州：州名。治所在今河南開封市。

［6］尚書郎：官名。即郎中。尚書省屬官。分曹處理政事。吏部郎中正五品下，餘司郎中皆從五品上。　右諫議大夫：官名。唐置左右諫議大夫，左屬門下省，右屬中書省。掌諫諭得失、侍從贊相。正四品下。　累歷臺閣，自尚書郎遷右諫議大夫：《輯本舊史》卷七九《晋高祖紀五》天福六年（941）二月己亥條："詔户部侍郎張昭遠、起居郎賈緯、秘書少監趙熙、吏部郎中鄭受益、左司員外郎李爲光等同修唐史，仍以宰臣趙瑩監修。"卷八〇《晋高祖紀六》天福六年七月丙戌條："以吏部郎中鄭受益爲右諫議大夫。"

［7］"天福七年夏"至"執政稍惡之"：《輯本舊史》卷八〇天福七年四月己未條："右諫議大夫鄭受益兩疏論張彦澤在涇州之日，違法虐民，支解掌書記張式、部曲楊洪等，請下所司，明申其罪，皆留中不出。"《通鑑》卷二八三天福七年四月己未條："右諫議大夫鄭受益上言：'楊洪所以被屠，由陛下去歲送張式與彦澤，使之逞志，致彦澤敢肆凶殘，無所忌憚。見聞之人無不切齒，而陛下曾不動心，一無詰讓；淑慝莫辨，賞罰無章。中外皆言陛下受彦澤所獻馬百匹，聽其如是，臣竊爲陛下惜此惡名，乞正彦澤罪法以湔洗聖德。'疏奏，留中。"《宋本册府》卷四六〇《臺省部·正直門》："鄭受益爲右諫議大夫。高祖天福中，涇州節度使張彦澤在涇州違

法虐民，殺其掌書記張式、軍將楊洪，朝廷優容之。受益兩疏論云，請下有司申明其罪。”卷五四七《諫諍部·直諫門一四》：“鄭受益爲右諫議大夫。天福七年夏，以涇原張彦澤殺害書記張式，恣爲不道，受益上章，請行國典，旬日不報。又上疏曰：‘臣自貢封事已及九日，未聞施行，實深激憤。且臣家在晋昌，備知蹤迹。彦澤在涇州殺式之後，至故雍復害軍將楊洪，一如式之屠割。此乃是陛下去歲送張式令彦澤屠戮，致今春楊洪又遭此苦。中外觀者，痛入骨髓。陛下聞之，情無愍傷。伏自陛下臨御已來，萬方咸歌仁聖，一何乖爽，大黠皇猷。又彦澤在涇州日，擅將甲兵，討伐蕃部，尋皆陷殁，靡有孑遺。乃行酷虐之令，括爲充填舊數，奪取婦女，率掠金帛。從順者苞羞免禍，違阻者飲恨被誅。近聞王周交代，條牛上聞（明本作“條件上聞”）。凡有監訛（明本作“凡有濫訛”），應在其内。今陛下略無所問，臣實不平。沮王周守法奉公，黨彦澤殺人害物。臣竊慮此後諸侯，傚作好事者少，繼爲惡事者多。蓋陛下喜怒不分，賞罰有濫，既無黜陟之法，是退賢良之心。今外議沸騰，皆言陛下廣受彦澤進獻，許行非法之事。况在郡括馬，將及萬蹄，到闕獻誠，止滿百匹。臣痛恨此賊者，致陛下招此惡名故也。是敢繼犯宸嚴，再具論列，必乞速行法令，免致天下咨嗟。臣又覩陛下前月十八日時降勑命，過五日一度内殿起居，許臣僚具所見事實封聞奏其間，勑語曰：“恐一物失所，以百姓爲心。”可謂憂民疾痛者矣。今臣所論奏彦澤，蓋爲涇州一方。陛下詔墨未乾，自違其旨，如水投石，不動聖心。臣切慮姦邪，潛謀罔惑，致其明聖，有此二三。奈何陛下不與執政之臣商量，而聽庸愚之輩掩蔽。伏以宰臣馮道以下，皆忠貞植性，輔弼當仁，久居調鼎之權，上贊垂裳之理。而況晨趨玉陛，日面龍顔，每於造膝之時，必竭沃心之奏。伏乞宣示前後所貢二狀，令對御座子細詳讀。若臣所論彦澤奴事謬妄，不愜聖旨，即乞便降朝典，令天下知彦澤無罪、諫官妄有陳論，兼明陛下無朝令夕改之謗。臣職忝諫諍，理合抗論，不避嚴誅，希迴英斷。”

［8］趙瑩：人名。華州華陰（今陝西華陰市）人。五代後晋宰相。傳見本書卷八九、《新五代史》卷五六。

［9］《大典》卷一八八八八爲"鄭"字韻"姓氏（一七）"事目，但據《輯本舊史》，五代鄭氏人物傳記基本輯自《大典》卷一八八八一，爲"鄭"字韻"姓氏（一一）"事目，故《鄭受益傳》疑録自《大典》卷一八八八一。

李郁

李郁，[1]字文緯，唐之宗屬也。少歷宗寺官，天成、長興中，累遷爲宗正卿。[2]性平允，所歷無愛憎毁譽。[3]高祖登極，授光禄卿。[4]一日晝寢，夢食巨棗，覺而有疾，謂其親友曰："嘗聞'棗'字重'來'，呼魂之象也。余神氣逼抑，將不免乎！"[5]天福五年夏卒。贈太子太保。[6]《永樂大典》卷一萬三百九十。[7]

［1］李郁：《宋本册府》卷八二五《總録部·名字門二》："李郁，清泰初爲宗正少卿，上言：'臣與本寺卿名同，行公事不便，欲改名知新。'從之。"則五代時名李郁者不止此一人。

［2］宗正卿：官名。秦始置宗正，南朝梁始有宗正卿之官。由宗室充任。掌皇族外戚屬籍。正三品。　"少歷宗寺官"至"累遷爲宗正卿"：《輯本舊史》卷三九《唐明宗紀五》天成三年（928）九月丁丑條："以太府卿、判四方館事李郁爲宗正卿。"《宋本册府》卷一七四《帝王部·修廢門》天成二年三月丙寅條："宗正丞李郁奏：'兩京畿甸園陵之制，其地四十里，曰封山，爰自唐室以來收在公田之籍，今方紹襲，宜正規儀。'"同卷："明宗天成初，差丞李郁檢校。"明本《册府》卷三一《帝王部·奉先門》清

泰二年（935）正月乙丑條："遣太常少卿蕭愿、宗正卿李郁朝拜徽陵。"卷二〇五《閏位部·巡幸門》乾化五年（915）十月甲寅條："將以其夕幸魏縣，命閤門使李郁報宰臣，兼敕内外。"

[3]性平允，所歷無愛憎毁譽：亦見《宋本册府》卷六二二《卿監部·德望門》。

[4]光禄卿：官名。南朝梁天監七年（508）改光禄勳置，隋唐沿置。掌宫殿門户、帳幕器物、百官朝會膳食等。從三品。　高祖登極，授光禄卿：《輯本舊史》卷七六《晋高祖紀二》天福二年（937）正月戊寅條："以前宗正卿李郁爲太子賓客。"

[5]"一日晝寢"至"將不免乎"：亦見《宋本册府》卷八九三《總録部·夢徵門二》。《御覽》卷九六五《果部二》棗條"將不免乎"後有"未幾而卒"四字。

[6]太子太保：官名。與太子太師、太子太傅統稱太子三師。隋唐以後多作加官或贈官。從一品。

[7]《大典》卷一〇三九〇"李"字韻"姓氏（三五）"事目。

鄭玄素

鄭玄素，京兆人。避地鶴鳴峰下，[1]萃古書千卷，採薇蕨而弦誦自若。善談名理，或問："水旺冬而冬涸，泛盛乃在夏，何也？"玄素曰："論五行者，以氣不以形。木旺春，以其氣温；火旺夏，以其氣熱；金旺秋，以其氣清；水旺冬，以其氣冷。若以形言，則萬物皆萌於春，盛於夏，衰於秋，藏於冬，不獨水然也。"人以爲明理。後益入廬山青牛谷，[2]高卧四十年。初，玄素好收書，而所收鍾王法帖，[3]墨蹟如新，人莫知所從得。

有與厚者問之，乃知玄素爲温韜甥，[4]韜常發昭陵，[5]盡得之，韜死，書歸玄素焉。今有書堂基存。[6]《永樂大典》卷一萬八千八百八十一。[7]

[1]鶴鳴峰：地名。今地不詳。

[2]青牛谷：地名。位於今江西九江市廬山山脉之中。

[3]鍾：人名。即鍾繇，字元常，潁川長社（今河南長葛縣）人。三國魏著名書法家。小楷字體創始人。傳見《三國志》卷一三。　王：人名。即王羲之，字逸少，琅琊（今山東臨沂市）人。東晋時期著名書法家，筆法自成一體，有“書聖”之稱。傳見《晋書》卷八〇。

[4]温韜：人名。京兆華原（今陝西銅川市耀州區）人。唐末李茂貞部將，五代後梁、後唐將領。傳見本書卷七三、《新五代史》卷四〇。

[5]昭陵：陵墓名。位於今陝西禮泉縣西北，唐太宗李世民與文德皇后長孫氏合葬墓。

[6]“鄭玄素”至“今有書堂基存”：中華書局本有校勘記：“殿本、邵本無此傳。影庫本批校：‘《舊五代史·晋書》内《鄭元素傳》，查係《永樂大典》誤題《薛史》，實係馬令《南唐書》，今應删去。’今檢馬令《南唐書》卷一五《鄭玄素傳》與此傳文字不同。”

[7]《大典》卷一八八八一“鄭”字韻“姓氏（一一）”事目。

馬重績

馬重績，[1]字洞微。少學數術，明太一、五紀、八象、《三統大曆》。[2]居於太原。[3]仕晉，拜太子右贊善大夫，[4]遷司天監。[5]天福四年，[6]重績上言："曆象，王者所以正一氣之元，宣萬邦之命，而古今所記，考審多差。《宣明》氣朔正而星度不驗，[7]《崇玄》五星得而歲差一日。[8]以《宣明》之氣朔，合《崇玄》之五星，二曆相參，然後符合。自前世諸曆，皆起天正十一月爲歲首，用太古甲子爲上元，積歲愈多，差闊愈甚。臣輒合二曆，創爲新法，以唐天寶十四載乙未爲上元，[9]雨水正月中氣爲氣首。"[10]詔下司天監趙仁錡、張文皓等考覈得失，[11]仁錡等言："明年庚子正月朔，用重績曆考之，皆合無舛。"乃下詔班行之，號《調元曆》。[12]行之數歲輒差，遂不用。[13]重績又言："漏刻之法，以中星考晝夜爲一百刻，八刻六十分刻之二十爲一時，[14]時以四刻十分爲正，此自古所用也。今失其傳，以午正爲時始，下侵未四刻十分而爲午，由是晝夜昏曉，皆失其正，請依古改正。"從之。重績卒，年六十四。[15]《永樂大典》卷一萬一千二百四十。[16]

[1]馬重績：中華書局本有校勘記："按本傳云輯自《永樂大典》卷一萬一千二百四十，檢《永樂大典目録》，卷一一二四〇爲'隱'字韻'隱公五'，與本則内容不符。考其文字，疑係據《新五代史》卷五七《馬重績傳》節録。"

[2]三統大曆：中華書局本有校勘記："'三統'，原作'三紀'，據殿本、劉本、《新五代史》卷五七《馬重績傳》改。《舊五代史考異》卷三：案原本作'三紀'，今從《歐陽史》改正。"

[3]居於太原：《新五代史》卷五七《馬重績傳》："其先出於

北狄，而世事軍中……唐莊宗鎮太原，每用兵征伐，必以問之，重績所言無不中，拜大理司直。明宗時，廢不用。”

［4］太子右贊善大夫：官名。掌規諫太子過失、贊禮儀等事。正五品。“右”，本書本卷《馬重績傳》同，本書卷七六《晉高祖本紀二》敘其事作“左”。

［5］司天監：官（署）名。其長官稱司天監，掌天文、曆法以及占候等事。參見趙貞《唐宋天文星占與帝王政治》，北京師範大學出版社 2016 年版。　“仕晉”至“遷司天監”：《輯本舊史》卷七六《晉高祖紀二》天福元年（936）十二月庚子條：“以左贊善大夫馬重績爲司天監。”《新五代史》卷五七：“晉高祖以太原拒命，廢帝遣兵圍之，勢甚危急，命重績筮之，遇同人，曰：‘天火之象，乾健而離明。健者君之德也，明者南面而嚮之，所以治天下也。同人者人所同也，必有同我者焉。易曰：“戰乎乾。”乾，西北也。又曰：“相見乎離。”離，南方也。其同我者，自北而南乎？乾，西北也，戰而勝，其九月十月之交乎？’是歲九月，契丹助晉擊敗唐軍，晉遂有天下。拜重績太子右贊善大夫，遷司天監。明年，張從賓反，命重績筮之，遇隨，曰：‘南瞻析木，木不自續，虛而動之，動隨其覆。歲將秋矣，無能爲也！’七月而從賓敗。高祖大喜，賜以良馬、器幣。”

［6］天福四年：《輯本舊史》原作“天福三年”，中華書局本有校勘記：“本書卷七八《晉高祖紀四》、《新五代史》卷八《晉本紀》、《五代會要》卷一〇繫其事於天福四年。”但未改，今據上述諸書改。

［7］《宣明》：曆法名。即《宣明曆》。唐代徐昂制訂。唐代八曆之一。

［8］《崇玄》：曆法名。即《崇玄曆》。唐代邊岡、胡秀林制訂。唐代八曆之一。

［9］天寶：唐玄宗李隆基年號（742—756）。

［10］雨水正月中氣爲氣首：中華書局本有校勘記：“‘爲氣’二

字原闕，據殿本、《五代會要》卷一〇、《新五代史》卷五七《馬重績傳》補。影庫本批校：雨水正月中氣爲氣首，脱‘爲氣’二字。”

［11］趙仁錡：人名。籍貫不詳。五代後唐清泰中官司天少監。清泰三年（936）十一月奉命前往汴州，取渾天儀。後晋天福四年，仍官司天少監，受晋高祖之命參修新曆，號《調元曆》。事見本書卷一四〇《曆志》，《五代會要》卷一〇曆、渾天儀條。中華書局本有校勘記：“‘趙仁錡’，原作‘趙仁琦’，據本書卷一四〇《曆志》、《五代會要》卷一〇、《新五代史》卷五七《馬重績傳》改。本卷下一處同。影庫本粘籤：仁琦，原本作‘人琦’，今從《五代會要》改正。”　張文皓：人名。籍貫不詳。後唐司天監官。與馬重績、趙仁錡等修成《調元曆》。事見本書卷一四〇《曆志》。

［12］“天福四年”至“號《調元曆》”：《輯本舊史》卷七八《晋高祖紀四》天福四年八月丙辰條：“司天監馬重績等進所撰新曆，降詔褒之，詔翰林學士承旨和凝制序，命之曰《調元曆》。”《會要》卷一〇曆條，載重績創“新曆一部，二十一卷、七章上下經二卷、算草八卷、立成十二卷”。《輯本舊史》卷一四〇《曆志》略同，唯《算草》作八卷。

［13］行之數歲輒差，遂不用：《新五代史》卷五八《司天考第一》：“五代之初，因唐之故，用《崇玄曆》。至晋高祖時，司天監馬重績始更造新曆……初，唐建中時，術者曹士蔿始變古法……號《符天曆》。然世謂之小曆，祇行於民間。而重績乃用以爲法，遂施于朝廷，賜號《調元曆》。然行之五年，輒差不可用，而復用《崇玄曆》。”

［14］八刻六十分刻之二十爲一時：中華書局本有校勘記：“‘六十’原作‘六十一’，據殿本、《新五代史》卷五七《馬重績傳》改。”

［15］重績卒，年六十四：《宋本册府》卷八九三《總録部·夢徵門》：“馬重績爲司天監，夢游崑崙山，與上仙語其言。覺，具述

其事。夜未央，無病而卒。”

[16]《大典》卷一一二四〇“隱”字韻“春秋隱公（五）”事目，與此傳無涉，注誤。

陳玄

陳玄，京兆人也。家世爲醫，初事河中王重榮。[1]乾符中，[2]後唐武皇自太原率師攻王行瑜，[3]路出於蒲中，時玄侍湯藥，武皇甚重之，及還太原，日侍左右。武皇性剛暴，樂殺人，無敢言者，玄深測其情，每有暴怒，則從容啓諫，免禍者不一，以是晋人深德之，勳貴賂遺盈門。性好酒樂施，隨得而無私積。明宗朝，爲太原少尹，入爲太府卿。長興中，集平生所驗方七十五首，并修合藥法百件，號曰《要術》，刊石置於太原府衙門之左，以示於衆，病者賴焉。天福中，以耄期上表求退，以光禄卿致仕，[4]卒於晋陽，[5]年八十餘。《永樂大典》卷三千一百三十五。[6]

[1]王重榮：人名。太原祁（今山西祁縣）人。唐末、五代軍閥。傳見《舊唐書》卷一八二、《新唐書》卷一八七。

[2]乾符：唐僖宗李儇年號（874—879）。

[3]武皇：五代後唐武皇李克用。　王行瑜：人名。邠州（今陝西彬縣）人。唐末軍閥。傳見《舊唐書》卷一七五、《新唐書》卷二二四下。

[4]以光禄卿致仕：《輯本舊史》卷七九《晋高祖紀五》天福六年（941）四月壬寅條：“以昭義節度副使陳玄爲光禄卿致仕。”

[5]卒於晋陽：《輯本舊史》卷八四《晋少帝紀四》開運二年

(945）十二月己卯條："光禄卿致仕陳玄卒於太原。"

［6］《大典》卷三一三五"陳"字韻"姓氏（一九）"事目。

史臣曰：夫彰善癉惡，《麟史》之爲義也；[1]瑜不掩瑕，虹玉之爲德也。故自崇弼而下，善者既書之，其不善者亦書之，庶使後之君子見善如不及，見惡如探湯也。至如重績之曆法，陳玄之醫道，亦不可漏其名而弗紀也。《永樂大典》卷三千一百三十五。[2]

［1］《麟史》：一般指《春秋》。

［2］《大典》卷三一三五"陳"字韻"姓氏（一九）"事目。

舊五代史　卷九七

晉書二十三

列傳第十二

范延光

范延光，[1]字子環，[2]鄴郡臨漳人也。[3]少隸於郡牙，唐明宗牧相州，[4]收爲親校。同光中，[5]明宗下鄆州，[6]梁兵屯楊劉口以扼之，[7]先鋒將康延孝潛使人送款於明宗。[8]明宗欲使人達機事於莊宗，[9]方難其選，延光請行，遂以蠟書授之。[10]延光既至，奏莊宗曰："楊劉渡控扼已定，未可圖也。請築壘馬家口，[11]以通汶陽之路。"[12]莊宗從之，復遣歸鄆州。[13]俄而梁將王彦章攻馬家口所築新壘，[14]明宗恐城中不備，又遣間行告莊宗，請益兵。中夜至河上，爲梁兵所獲，送夷門下獄，榜笞數百，威以白刃，終不洩其事。復爲獄吏所護，在獄半年，不復理問。及莊宗將至汴城，獄吏即去其桎梏，拜謝而出之，乃見於路側。莊宗喜，授銀青光禄大夫、檢校工部尚書。[15]

［1］范延光：人名。鄴郡臨漳（今河北臨漳縣）人。五代後唐、後晋將領。傳見本書本卷。《舊五代史考異》："《遼史》避太宗諱作延廣。"見《遼史》卷三《太宗紀上》天顯十一年（937）十月條。

［2］字子環：《輯本舊史》之影庫本粘籤："子環，《歐陽史》作子瓌，考《册府元龜》亦作'環'，今仍其舊。"見《新五代史》卷五一《范延光傳》。《册府》未見此記載。

［3］鄴郡臨漳：地名。位於今河北臨漳縣。

［4］唐明宗：即五代後唐明宗李嗣源。沙陀部人。原名邈佶烈，李克用養子。926年至933年在位。紀見本書卷三五至卷四四、《新五代史》卷六。　相州：州名。治所在今河南安陽市。

［5］同光：五代後唐莊宗李存勗年號（923—926）。

［6］鄆州：州名。治所在今山東東平縣。

［7］楊劉：地名。即楊劉渡。五代黄河渡口。位於今山東東阿縣。

［8］康延孝：人名。代北（今山西代縣）人。五代後唐將領。傳見本書卷七四、《新五代史》卷四四。

［9］莊宗：即五代後唐莊宗李存勗。沙陀部人。後唐建立者。923年至926年在位。紀見本書卷二七至卷三四、《新五代史》卷五。

［10］蠟書：古代一種用於情報交换或傳遞的秘密工具。詳見孫方圓《兵道尚詭：試説宋代的軍用蠟丸》,《軍事歷史》2018年第2期。

［11］馬家口：地名。即馬頰口。五代黄河渡口。位於今山東東平縣西北。

［12］汶陽：古地名。位於今山東泰安市一帶。

［13］“同光中”至“復遣歸鄆州”：《通鑑》卷二七二同光元年（923）六月乙亥條：“時李嗣源守鄆州，河北聲問不通，人心漸離，不保朝夕。會梁右先鋒指揮使康延孝密請降於嗣源……嗣源遣押牙臨漳范延光送延孝蠟書詣帝，延光因言於帝曰：‘楊劉控扼已固，梁人必不能取，請築壘馬家口以通鄆州之路。’帝從之，遣崇韜將萬人夜發，倍道趣博州，至馬家口渡河，築城晝夜不息。”同光元年不得言同光中。

［14］王彥章：人名。鄆州壽張（今山東梁山縣壽張集）人。五代後梁將領。傳見本書卷二一、《新五代史》卷三二。

［15］銀青光禄大夫：官名。唐、五代散官。從三品。　檢校工部尚書：官名。爲散官或加官，以示恩寵，無實際執掌。

明宗登極，擢爲宣徽使。[1]與霍彥威平青州王公儼，[2]遷檢校司徒。[3]明宗之幸夷門也，[4]至滎陽，[5]聞朱守殷拒命，[6]延光曰：“若不急攻，賊城堅矣。[7]請騎兵五百，臣先赴之，則人心必駭。”明宗從其請。延光自酉時至夜央，馳二百餘里，奄至城下，與賊交鬬。翌日，守陴者望見乘輿，乃相率開門，延光乃入，與賊巷戰，至厚載門，盡殲其黨，明宗嘉之。[8]明年，遷樞密使，[9]權知鎮州軍府事，[10]尋正授節旄，加檢校太保。[11]長興中，[12]以安重誨得罪，[13]再入爲樞密使，加同平章事。[14]

［1］宣徽使：官名。唐始置。宣徽南院使、北院使通稱宣徽使。初用宦官，五代以後改用士人。通掌内諸司及三班内侍之名籍，郊祀、朝會、宴享供帳之儀，檢視内外進奉名物。參見王永平《論唐代宣徽使》，《中國史研究》1995年第1期；王孫盈政《再論唐代

的宣徽使》，《中華文史論叢》2018 年第 3 期。　明宗登極，擢爲宣徽使：《輯本舊史》卷三五《唐明宗紀一》同光四年（926）四月己未條："以客將范延光爲宣徽使。"《通鑑》卷二七五天成二年（927）三月丙辰條："以皇子從榮鎮鄴都，命宣徽北院使范延光將兵送之，且制置鄴都軍事。"同月壬申條："范延光還至淇門，聞盧臺亂，發滑州兵復如鄴都，以備奔逸。"

[2]霍彦威：人名。洺州曲周（今河北曲周縣）人。五代後梁將領霍存養子。後梁、後唐將領。傳見本書卷六四、《新五代史》卷四六。　青州：州名。治所在今山東青州市。　王公儼：人名。籍貫不詳。五代後唐將領。事見本書卷三七。

[3]檢校司徒：官名。爲散官或加官，以示恩寵加此官，無實際執掌。司徒，與太尉、司空並爲三公。

[4]夷門：地名。故址在今河南開封市内東北隅。夷門位於夷山，夷山因山勢平夷而得名，故門亦以山爲名。此處代指開封。

[5]滎陽：縣名。治所在今河南滎陽市。

[6]朱守殷：人名。籍貫不詳。五代後唐將領。傳見本書卷七四、《新五代史》卷五一。

[7]賊城堅矣：中華書局本有校勘記："'城'字原闕，據《册府》卷三六七補。《通鑑》卷二七六敘其事作'汴城堅矣'。"

[8]明宗嘉之：中華書局本有校勘記："'嘉'原作'喜'，據《册府》卷三六七改。"見《宋本册府》卷三六七《將帥部·機略門七》。《通鑑》卷二七六天成二年十月丁亥條："民間訛言帝欲自擊吴，又云欲制置東方諸侯。宣武節度使、檢校侍中朱守殷疑懼，判官高密孫晟勸守殷反，守殷遂乘城拒守。帝遣宣徽使范延光往諭之，延光曰：'不早擊之，則汴城堅矣；願得五百騎與俱。'帝從之。延光暮發，未明行二百里，抵大梁城下，與汴人戰，汴人大驚。"《新五代史》卷五一《范延光傳》："明宗行幸汴州，至滎陽，朱守殷反。延光曰：'守殷反迹始見，若緩之使得爲計，則城堅而難近。故乘人之未備者，莫若急攻。臣請騎兵五百，馳至城下，以

神速駭之。’乃以騎兵五百，自暮疾馳至半夜，行二百里，戰于城下。遲明，明宗亦馳至，汴兵望見天子乘輿，乃開門，而延光先入，猶巷戰，殺傷甚衆。守殷死，汴州平。”

［9］樞密使：官名。樞密院長官。五代時以士人爲之，備顧問、參謀議，出納詔奏，權侔宰相。參見李全德《唐宋變革期樞密院研究》，國家圖書館出版社 2009 年版。

［10］鎮州：州名。治所在今河北正定縣。

［11］檢校太保：官名。爲散官或加官，以示恩寵加此官，無實際執掌。太保，與太師、太傅合稱三師。　“明年”至“加檢校太保”：《輯本舊史》卷三九《唐明宗紀五》天成三年三月戊辰條：“以宣徽南院使范延光爲樞密使。”同月己巳條：“命范延光權知鎮州軍府事。”同年四月戊寅條：“以樞密使、權知鎮州軍府事、檢校太保范延光爲鎮州節度使、兼北面水陸轉運使。”卷四〇《唐明宗紀六》天成四年四月壬戌條：“鎮州節度使范延光加檢校太傅。”案此，延光已於爲鎮州節度使之前加檢校太保，授鎮州節度使後又加檢校太傅，與傳異。

［12］長興：五代後唐明宗李嗣源年號（930—933）。

［13］安重誨：人名。應州（今山西應縣）人。五代後唐大臣。傳見本書卷六六、《新五代史》卷二四。

［14］同平章事：官名。“同中書門下平章事”之簡稱。唐高宗以後，凡實際任宰相之職者，常在其本官後加同平章事的職銜。後成爲宰相專稱。後晉天福五年（940），升中書門下平章事爲正二品。　“長興中”至“加同平章事”：《輯本舊史》之原輯者案語：“《明宗紀》：長興二年（931）九月辛丑，樞密使、檢校太傅、刑部尚書范延光加同平章事。四年九月戊寅，樞密使范延光加兼侍中。是延光爲同平章事時，已由檢校太保進加太傅，後復加侍中。今泰安縣有長興四年九月冥福院牒石刻，所列延光官銜，仍作太傅，蓋賜牒時尚未加侍中也。傳中不載，係史家前後省文。”卷四一《唐明宗紀七》長興元年九月甲申條：“以鎮州節度使范延光爲

檢校太傅、守刑部尚書，充樞密使。”卷四二《唐明宗紀八》長興二年九月辛丑條：“樞密使、檢校太傅、刑部尚書范延光加同平章事，使如故。”卷四三《唐明宗紀九》長興三年六月辛酉條：“范延光奏曰：‘孟知祥兼有兩川，彼之軍衆皆我之將士，料其外假朝廷形勢以制之，然陛下苟不能屈意招攜，彼亦無由革面。’帝曰：‘知祥，予故人也，以賊臣間諜，故兹阻隔，今因而撫之，何屈意之有！’由是遣供奉官李瓌使西川，齎詔以賜知祥。”明本《册府》卷七〇《帝王部・務農門》唐明宗條長興三年三月：“帝觀稼於郡郊。民有父子三人同挽犁來者，帝閔之，賜耕牛三頭。帝顧謂侍臣曰：‘朕昨日以雨霽暫歸緑野，遥望西南山坡之下，初謂群羊，俯而察之，乃貧民耦耕，朕甚憫焉。’范延光對曰：‘陛下輕傜薄賦，所以村落之間自勤於稼穡也。’是時，帝哀貧民多無耕牛，斵地以種。延光以爲勤于稼穡，非主上憂民之意歟？”卷七八《帝王部・委任門二》：“范延光爲樞密使，上表陳情，乞解樞務，優詔不允，令皇城使翟光鄴宣旨云：‘卿避重難則便矣，誰當荷重難者？勿復興言。要遂陳請，十年爲予致太平後，即允卿辭避。’帝御中興殿，延光稱疾甚，上表陳情。帝謂樞密使趙延壽曰：‘延光又貢章疏，懇求退避，其意如何？莫是朕之失德，不可扶持否？’延壽曰：‘延光位高責重，畏懼滿盈，所以求退，與舊臣迭處。祇如臣素無才術，因緣戚屬，冒昧渥恩，自掌樞密，常多憂惕，所希舊臣迭處，然後乞在散班，不謂延光先有陳情。延光之心，臣知之矣，固不願遠違宸扆，須避樞機，但以此職，望重責深，動貽官謗。向來處者，罕有保全，所謂人之所畏，不可不畏。’帝曰：‘卿言是也。然家國之事，仗卿等披榛故人。總欲捨予，予誰共治？卿見延光，道予此語，勉就公參。’又令中使楊敬達就延光第宣旨。延光又上第三章陳乞，優答不允。”卷一〇六《帝王部・惠民門二》唐明宗條長興三年：“三月辛亥，帝謂侍臣曰：‘朕昨日出城觀稼，見百姓父子三人同曳犁，耒者力農如是，深軫予懷，可賜耕牛二頭。’七月丁未，内出御劄示百僚曰：‘朕以臨御萬邦，寵綏四海，務恤民以設教，期化俗以成風。昨自霖雨連綿，川瀆泛溢，傷數州之苗稼，蕩百姓之丘園。遘此徵災，慙虧至德，致農者失力田之望，念編甿有艱食之虞。每自責躬，更思求理。欲使人獲其蘇息，恨不家至而撫安。憂勞所深，鑒寐斯切。宜布維新之澤，式全可大之功。今年州府遭水潦處，已下三司，各指揮本州府支借麥種及等第賑貸斛食，仰逐處長吏切加安存，不得輒有差使。如户口流移，其户下田園屋宅，仰村鄰節級長須主管，不得信令殘毁。候本户歸日，具元本桑棗根數及什物數目交付，不得致有欠少。本户未歸，即許鄰保請佃供輸。若入務時歸，業準例收，秋後交付。貴示招攜，永期康泰。速宜宣佈，稱朕意焉。’是歲，宋、亳、潁三州水災尤甚。樞密使范延光、趙延壽從容奏曰：‘今秋，宋、亳、潁等州水災甚，民户流亡，粟價暴貴，臣等量欲與本州官倉斛㪷，依如今時估出糶，以救貧民。兼大水之後，頗宜宿麥。窮民不便種子，亦望本州據民户等第支借麥種，自十石至三石，候來年收麥，據原借數納官。’從之，乃下此詔。”《宋本册府》卷五〇八《邦計部·俸禄門》唐明宗條長興三年五月：“樞密使范延光等奏：‘諸道指揮使月俸未有定制。請大藩鎮都指揮使，月賜料錢三十貫，糧二十石，春衣十五匹，冬衣二十五匹。其餘藩府約此爲等第。’從之。”《通鑑》卷二七七長興二年五月己卯條：“時，范延光、趙延壽雖爲樞密使，懲安重誨以剛愎得罪，每於政事，不敢可否；獨漢瓊與王淑妃居中用事，人皆憚之。”同卷長興三年正月己丑條：“樞密使范延光言：‘自靈州至邠州方渠鎮，使臣及外國入貢者多爲党項所掠，請發兵擊之。’己丑，遣静難節度使藥彦稠、前朔方節度使康福將步騎七千討党項。”同年六月戊午條：“董璋之攻知祥也，山南西道節度使王思同以聞，范延光言於上曰：‘若兩川併於一賊，撫衆守險，則取之益難，宜及其交争，早圖之。’上命思同以興元之兵密規進取。”

既而以秦王從榮不軌，[1]恐及其禍，屢請外任，明宗久之方許，遂出鎮常山。[2]清泰中，[3]復詔爲樞密使，未幾，出爲汴州節度使。[4]會魏府屯將張令昭逐其帥劉延皓，[5]據城以叛，唐末帝命延光討而平之，[6]遂授鄴都留守，[7]加檢校太師、兼中書令。[8]門下有術士張生者，[9]自云妙通術數，當延光微時，言將來必爲將相，延光既貴，酷信其言，歷數鎮，嘗館於上舍。延光謂之曰："余夢大蛇，自臍入腹，半而掣去之，是何祥也？"張生曰："蛇者龍也，入腹爲帝王之兆明矣。"延光自是稍萌僭竊之意。

[1]從榮：人名。即李從榮。沙陀部人。五代後唐明宗李嗣源次子。傳見本書卷五一、《新五代史》卷一五。

[2]常山：即鎮州，治所在今河北正定縣。　"既而以秦王從榮不軌"至"遂出鎮常山"：《輯本舊史》卷四三《唐明宗紀九》長興三年（932）十月丁丑條："帝謂范延光曰：'如聞禁軍戍守，多不禀藩臣之命，緩急如何驅使？'延光曰：'承前禁軍出戍，便令逐處守臣管轄斷決，近似簡易。'帝曰：'速以宣命條舉之。'"卷四四《唐明宗紀十》長興四年九月戊寅條："樞密使范延光、趙延壽並加兼侍中，依前充使。"同年十月庚申條："以樞密使范延光爲鎮州節度使。"卷四五《唐閔帝紀》應順元年正月丙申條："鎮州節度使、檢校太尉、兼侍中范延光……加檢校太師。"同年二月己卯條："以鎮州范延光權知鄴都留守事。"同年三月己酉條："以鎮州節度使范延光依前檢校太師、兼侍中，行興唐尹，充天雄軍節度使、北面水陸轉運制置使。"卷六一《安重霸傳》："長興末，明宗謂侍臣曰：'安重霸，朕之故人，以秦州歸國，其功不細，酬以團練防禦，恐非懷來之道。'范延光曰：'將校内有自河東、河北從陛

下龍飛故人，尚有未及團防者，今若遽授重霸方鎮，恐爲人竊議。’明宗不悦。未幾，竟以同州節鉞授之。”《宋本册府》卷一四七《帝王部·恤下門》唐明宗條長興四年九月丁丑條：“范延光奏：‘隔在兩川兵士家口，自來支給衣糧，今緣國計不充，欲權停支給。’帝曰：‘彼非願留，因事暌阻，父子仳離，非人情也。不可頓絶支給。其間願歸鄉貫者從之。如有子弟，許繼其父兄本軍名糧。如無鄉里可歸，無子弟承繼，且量支一年，以是曉諭其家。’”卷四八四《邦計部·經費門》唐明宗條長興三年十二月乙亥：“三司使馮贇奏：‘奉聖旨，賜内外臣寮節料羊，計支三千口。’帝曰：‘不亦多乎！’范延光奏曰：‘供御厨及内司食羊，每日二百口，歲計七萬餘口。釀酒糯米二萬餘石。’帝聞奏，斂容良久，曰：‘支費太過，如何減省？’初，莊宗同光時，御厨日食羊二百口，當時物論，已爲大侈。今羊數既同，帝故駭心。”同卷長興四年二月癸丑：“帝御中興殿，樞密使范延光曰：‘緣邊屯戍兵士，人馬支費，月計極多。若春、夏之交，便有霖雨，山水湍險，軍無興舉之理。應緣邊兵馬，請移於近裏州郡，以便芻糧。’從之。帝因問延光内外見管馬數，對曰：‘見兵馬數管騎軍三萬五千。’帝撫髀歎曰：‘朕從戎四十年。太祖在太原時，騎軍不過七千（明本作“數千”）。先皇與汴家二十年挍戰，自始至終，馬數裁萬。今有鐵馬三萬五千匹，而不能使九州混一，是吾養士卒、練將師（明本作“帥”）之不至也。吾老矣，馬將奈何？’延光奏曰：‘臣每思之，國家養馬太多。試計一騎士之費，可贍步卒五人。養三萬五千騎抵十五萬步卒。既無所施，虚耗國力。臣恐一年不易。’帝曰：‘誠如卿言，肥騎士而瘠吾民，何負哉！’”卷六二一《卿監部·監牧門》唐明宗條長興四年十月：“帝問見管馬數，范延光奏曰：‘天下常支草粟者近五萬匹。見今西北諸番部賣馬者往來如市，其郵傳之費中估之價日四五千貫。以臣計之，國力十耗其七。馬無所使，財賦坐銷，朝廷將不濟。’馮贇奏曰：‘金商州每年上供絹不過六百匹，臣給馬價每日約支五千餘匹。臣等思惟無益之甚，乞陛下深悟其理。’帝曰：

‘卿等商略可否以聞。’延光等議：‘戒緣邊鎮戍蕃部賣馬，即擇其良壯給券，具數以聞。’從之。”卷九九八《外臣部·姦詐門》唐明宗條長興四年六月己未：“新州王景戡奏：‘契丹國左右相牙盧兖與臣書，稱被都要鎮偷竊馬三匹，速宜送來，不然則出兵剽掠。’范延光奏曰：‘北虜以我夏州未平，欲詭間相窺。時向初秋，所宜防備，緣邊戍兵合交番者宜且留，候秋獲訖令還。’從之。”《新五代史》卷五一《范延光傳》：“夏州李仁福卒，其子彝超自立而邀旄節。明宗遣安從進代之，彝超不受代。以兵攻之，久不克。隰州刺史劉遂凝馳驛入見獻策，言綏、銀二州之人，皆有内嚮之意，請除二刺史以招降之。延光曰：‘王師問罪，本在彝超，夏州已破，綏、銀豈足顧哉！若不破夏州，雖得綏、銀，不能守也。’遂凝又請自馳入説彝超使出降，延光曰：‘一遂凝，萬一失之不足惜，所惜者朝廷大體也。’是時，王淑妃用事，遂凝兄弟與淑妃有舊，方倚以蒙恩寵，所言無不聽，而大臣以妃故，多不敢争，獨延光從容沮止之。明宗有疾，不能視朝，京師之人，詾詾異議，藏竄山谷，或寄匿於軍營，有司不能禁。或勸延光以嚴法制之，延光曰：‘制動當以静，宜少待之。’已而明宗疾少間，京師乃定。”《通鑑》卷二七八長興三年十月壬申條：“重誨死，王淑妃與宣徽使孟漢瓊宣傳帝命，范延光、趙延壽爲樞密使，從榮皆輕侮之。”同年長興四年八月諸條：“太僕少卿何澤見上寢疾，秦王從榮權勢方盛，冀己復進用，表請立從榮爲太子。上覽表泣下，私謂左右曰：‘群臣請立太子，朕當歸老太原舊第耳。’不得已，丙戌，詔宰相樞密使議之。丁卯，從榮見上，言曰：‘竊聞有姦人請立臣爲太子；臣幼小，且願學治軍民，不願當此名。’上曰：‘群臣所欲也。’從榮退，見范延光、趙延壽曰：‘執政欲以吾爲太子，是欲奪我兵柄，幽之東宫耳。’延光等知上意，且懼從榮之言，即具以白上；辛未，制以從榮爲天下兵馬大元帥。”同卷長興四年十月乙卯條：“范延光、馮贇奏：‘西北諸胡賣馬者往來如織，日用絹無慮五千匹，計耗國用什之七，請委緣邊鎮戍擇諸胡所賣馬良者給券，具數以聞。’從之。”

同年十一月甲戌條：“上餞范延光，酒罷，上曰：‘卿今遠去，事宜盡言。’對曰：‘朝廷大事，願陛下與内外輔臣參決，勿聽群小之言。’遂相泣而别。時孟漢瓊用事，附之者共爲朋黨以蔽惑上聽，故延光言及之。”卷二七九清泰元年二月己卯條：“朱弘昭、馮贇不欲石敬瑭久在太原，且欲召孟漢瓊，己卯，徙成德節度使范延光爲天雄節度使，代漢瓊。”

［3］清泰：五代後唐末帝李從珂年號（934—936）。

［4］汴州：州名。治所在今河南開封市。　節度使：官名。唐時在重要地區所設掌握一州或數州軍、民、財政的長官。　“清泰中”至“出爲汴州節度使”：《輯本舊史》卷四六《唐末帝紀上》清泰元年（934）五月庚戌條：“以天雄軍節度使范延光爲樞密使，封齊國公。”卷四七《唐末帝紀中》清泰二年二月甲戌條：“以樞密使、天雄軍節度使范延光爲檢校太師、兼中書令，充汴州節度使。”卷四八《唐末帝紀下》清泰三年五月丙申條：“以雍王重美與汴州節度使范延光結婚，詔兖王從温主之。”《宋本册府》卷八二八《總録部·論薦門》：“范延光爲汴州節度。清泰三年，以汴州觀察判官王仁裕仕蜀，至中書舍人，蜀亡東徙，累爲藩府從事，至是，延光言其不可滯於賓佐，帝亦知之，故以爲司封員外郎，知制誥，充翰林學士。”

［5］魏府：地名。即魏州。治所在今河北大名縣。　張令昭：人名。籍貫不詳。五代後唐將領。事見本書卷四八。　劉延皓：人名。應州渾元（今山西渾源縣）人。五代將領，後唐劉皇后之弟。傳見本書卷六九、《新五代史》卷一六。

［6］唐末帝：即五代後唐末帝李從珂。又稱廢帝。934年至936年在位。鎮州（今河北正定縣）人。後唐明宗養子，明宗入洛陽，他率兵追隨，以功拜河中節度使，封潞王。紀見本書卷四六至卷四八、《新五代史》卷七。

［7］鄴都：地名。治所在今河北大名縣。五代後唐同光元年（923），改魏州爲興唐府，建號東京。三年，改東京爲鄴都。　留

守：官名。古代皇帝出巡或親征時指定親王或大臣留守京城，綜理國家軍事、行政、民事、財政等事務，稱京城留守。在陪都或軍事重鎮也常設留守，以地方長官兼任。

[8]檢校太師：官名。爲散官或加官，以示恩寵加此官，無實際執掌。　中書令：官名。漢代始置，隋、唐前期爲中書省長官，屬宰相之職，唐後期多爲授予元勳大臣的虚銜。正二品。　“會魏府屯將張令昭”至“兼中書令”：《輯本舊史》卷四八《唐末帝紀下》清泰三年六月甲戌條：“以汴州節度使范延光爲天雄軍四面招討使，知行府事。”同年七月戊子條：“范延光奏，領軍至鄴都攻城。”同月戊申條：“范延光奏，此月二十一日收復鄴都，群臣稱賀。”同月壬子條：“詔范延光誅張令昭部下五指揮及忠鋭、忠肅兩指揮。繼范延光奏，追兵遣襲張令昭部下敗兵至邢州沙河，斬首三百級，並獻張令昭、邢立、李貴等首級。又奏，獲張令昭同惡捧聖指揮使米全以下諸指揮使都頭凡十三人，并磔於府門。”同年八月己未條：“以汴州節度使范延光爲天雄軍節度使、守太傅、兼中書令。”

[9]張生：人名。籍貫不詳。五代後唐、後晋時術士。事見本書本卷、《新五代史》卷五一。

及高祖建義於太原，[1]唐末帝遣延光以本部二萬屯遼州，[2]與趙延壽掎角合勢，[3]及延壽兵敗，延光促還，故心不自安。[4]高祖入洛，尋封臨清王，以寬其反側。後延光擅殺齊州防禦使祕瓊，[5]而聚兵部下，復收部内刺史入城，[6]高祖甚疑之，乃東幸夷門。[7]時延光有牙校孫鋭者，[8]與延光有鄉曲之舊，軍機民政，一以委焉。故魏博六州之賦，[9]無半錢上供，符奏之間，有不如意者，鋭即對延光毁之，其兇戾也如此。初，朝廷遣使封延光爲臨清王，因會僚屬，延光暴得疾，伏枕經旬，鋭乃密惑群小，召澶州刺史馮暉等，[10]以不臣之謀逼於延光，延光亦惑於術者，因而聽之。

［1］高祖：當爲“太祖”之誤。據中華書局本有校勘記，本書卷一三一《賈緯傳》作“太祖”。按吴縝《纂誤》卷下：“今按王峻爲相，正周太祖時，今呼爲‘高祖’者，誤也。”

［2］遼州：州名。治所在今山西左權縣。

［3］趙延壽：人名。常山（今河北正定縣）人。本姓劉，爲五代後唐將領趙德鈞養子。仕至後唐樞密使，遼朝幽州節度使、燕王。傳見本書卷九八、《遼史》卷七六。

［4］“及高祖建義於太原”至“故心不自安”：《輯本舊史》卷四八《唐末帝紀下》清泰三年（936）九月甲辰條：“詔范延光率兵由青山路趨榆次。”同年十一月庚寅條：“以范延光爲河東道東南面行營招討使，以李周副之。帝以吕琦嘗佐幽州幕，乃命齎都統官告以賜德鈞，兼犒軍士。琦至，從容宣帝委任之意，德鈞曰：‘既以兵相委，焉敢惜死！’德鈞志在併范延光軍，奏請與延光會合。帝以詔諭延光，延光不從。”同月庚子條：“范延光奏，軍至榆次，蕃軍退入河東川界。”卷七五《晋高祖紀一》清泰三年九月辛丑條：“契丹主率衆自雁門而南，旍旗不絶五十里餘。”同月辛亥條：“末帝詔……魏博節度使范延光統本軍二萬人屯遼州。”

［5］齊州：州名。治所在今山東濟南市。　防禦使：官名。唐代始置，設有都防禦使、州防禦使兩種。常由刺史或觀察使兼任，實際上爲唐代後期州或方鎮的軍政長官。　祕瓊：人名。平山（今河北平山縣）人。五代後晋將領。傳見本書卷九四。

［6］刺史：官名。漢武帝始置。州一級行政長官。總掌考核官吏、勸課農桑、地方教化等事。唐中期以後，節度使、觀察使轄州而設，刺史爲其屬官，職任漸輕。從三品至正四品下。

[7]“高祖入洛”至“乃東幸夷門”：《輯本舊史》卷七六《晋高祖紀二》天福二年（937）正月庚申條：“天雄軍節度使、兼中書令范延光改封秦國公，加食邑實封。”同月丙寅條：“魏府范延光奏：‘當管夏津鎮捕賊兵士誤殺却新齊州防禦使祕瓊。’初，延光將萌異志，使人潛結於瓊，諾之。及是，以瓊背其謀，密使精騎殺之，由是延光反狀明矣。”同年五月壬申條：“天雄軍節度使、守太傅、兼中書令、興唐尹范延光進封臨清王，加食邑三千户。”《通鑑》卷二八一天福二年正月丁卯條：“唐潞王素與延光善，及趙德鈞敗，延光自遼州引兵還魏州，雖奉表請降，内不自安，以書潛結祕瓊，欲與之爲亂；瓊受其書不報，延光恨之。瓊將之齊……延光奏稱夏津捕盜兵誤殺瓊，帝不問。”同年三月丙寅條：“范延光聚卒繕兵，悉召巡内刺史集魏州，將作亂。會帝謀徙都大梁，桑維翰曰：‘大梁北控燕、趙，南通江、淮，水陸都會，資用富饒。今延光反形已露，大梁距魏不過十驛，彼若有變，大軍尋至，所謂疾雷不及掩耳也。’丙寅，下詔，託以洛陽漕運有闕，東巡汴州。”《新五代史》卷八《晋本紀》天福二年正月丁卯條：“天雄軍節度使范延光殺齊州防禦使祕瓊。”

[8]牙校：即軍校。爲低級武職。　孫鋭：人名。籍貫不詳。五代藩鎮低級軍官。事見本書本卷。

[9]魏博：唐五代藩鎮名。魏博節度使，又稱天雄節度使，轄魏、博、相、貝、衛、澶六州，其地位於今河北大名縣一帶。

[10]澶州：州名。唐、五代初，治所在今河南清豐縣。後晋天福四年（939），移治於今河南濮陽縣。　馮暉：人名。魏州（今河北大名縣）人。五代後唐至後周將領。傳見本書卷一二五、《新五代史》卷四九。

天福二年夏六月，[1]遣鋭與暉將步騎二萬，南抵黎陽。[2]時鋭以女妓十餘輩從之，擁蓋操扇，必歌吹而後食，將士煩熱，覩之解體，尋爲王師所敗，賊衆退還鄴城。高祖繼遣楊光遠討之，[3]延光知事不濟，乃殺孫鋭以歸其罪，發人齎表待罪，且邀姑息，高祖不許。[4]及經歲受圍，城中饑窘，高祖以師老民勞，思解其役，遣謁者入，謂之曰："卿既危蹙，破在旦夕，若能返掌轉規，[5]改節歸我，我當以大藩處之；如降而殺之，則何以享國？明明白日，可質是言。"因賜鐵券，改封高平郡王，[6]移鎮天平。[7]延光謂門人李式曰：[8]"主上敦信明義，言無不踐，許以不死，則不死矣。"因撤守備，素服請降。[9]及赴汶上，[10]踰月入覲。尋表請罷免，高祖再三答諭方允，制以延光爲太子太師致仕。[11]居闕下期歲，高祖每召賜飲宴，待之與群臣無間。[12]

[1]天福：五代後晋高祖石敬瑭年號（936—942）。出帝石重貴沿用至九年（944）。後漢高祖劉知遠繼位後沿用一年，稱天福十二年（947）。

[2]黎陽：縣名。治所在今河南浚縣。

[3]楊光遠：人名。沙陀部人。五代後唐、後晋將領。傳見本書本卷、《新五代史》卷五一。

[4]"天福二年夏六月"至"高祖不許"："南抵黎陽"後有《舊五代史考異》："《通鑑》云：延光以馮暉爲都部署，以孫鋭爲兵馬都監。"此《考異》中華書局本有校勘記："'孫鋭'，原作'孫棁'，據殿本、劉本、《通鑑》卷二八一改。"《輯本舊史》卷七六《晋高祖紀二》天福二年（937）六月甲午條："六宅使張言自魏府回，奏范延光叛命。滑州符彦饒飛奏，有兵士自北來，傳范延光到黎陽，乞發兵屯禦。宣遣客省使李守貞往延光所問罪。尋命護聖都指揮使白奉進領騎士一千五百赴白馬渡巡檢。"同月丁酉條："白奉

進奏：‘捉得賊卒張柔，稱范延光差澶州刺史馮暉充一行都部署，元從都押衙孫鋭充一行兵馬都監。’帝覽奏，謂侍臣曰：‘朕雖寡德寡謀，自謂不居延光之下，而馮暉、孫鋭過於兒戲，朝夕就擒，安能抗拒大軍爲我之患乎！’”同月乙巳條：“范延光差牙將王知新齎表到闕，不令朝見，收付武德司。”同月丁未條：“張從賓亦叛，與范延光叶謀。”同年七月甲寅條：“削奪范延光在身官爵。”《通鑑》卷二八一天福二年六月己亥條：“范延光以馮暉爲都部署，孫鋭爲兵馬都監，將步騎二萬循河西抵黎陽口。”同年七月壬子條：“范延光遣使以蠟丸招誘失職者，右武衛上將軍婁繼英、右衛大將軍尹暉在大梁，温韜之子延濬、延沼、延衮居許州，皆應之。延光令延濬兄弟取許州，聚徒已及千人。繼英、暉事泄，皆出走。壬子，敕以延光姦謀，誣汙忠良，自今獲延光諜人，賞獲者，殺諜人，禁蠟書，勿以聞。”同月戊寅條：“范延光知事不濟，歸罪於孫鋭而族之，遣使奉表待罪，戊寅，楊光遠以聞，帝不許。”

[5]若能返掌轉規：中華書局本有校勘記：“‘若’字原闕，據《册府》卷一六六補。”見《宋本册府》卷一六六《帝王部·招懷門四》晉高祖條天福三年八月。

[6]高平郡王：《輯本舊史》之原輯者案語：“《歐陽史》作東平郡王。”

[7]天平：方鎮名。治所在鄆州（今山東東平縣）。

[8]李式：人名。籍貫不詳。五代後晉官員。事見本書卷七七。《輯本舊史》之原輯者案語：“《歐史》作副使李式。”見《新五代史》卷五一《范延光傳》。

[9]“及經歲受圍”至“素服請降”：《舊五代史考異》：“案《通鑑》云：延光猶遷延未決，宣徽南院使劉處讓復入諭之，延光意乃決。”《輯本舊史》卷七七《晉高祖紀三》天福三年九月諸條：“己酉，宫苑使焦繼勳自軍前押范延光牙將馬謂齎歸命請罪表到闕。壬子，延光領部下兵士素服於本府門俟命，有詔釋罪……丙寅……范延光差節度副使李式到闕，奉表首罪，兼進玉帶一條……己巳，

復范延光官爵。其制略曰：'……可復推誠奉義佐運致理功臣、天雄軍節度、管内觀察處置等使、開府儀同三司、守太傅、兼中書令、廣晋尹、上柱國、臨清王，食邑一萬户，食實封一千户，改授鄆州刺史、天平軍節度、鄆齊等州觀察處置等使，賜鐵券，改封高平郡王，仍令擇日備禮册命。'"《宋本册府》卷一六六晋高祖條天福三年三月："詔送箭書二百，遣楊光遠射入賊城，除范延光外，並不爲罪。"《新五代史》卷五一："晋以箭書二百射城中，悉赦魏人，募能斬延光者……初，高祖赦降延光，語使者謂之曰：'許卿不死矣，若降而殺之，何以享國？'延光謀於副使李式，式曰：'主上敦信明義，許之不死，則不死矣。'乃降。"《通鑑》卷二八一天福三年八月壬午條："楊光遠奏前澶州刺史馮暉自廣晋城中出戰，因來降，言范延光食盡窮困。"同年九月乙巳條："楊光遠攻廣晋，歲餘不下，帝以師老民疲，遣内職朱憲入城諭范延光，許移大藩，曰：'若降而殺汝，白日在上，吾無以享國。'延光謂節度副使李式曰：'主上重信，云不死則不死矣。'乃撤守備，然猶遷延未決。宣徽南院使劉處讓復入諭之，延光意乃決。九月，乙巳朔，楊光遠送延光二子守圖、守英詣大梁。"

［10］汶上：地名。位於今山東汶上縣。

［11］太子太師：官名。與太子太傅、太子太保統稱太子三師。隋唐以後多作加官或贈官。從一品。　致仕：官員告老辭官。

［12］"及赴汶上"至"待之與群臣無間"：《輯本舊史》卷七七《晋高祖紀三》天福三年十月戊寅條："鄆州范延光奏到任内。"同年十一月乙巳條："鄆州范延光來朝。"同月庚戌條："鄆州范延光上表乞休退，詔不允。"同月甲寅條："以范延光爲太子太師致仕。"卷七八《晋高祖紀四》天福四年正月丙午條："召太子太師致仕范延光宴于便殿，以延光歸命之後，慮懷疑懼，故休假之内，錫以款密。帝謂之曰：'無忿疾以傷厥神，無憂思以勞厥衷。朕方示信於四方，豈食言於汝也。'延光俯伏拜謝，其心遂安。"

一日，從容上奏，願就河陽私邸，以便頤養，高祖許之。[1]延光攜妻子輦奇貨從焉，每過郡邑，多爲關吏所糾。時楊光遠居守洛下，兼領孟懷，既利其財，復漸測朝廷密旨，遂奏云："延光國之奸臣，若不羈縻，必北走胡，南入吴，請召令西都居止。"高祖允之。光遠使其子承勳以兵環其第，逼令自裁。延光曰："明天子在上，賜金書許我不死，爾之父子何得脅制如此？"明旦，則以白刃驅之，令上馬之浮橋，排於水中。光遠紿奏云："延光投河自溺而死。"水運軍使曹千獲其屍郡東繆家灘。[2]高祖聞之，輟朝二日，詔許歸葬於鄴，[3]仍贈太師。[4]

[1]"一日"至"高祖許之"：《新五代史》卷五一《范延光傳》："及致仕居京師，歲時宴見，高祖待之與群臣無間，然心不欲使在京師。歲餘，使宣徽使劉處讓載酒夜過延光，謂曰：'上遣處讓來時，適有契丹使至，北朝皇帝問晋魏博反臣何在，恐晋不能制，當鎖以來，免爲中國後患。'延光聞之泣下，莫知所爲。處讓曰：'當且之洛陽，以避契丹使者。'延光曰：'楊光遠留守河南，吾之仇也。吾有田宅在河陽，可以往乎？'處讓曰：'可也。'乃挈其帑歸河陽。"

[2]水運軍使：官名。掌軍需的水路轉運、供給。軍使，五代時部隊統兵官。　曹千：人名。籍貫不詳。五代後晋將領。事見本書本卷、《新五代史》卷五一。　繆家灘：地名。今地不詳。

[3]歸葬於鄴：《輯本舊史》之原輯者案語："《歐陽史》云：歸葬相州，已葬，墓輒崩，破其棺槨，頭顱皆碎。"見《新五代史》卷五一。

[4]"明旦"至"仍贈太師"：《輯本舊史》卷七九《晋高祖

紀五》天福五年（940）八月己未條：“太子太師致仕范延光卒於河陽，廢朝二日，贈太師。”《通鑑》卷二八二天福五年七月己未條：“太子太師致仕范延光請歸河陽私第，帝許之。延光重載而行。西京留守楊光遠兼領河陽，利其貨，且慮爲子孫之患，奏：‘延光叛臣，不家汴、洛而就外藩，恐其逃逸入敵國，宜早除之！’帝不許。光遠請敕延光居西京，從之。光遠使其子承貴以甲士圍其第，逼令自殺。延光曰：‘天子在上，賜我鐵券，許以不死，爾父子何得如此？’己未，承貴以白刃驅延光上馬，至浮梁，擠于河。光遠奏云自赴水死，帝知其故，憚光遠之强，不敢詰；爲延光輟朝，贈太師。”

延光初爲近臣，及領重鎮，禮賢接士，動皆由禮，故甚獲當時之譽。洎鎮常山日，以部將梁漢瑭獲王都名馬，[1]入罪而取之。在魏州日，以齊州防禦使祕瓊獲董温琪珠金妓妾，[2]及經其境，復害而奪之，物議由是減之。及懼罪以謀叛，復忍耻以偷生，不能引决，遂至强死，何非夫之甚也！《永樂大典》卷一萬六千五百一十七。[3]

[1]梁漢瑭：人名。籍貫不詳。五代藩鎮軍官。事見本書本卷。中華書局本有校勘記：“‘梁漢瑭’，原作‘梁漢唐’，據本書卷九五《梁漢璋傳》改。按漢瑭係漢璋之弟，兄弟名皆從‘玉’。” 王都：人名。中山陘邑（今河北定州市）人。本姓劉，後爲義武軍節度使王處直養子。五代軍閥。傳見本書卷五四、《新五代史》卷三九。

[2]董温琪：人名。一作“董温其”。籍貫不詳。五代後唐、後晋將領。事見本書卷四七、卷四八。

[3]《大典》卷一六五一七“范”字韻“姓氏（四）”事目。

張從賓　附張延播

張從賓，未詳何許人也。[1]始事唐莊宗爲小校，從戰有功。唐天成中，[2]自捧聖指揮使領登州刺史，[3]遷左右羽林都校。從藥彦稠討楊彦温於河中，[4]平之。[5]長興中，領壽州忠正軍節度使，[6]加檢校太保、侍衛步軍都指揮使。[7]從賓素便佞，每進言，明宗多納之。有供奉官丁延徽者，[8]性貪狡，時奉詔監廩，以犯贜下獄，權貴多爲救解，明宗怒，不許。從賓因奏他事，言及延徽，明宗曰："非但爾言，蘇秦説予，[9]亦不得也。"延徽竟就戮。[10]長興末，從賓出鎮靈武，[11]加檢校太傅。[12]高祖即位，受代入覲，會車駕東幸，[13]留從賓警巡洛下。一日，逢留司御史於天津橋，[14]從兵百人，不分路而過，排御史於水中，從賓紿奏其酒醉，其兇傲如此。[15]及范延光據鄴城叛，詔從賓爲副部署使，[16]從楊光遠同討延光。會延光使人誘從賓，從賓時在河陽，乃起兵以應之。先害皇子重信，[17]及入洛，又害皇子重乂，[18]取内庫金帛以給部伍，因東據汜水關，[19]且欲觀望軍勢。高祖命杜重威、侯益分兵討之，[20]從賓大敗，乘馬入河，溺水而死焉。[21]《永樂大典》卷六千三百五十一。[22]

[1]張從賓，未詳何許人也：《宋本册府》卷九四〇《總録部·不嗣門》："晋張從賓，父全義爲河南尹四十年，積而能散，以至令終。及從賓、繼祚，好治生，商賈盈門，多藏而致禍也。"《張全義傳》見《輯本舊史》卷六三，《張繼祚傳》見卷九六。《繼祚

傳》言：“（張）從賓敗，與二子詔戮於市。”

[2]天成：五代後唐明宗李嗣源年號（926—930）。

[3]捧聖指揮使：官名。所部統兵將領。捧聖爲部隊番號。登州：州名。治所在今山東蓬萊市。《輯本舊史》原作“澄州”。中華書局本有校勘記：“‘澄州’，本書卷四二《唐明宗紀八》作‘登州’。”但未改。五代無澄州，今改。

[4]藥彦稠：人名。沙陀部人。五代後唐將領。傳見本書卷六六、《新五代史》卷二七。　楊彦温：人名。汴州（今河南開封市）人。五代後唐將領。傳見本書卷七四。　河中：方鎮名。治所在河中府（今山西永濟市）。

[5]從藥彦稠討楊彦温於河中，平之：明本《册府》卷一二三《帝王部·征討門》唐明宗條：“長興元年四月，皇子河中節度使從珂遣人口奏曰：‘今月五日，閲馬於黄龍莊，衙内指揮使楊彦温據城謀叛。尋時詰問，稱奉宣命。臣見在虞鄉縣，狀候進止。’帝謂安重誨曰：‘亂臣賊子何代無之，安得有此語！’重誨曰：‘奸賊之言也，宜速進討。’即命西京留守索自通、侍衛指揮使藥彦稠等率兵攻之，仍授彦温絳州刺史，冀以誘而擒之。彦稠辭，帝謂之曰：‘與吾生致彦温，吾將面訊之。’遣左右羽林都指揮使張從賓率宿衛兵七指揮赴河中。是月，斬彦温。”

[6]壽州：州名。治所在今安徽壽縣。　忠正軍：方鎮名。治所在壽州（今安徽壽縣）。

[7]侍衛步軍都指揮使：官名。皇帝侍衛親軍步軍司最高長官。“長興中”至“侍衛步軍都指揮使”：《輯本舊史》卷四二《唐明宗紀八》長興二年（931）七月庚寅：“以權侍衛馬軍都指揮使、登州刺史張從賓爲壽州節度使兼侍衛步軍都指揮使。”壽州先後在吴及南唐轄區，天成三年（928）十月，明宗遥置忠正軍，張從賓乃遥領，而非實任，其實職爲侍衛步軍都指揮使。《本紀》此處不當言“爲”。

[8]丁延徽：人名。籍貫不詳。五代官員。後以貪贓遭到處決。

事見本書卷二七、卷四三。

［9］蘇秦：人名。字季子，洛陽（今河南洛陽市）人。戰國時期縱横家、謀略家。遊歷諸國，主張關東諸國“合縱”以抗秦，佩六國相印。傳見《史記》卷六九。

［10］“從賓素便佞”至“延徽竟就戮”：《輯本舊史》卷四三《唐明宗紀九》長興三年十二月戊申：“供奉官丁延徽、倉官田繼勳並棄市，坐擅出倉粟數百斛故也。”

［11］靈武：郡名。治所在今寧夏吴忠市。唐肅宗乾元元年（758），改名靈州。此處代指治所在靈州的方鎮朔方軍。

［12］檢校太傅：官名。爲散官或加官，以示恩寵，無實際執掌。　“長興末”至“加檢校太傅”：《輯本舊史》卷四五《唐閔帝紀》應順元年（934）正月甲申條：“以侍衛步軍都指揮使、忠正軍節度使張從賓爲涇州節度使，加檢校太傅。”應順元年不得言“長興末”。《通鑑》卷二七八清泰元年（934）正月甲申條：“朱弘昭、馮贇忌侍衛馬軍都指揮使安彦威、侍衛步軍都指揮使、忠正節度使張從賓，甲申，出彦威爲護國節度使，以捧聖馬軍都指揮使朱洪實代之；出從賓爲彰義節度使，以嚴衛步軍都指揮使皇甫遇代之。”涇州爲彰義節度使治所，而靈武爲朔方節度使治所，長興四年與應順元年相差一年，故紀與傳所記時、地均有差異。《通鑑》卷二七九清泰元年三月條：“安彦威與山南西道張虔釗、武定孫漢韶、彰義張從賓、静難康福等五節度使奏合兵討鳳翔。”同月乙卯條：“日中，亂兵悉入，外軍亦潰，思同等六節度使皆遁去。”

［13］會車駕東幸：中華書局本有校勘記：“‘車’字原闕，據《册府》卷四五四補。”見明本《册府》卷四五四《將帥部·豪横門》。《通鑑》卷二八一天福二年（937）三月庚辰條：“帝發洛陽，留前朔方節度使張從賓爲東都巡檢使。”

［14］御史：御史臺執掌監察官員的泛稱。　天津橋：洛陽橋名。位於今河南洛陽市。

［15］其兇傲如此：中華書局本有校勘記：“《册府》卷四五四作

‘其兇傲多如此’。”明本《册府》卷四五四《將帥部·豪横門》作“而凶傲多如此”。

[16]副部署使：官名。五代軍事官員。

[17]重信：人名。即石重信。五代後晋高祖石敬瑭之子。傳見本書卷八七、《新五代史》卷一七。《新五代史》卷一七記重信時爲河陽三城節度使，當被殺於河陽。

[18]重乂：人名。即石重乂。五代後晋高祖石敬瑭之子。傳見本書卷八七、《新五代史》卷一七。中華書局本謂本書卷七六、卷九七及《通鑑》卷二八一皆云於河陽被殺者爲重信，於河南被殺者爲重乂，是。《新五代史》卷一七亦記重乂於河南被殺。

[19]汜水關：關隘名。位於今河南滎陽市汜水鎮。

[20]杜重威：人名。五代後晋將領。朔州（今山西朔州市朔城區）人。五代將領、石敬瑭妹婿。傳見本書卷一〇九、《新五代史》卷五二。　侯益：人名。汾州平遥（今山西平遥縣）人。五代將領。傳見《宋史》卷二五四。

[21]“及范延光據鄴城叛”至“溺水而死焉”：《輯本舊史》卷七六《晋高祖紀二》天福二年六月丁酉條：“以東都巡檢使張從賓充魏府西南面都部署。”同月丁未條：“詔侍衛使楊光遠充魏府四面都部署，以張從賓充副、兼諸軍都虞候。是日，張從賓亦叛，與范延光叶謀，害皇子河陽節度使重信、皇子東都留守重乂。”同月己酉條：“以奉國都指揮使侯益、護聖都指揮使杜重威領步騎五千往屯汜水關，備從賓之亂也。”《輯本舊史》卷七六《晋高祖紀二》天福二年七月甲寅條：“杜重威等奏：‘收下汜水關，破賊千人，張從賓及其殘黨奔投入河。’……敕：‘朋助張從賓、逆人張延播、張繼祚等十人，宜令收捕，親的骨肉並處斬。’”同年八月乙巳條：“詔：‘應自張從賓作亂以來，有曾被張從賓及張延播脅從染污者……除已誅戮外，並從釋放，一切不問。張繼祚在喪紀之中，承逆豎之意，顯從叛亂，難貸刑章。乃睠先臣，實有遺德，遽兹乏祀，深所軫懷。其一房家業，準法雖已藉没，所有先臣并祖父母墳

莊祠堂，並可交付骨肉主張。’……繼祚，故齊王全義之子也，故有是詔。”《通鑑》卷二八一天福二年七月丙辰條：“杜重威、侯益引兵至汜水，遇張從賓衆萬餘人，與戰，俘斬殆盡，遂克汜水。從賓走，乘馬渡河，溺死。獲其黨張延播、繼祚、婁繼英，送大梁，斬之，滅其族。”

［22］《大典》卷六三五一“張”字韻“姓氏（二一）”事目。

張延播者，汶陽人也。始爲郡之牙將，[1]唐同光初，明宗下其城，因收隸左右。天成中，累授檢校司空、兩河發運營田使、柳州刺史。[2]長興元年，出牧蔡州，[3]加檢校司徒，入爲左領軍衛大將軍，[4]充客省使。[5]伐蜀之役，命爲馬軍都監。[6]三年，遷鳳州防禦使、西面水陸轉運使。[7]高祖即位，除東都副留守。車駕幸汴，遣兼洛京巡檢使。[8]張從賓作亂，令延播知河南府事。[9]從賓敗，伏誅。[10]《永樂大典》卷六千三百五十一。[11]

［1］牙將：官名。古代軍隊中的中低級軍官。

［2］營田使：官名。唐置。掌營田事務。　柳州：州名。治所在今廣西柳州市。

［3］蔡州：州名。治所在今河南汝南縣。

［4］左領軍衛大將軍：官名。唐高祖置。掌宫禁宿衛。正三品。

［5］客省使：官名。唐代宗時始置，五代沿置。客省長官。掌接待四方奏計及外族使者。

［6］都監：官名。唐代中葉命將出征，常以宦官爲監軍、都監。後爲臨時委任的統兵官，稱都監、兵馬都監。掌屯戍、邊防、訓練之政令。

[7]鳳州：州名。治所在今陝西鳳縣。 轉運使：官名。唐、五代時期負責軍需物資的籌集、調運、供給。

[8]巡檢使：官名。五代始置，設於京師、陪都、重要的州及邊防重鎮。 車駕幸汴，遣兼洛京巡檢使：《輯本舊史》卷七六《晋高祖紀二》天福二年（937）六月丁酉條："以東都副留守張延播充洛京都巡檢使。"

[9]張從賓作亂，令延播知河南府事：《通鑑》卷二八一天福二年六月丁未條："從賓又引兵入洛陽，殺皇子權東都留守重乂，以東都副留守、都巡檢使張延播知河南府事，從軍。"

[10]從賓敗，伏誅：《通鑑》卷二八一天福二年七月丙辰條："杜重威、侯益引兵至汜水，遇張從賓衆萬餘人，與戰，俘斬殆盡，遂克汜水。從賓走，乘馬渡河，溺死。獲其党張延播、繼祚、婁繼英，送大梁，斬之，滅其族。"《輯本舊史》卷七六天福二年七月甲寅條："杜重威等奏：'收下汜水關，破賊千人，張從賓及其殘黨奔投入河。'……敕：'朋助張從賓、逆人張延播、張繼祚等十人，宜令收捕，親的骨肉並處斬。'"同年八月乙巳條："詔：'……應自張從賓作亂以來，有曾被張從賓及張延播脅從染污者，除已誅戮外，並從釋放，一切不問。'"

[11]《大典》卷六三五一"張"字韻"姓氏（二一）"事目。

楊光遠 子承勳

楊光遠，小字阿檀，及長，止名檀，唐天成中，以明宗改御名爲亶，以偏傍字犯之，始改名光遠。[1]字德明，其先沙陀部人也。父阿噔啜，後改名瑊，事唐武皇爲隊長。光遠事莊宗爲騎將，唐天祐中，[2]莊宗遣振武節度使周德威討劉守光於幽州，[3]因令光遠隸於德威麾下。後與德威拒契丹於新州，[4]一軍以深入致敗，因傷其臂，遂廢，罷於家。莊宗即位，思其戰功，命爲幽州馬步軍都指揮使、檢校尚書右僕射，[5]戍瓦橋關久之。[6]明宗朝，歷嬀、瀛、易、冀四州刺史。[7]

[1]“唐天成中”至“始改名光遠”：《舊五代史考異》：“《薛史·唐紀》：清泰二年，楊檀始改名光遠，非天成中即改名也。”《輯本舊史》卷四七《唐末帝紀中》清泰二年（935）五月庚戌條：“中書奏：‘準天成三年正月敕，凡廟諱但迴避正文，其偏旁文字不在減少點畫。今定州節度使楊檀、檀州、金壇等名，酌情制宜，並請改之。其表章文案偏旁字闕點畫，凡臣僚名涉偏旁，亦請改名。’詔曰：‘偏旁文字，音韻懸殊，止避正呼，不宜全改。楊檀宜賜名光遠，餘依舊。’”

[2]天祐：唐昭宗李曄開始使用的年號（904）。唐哀帝李柷即位後沿用（904—907）。唐亡後，河東李克用、李存勗仍稱天祐，沿用至天祐二十年（923）。五代其他政權亦有行此年號者，如南吴、吴越等，使用時間長短不等。

[3]振武：方鎮名。五代後梁貞明二年（916）以前，治所位於單于都護府城（今内蒙古和林格爾縣）。貞明二年單于都護府城爲契丹占據。此後至後唐清泰三年，治所位於朔州（今山西朔州市朔城區）。後晉隨燕雲十六州割予契丹，改名順義軍。　周德威：人名。馬邑（今山西朔州市朔城區）人。唐末、五代河東將領。傳見本書卷五六、《新五代史》卷二五。　劉守光：人名。深州樂壽（今河北獻縣）人。唐末、五代幽州節度使劉仁恭之子。劉守光囚父自立，後號大燕皇帝，爲晋王李存勗俘殺。傳見本書卷一三五、《新五代史》卷三九。　幽州：州名。治所在今北京市。

[4]契丹：古部族、政權名。公元4世紀中葉宇文部爲前燕攻破，始分離而成單獨的部落，自號契丹。唐貞觀中，置松漠都督

府，以其首領爲都督。唐末强盛，916年迭剌部耶律阿保機建立契丹國（遼）。先後與五代、北宋並立，保大五年（1125）爲金所滅。參見張正明《契丹史略》，中華書局1979年版。　新州：州名。治所在今河北涿鹿縣。

[5]馬步軍都指揮使：官名。五代時侍衛親軍長官。多爲皇帝親信。　檢校尚書右僕射：官名。爲散官或加官，以示恩寵，無實際執掌。

[6]瓦橋關：唐置。位於今河北雄縣。五代後晋初地入契丹。後周顯德六年（959）收復，建爲雄州。與益津、淤口合稱三關。

[7]嬀：州名。治所在今河北懷來縣。　瀛：州名。治所在今河北河間市。　易：州名。治所在今河北易縣。　冀：州名。治所在今河北衡水市冀州區。　明宗朝，歷嬀、瀛、易、冀四州刺史：《新五代史》卷五一《楊光遠傳》："明宗時，爲嬀、瀛、冀、易四州刺史，以治稱。"四州次序與此異。

光遠雖不識字，然有口辯，通於吏理，在郡有政聲，明宗頗重之。長興中，契丹有中山之敗，[1]生擒其將李和等數十人，[2]送于闕下，其後契丹既通和，遣使乞歸之，明宗與大臣謀議，特放還蕃。一日，召光遠於便殿言其事，光遠曰："李和等，北土之善戰者，彼失之如喪手足；又在此累年，備諳中國事，若放還非便。"明宗曰："蕃人重盟誓，既通歡好，必不相負。"光遠曰："臣恐後悔不及也。"明宗遂止，深嘉其抗直。後自振武節度使移鎮中山，累加檢校太傅，將兵戍蔚州。[3]

[1]中山：地名。此處代指唐末河北方鎮義武軍（治所在定州）。時王都任義武軍節度使。

［2］李和：人名。籍貫不詳。契丹將領。事見本書本卷。

［3］蔚州：州名。治所在今河北蔚縣。　“長興中”至“將兵戍蔚州”：《輯本舊史》卷四三《唐明宗紀九》長興三年（932）四月戊午條：“契丹累遣使求歸則剌、惕隱等，幽州趙德鈞奏請不俞允。帝顧問侍臣，亦以爲不可與。帝意欲歸之，會冀州刺史楊檀罷郡至闕，帝問其事，奏曰：‘此輩來援王都，謀危社稷，陛下寬慈，貸其生命。苟若歸之，必復向南放箭，既知中國事情，爲患深矣。’帝然之。”卷四四《唐明宗紀十》長興四年九月壬寅條：“以北面行營都指揮使、易州刺史楊檀爲振武軍節度使。”卷四五《唐閔帝紀》應順元年（934）正月辛丑條：“以振武軍節度使、安北都護楊檀兼大同、彰國、振武、威塞等軍都虞候，充北面馬軍都指揮使。”卷四六《唐末帝紀上》清泰元年（934）十一月甲寅條：“以振武節度使楊光遠充大同、彰國、振武、威塞等軍兵馬都虞候。”卷四七《唐末帝紀中》清泰二年二月庚午條：“振武軍節度使楊檀移鎮定州、兼北面行營馬步都虞候。”同年六月庚辰條：“北面招討使趙德鈞奏，行營馬步軍都虞候、定州節度使楊光遠，行營排陣使、邢州節度使安審琦帥本軍至易州，見進軍追襲契丹次。”《新五代史》卷七《唐本紀》清泰三年五月乙卯條：“建雄軍節度使張敬達爲太原四面都招討使，義武軍節度使楊光遠爲副。”卷五一《楊光遠傳》：“光遠自易州刺史拜振武軍節度使。清泰二年，徙鎮中山，兼北面行營都虞候，禦契丹於雲、應之間。”

高祖舉義於太原，唐末帝遣光遠與張敬達屯兵於城下，[1]俄而契丹大至，爲其所敗，圍其寨久之，軍中糧盡，光遠乃與次將安審琦等殺敬達，[2]擁衆歸命。[3]從高祖入洛，加檢校太尉，[4]充宣武軍節度使、同平章事，[5]判六軍諸衛事。[6]是時，光遠每對高祖，常悒然不樂，高祖慮有不足，密遣近臣訊之。光遠附奏曰：“臣貴爲將相，非有不足，但以張生鐵死得其所，臣弗如也，衷心内愧，是以不樂。”生鐵，蓋敬達之小字也。高祖聞其言，以光遠爲忠純之最者也。其實光遠故爲其言，以邀高祖之重信也。

[1]張敬達：人名。代州（今山西代縣）人。五代後唐將領。傳見本書卷七〇、《新五代史》卷三三。

[2]安審琦：人名。沙陀部人。五代將領。歷仕後唐、後晉、後漢、後周。傳見本書卷一二三。

[3]“高祖舉義於太原”至“擁衆歸命”：《輯本舊史》卷四八《唐末帝紀下》清泰三年（936）閏十一月甲子條：“太原行營副招討使楊光遠殺招討使張敬達於晋安寨，以兵降契丹。時契丹圍寨，自十一月以後芻糧乏絶，軍士毁居屋茅、淘馬糞、削松柹以供秣飼，馬尾鬣相食俱盡。楊光遠謂敬達曰：‘少時人馬俱盡，不如奮命血戰，十得三四，猶勝坐受其弊。’敬達曰：‘更少待之。’一日，光遠伺敬達無備，遂殺之，與諸將同降契丹。”《新五代史》卷五一《楊光遠傳》：“契丹圍之數月，人馬食盡，殺馬而食，馬盡，乃殺敬達出降。耶律德光見之，靳曰：‘爾輩大是惡漢兒。’光遠與諸將初不知其誚己，猶爲謙言以對，德光曰：‘不用鹽酪，食一萬匹戰馬，豈非惡漢兒邪！’光遠等大慚伏。德光問曰：‘懼否？’皆曰：‘甚懼。’曰：‘何懼？’曰：‘懼皇帝將入蕃。’德光曰：‘吾國無土地官爵以居汝，汝等勉事晋。’晋高祖以光遠爲宣武軍節度使、侍衛馬步軍都指揮使。”《通鑑》卷二八〇天福元年五月丙午條：“以張敬達爲太原四面兵馬都部署，以義武節度使楊光遠爲副部署。”同年六月甲戌條：“以張敬達充太原四面招討使，以楊光遠爲副使。”同年八月戊寅條：“唐主使端明殿學士吕琦至河東行營犒軍，楊光遠謂琦曰：‘願附奏陛下，幸寬宵旰。賊若無援，旦夕當平；若引契丹，當縱之令入，可一戰破也。’帝甚悦。”同年閏十一月丙

寅條："以楊光遠爲侍衛馬步軍都指揮使。"

[4]檢校太尉：官名。爲散官或加官，以示恩寵加此官，無實際執掌。太尉，與司徒、司空並爲三公。

[5]宣武軍：方鎮名。唐舊鎮，治所在汴州（今河南開封市）。五代後梁開平元年（907）升汴州爲東京開封府。開平三年置宣武軍於宋州（今河南商丘市睢陽區）。後唐同光元年（923）改宋州宣武軍爲歸德軍。廢東京開封府，重建宣武軍於汴州。後晋天福三年（938），改爲東京開封府。除天福十二年、十三年短暫改爲宣武軍外，汴京均爲東京開封府。

[6]判六軍諸衛事：武官名。五代時後唐沿唐代舊制置六軍諸衛，以判六軍諸衛事爲禁軍六軍與諸衛的最高統帥。　"從高祖入洛"至"判六軍諸衛事"《輯本舊史》卷七六《晋高祖紀二》天福二年四月丁酉條："宣武軍節度使、侍衛親軍使楊光遠加兼侍中。"

明年，范延光據鄴城叛，高祖命光遠率師討之。[1]將濟河，會滑州軍亂，[2]時軍衆欲推光遠爲主。[3]光遠曰："自古有折臂天子乎？且天子豈公輩販弄之物？[4]晋陽之降，乃勢所窮迫，今若爲之，直反賊也。"由是其下愓然，無復言者。高祖聞之，尤加寵重。光遠既圍延光，尋授魏博行府節度使。兵柄在手，以爲高祖懼己，稍干預朝政，或抗有所奏，高祖亦曲從之。復下詔以其子承祚尚長安公主，次子承信皆授美官，恩渥殊等，爲當時之冠。[5]桑維翰爲樞密使，[6]往往彈射其事，光遠心銜之。及延光降，光遠入朝，面奏維翰擅權。高祖以光遠方有功於國，乃出維翰鎮相州，光遠爲西京留守，[7]兼鎮河陽，因罷其兵權。[8]光遠由此怨望，潛貯異志，多以珍玩奉契丹，訴己之屈；又私養部曲千餘人，撓法犯禁，河、洛之人，恒如備盜。尋册拜太尉、兼中書令。

［1］“明年”至“高祖命光遠率師討之”：《輯本舊史》卷七六《晋高祖紀二》天福二年（937）六月丁酉條：“遣侍衛使楊光遠領步騎一萬赴滑州。”同月丁未條：“詔侍衛使楊光遠充魏府四面都部署。”《通鑑》卷二八一天福二年六月戊戌條：“遣侍衛都軍使楊光遠將步騎一萬屯滑州。”同月辛丑條：“楊光遠奏引兵踰胡梁渡。”

［2］滑州：地名。治所在今河南滑縣。

［3］時軍衆欲推光遠爲主：中華書局本有校勘記：“‘主’原作‘王’，據殿本、劉本、孔本、彭本、《通鑑》卷二八一改。”

［4］且天子豈公輩販弄之物：中華書局本有校勘記：“‘豈’原作‘蓋’，據劉本、邵本校、《通鑑》卷二八一改。”《通鑑》卷二八一天福二年七月甲寅條：“楊光遠自白皋引兵趣滑州，士卒聞滑州亂，欲推光遠爲主。光遠曰：‘天子豈汝輩販弄之物！晋陽之降出於窮迫，今若改圖，真反賊也！’其下乃不敢言。”同月乙卯條：“以楊光遠爲魏府行營都招討使、兼知行府事。”同月丙辰條：“馮暉、孫鋭引兵至六明鎮，光遠引之渡河，半渡而擊之，暉、鋭衆大敗，多溺死，斬首三千級，暉、鋭走還魏。”同月丙辰條：“楊光遠奏知博州張暉舉城降。”《新五代史》卷八《晋本紀》天福二年七月壬申條：“楊光遠克博州。”

［5］“光遠既圍延光”至“爲當時之冠”：《輯本舊史》卷七六《晋高祖紀二》天福二年九月甲寅條：“魏府招討使楊光遠進攻城圖。”同年十一月庚戌條：“賜楊光遠空名官告，自司空至常侍凡四十道，將士立功者，得補之而後奏。”卷七七《晋高祖紀三》天福三年四月戊子條：“宣武軍節度、侍衛親軍馬步軍都指揮使、廣晋府行營都招討使楊光遠加兼中書令。”同年六月丁酉條：“詔：‘……應常帶使相節度使，自楊光遠已下凡七人，並改鄉里名

號。’”《宋本册府》卷一六六《帝王部·招懷門》晋高祖條天福三年三月：“詔送箭書二百，遣楊光遠射入賊城，除范延光，並不爲罪。”卷一七九《帝王部·姑息門》晋高祖條天福三年五月：“賜汴州節度使楊承祚衣一襲、通犀帶靴、笏、銀鞍轡、馬等物。又太妃、皇后各有所賜。帝以鄴城將下，光遠方綰兵柄，故通姻好以固之。所賜，汴俗謂之繫女壻。”卷三六九《將帥部·攻取門二》：“楊光遠爲宣武軍節度使、判六軍諸衛事。時范延光據鄴城叛，光遠率兵討之，光遠進攻城圖，又奏賊城四面凍合壕水，請添兵併力攻取。尋分命使臣往諸道抽取，齊赴魏州軍前。光遠逼寇氏門置寨，賊勢愈蹙。”明本《册府》卷四九七《邦計部·河渠門二》晋高祖條天福三年二月：“楊光遠進《黄河衝注水勢圖》。”《通鑑》卷二八一天福二年七月戊寅條：“范延光知事不濟，歸罪於孫鋭而族之，遣使奉表待罪，戊寅，楊光遠以聞，帝不許。”同卷天福三年八月壬午條：“楊光遠奏前澶州刺史馮暉自廣晋城中出戰，因來降，言范延光食盡窮困。”同年九月乙巳條：“楊光遠攻廣晋，歲餘不下，帝以師老民疲，遣内職朱憲入城諭范延光……九月，乙巳朔，楊光遠送延光二子守圖、守英詣大梁。”

［6］桑維翰：人名。五代後晋大臣。爲張彦澤所殺。傳見本書卷八九、《新五代史》卷二九。

［7］西京留守：官名。唐玄宗久住東都洛陽，天寶元年（742）以京師長安爲西京，改西都留守爲西京留守，仍掌京師軍政要務。肅宗以後稱長安爲上都，仍沿用西京留守舊稱。

［8］“桑維翰爲樞密使”至“因罷其兵權”：《舊五代史考異》：“《通鑑考異》云：《晋高祖實録》：‘天福三年十月壬辰，維翰、崧罷樞密使。庚子，光遠始入朝，對于便殿。十一月戊申，光遠爲西京留守。天福四年閏七月壬申，維翰出爲相州節度使。’與此傳先後相異。”此《考異》中華書局本有校勘記：“‘天福三年十月壬辰’，‘十月’二字原闕，據《通鑑》卷二八一《考異》引《晋高祖實録》補。”《輯本舊史》卷七七《晋高祖紀三》天福三年九月

辛未條："以魏府招討使楊光遠檢校太師、兼中書令，行廣晋尹，充天雄軍節度使。"同年十月庚子條："楊光遠朝覲到闕，對於便殿，錫賚甚厚。"《通鑑》卷二八一天福三年九月庚午條："楊光遠表乞入朝。"同年十月戊子條："初，郭崇韜既死，宰相罕有兼樞密使者。帝即位，桑維翰、李崧兼之，宣徽使劉處讓及宦官皆不悦。楊光遠圍廣晋，處讓數以軍事銜命往來，光遠奏請多逾分，帝常依違，維翰獨以法裁折之。光遠對處讓有不平語，處讓曰：'是皆執政之意。'光遠由是怨執政。范延光降，光遠密表論執政過失；帝知其故而不得已，加維翰兵部尚書，崧工部尚書，皆罷其樞密使；以處讓爲樞密使。"同年十一月戊申條："帝患天雄節度使楊光遠跋扈難制，桑維翰請分天雄之衆，加光遠太尉、西京留守兼河陽節度使。光遠由是怨望，密以賂自訴於契丹，養部曲千餘人，常蓄異志。"卷二八二天福四年閏七月壬申條："西京留守楊光遠疏中書侍郎、同平章事桑維翰遷除不公及營邸肆於兩都，與民争利；帝不得已，閏月壬申，出維翰爲彰德節度使兼侍中。"

時范延光致仕，輦囊裝妓妾，居於河陽。光遠利其奇貨，且慮爲子孫之讎，因奏延光不家汴洛，出舍外藩，非南走淮夷，則北走胡虜，[1]宜早除之。高祖以許之不死，[2]鐵券在焉，[3]持疑未允。光遠乃遣子承勳以甲士圍其第，逼令自裁。延光曰："天子在上，安得如此！"乃遣使者乞移居洛下，行及河橋，擠於流而溺殺之，矯奏云延光自投河，朝廷以適會其意，弗之理。[4]後踰歲入覲，高祖爲置曲宴，教坊伶人以光遠暴斂重賦，[5]因陳戲譏之，光遠殊無慚色。高祖謂光遠曰："元城之役，[6]卿左右皆立功，未曾旌賞，今各與一郡，[7]俾釐任以榮之。"因命爲刺史者凡數人。

[1]則北走胡虜："胡虜"《輯本舊史》原作"契丹"，此因清輯者忌諱所改，今據明本《册府》卷四四九《將帥部·專殺門》、卷四五五《將帥部·貪黷門》回改。

[2]高祖以許之不死："以"，明本《册府》卷四四九《將帥部·專殺門》作"已"。

[3]鐵券在焉：明本《册府》卷四四九《將帥部·專殺門》、卷四五五《將帥部·貪黷門》均作"鐵券存焉"。

[4]"時范延光致仕"至"弗之理"：《通鑑》卷二八二天福五年七月己未條："太子太師致仕范延光請歸河陽私第，帝許之。延光重載而行。西京留守楊光遠兼領河陽，利其貨，且慮爲子孫之患，奏：'延光叛臣，不家汴、洛而就外藩，恐其逃逸入敵國，宜早除之！'帝不許。光遠請敕延光居西京，從之。光遠使其子承貴以甲士圍其第，逼令自殺。延光曰：'天子在上，賜我鐵券，許以不死，爾父子何得如此？'己未，承貴以白刃驅延光上馬，至浮梁，擠于河。光遠奏云自赴水死，帝知其故，憚光遠之强，不敢詰。"

[5]教坊：唐於京都置左右教坊，掌俳優雜技，以宦官爲教坊使。五代沿置。　伶人：即樂官。

[6]元城：縣名。治所在今河北大名縣。

[7]今各與一郡：中華書局本有校勘記："'今'原作'令'，據劉本、邵本校、彭校、《册府》卷一七九改。"《通鑑》卷二八二天福五年九月甲申條："楊光遠入朝，帝欲徙之他鎮，謂光遠曰：'圍魏之役，卿左右皆有功，尚未之賞，今當各除一州以榮之。'因以其將校數人爲刺史。甲申，徙光遠爲平盧節度使，進爵東平王。"《宋本册府》卷一七九晋高祖條天福五年八月："以西京留守楊光遠守太尉，兼中書令，充平盧軍節度使，封東平王。是時，光遠有功，每以爲帝懼己，稍稍干預政事。帝亦從之。以其子承祚尚主次子，承信等皆與美官，而恩渥殊等，爲當時之冠。時桑維翰爲樞密使，往往御前可否其事。光遠密知，心銜之。及范延光歸命，光遠面奏維翰等擅權。帝以光遠方有功於國，乃出維翰領安陽，光遠爲

西京守，兼鎮河陽，罷其兵權。光遠由此怨望朝廷，潛貯異圖，多以珍玩奉契丹，訴己之屈。又私養部曲千餘人，撓法犯禁，河洛之人常如備盜。尋册守太尉。時范延光致仕，輦橐裝妓妾，居河陽。光遠利其奇貨，且慮爲子孫之讎，因奏延光不家汴洛而出舍外藩，非南走淮則北走蕃，宜早除之。高祖以許之不死鐵券在焉，持疑未允。光遠乃遣子勳以甲士圍其第，逼令自裁。延光曰：‘天子在上，安得如此！’光遠尋遣爪牙，請移洛下，及浮橋推落水中，流尸至繆家灘，奏云：‘延光自投於河。’朝廷頗知之，以姑息不暇，莫能理其事。後踰歲入覲，帝爲置曲宴。時教坊樂官皆家在洛陽，以光遠左右多縱暴取，深銜之，因陳戲譏光遠，而光遠無慙色。帝曰：‘元城之役，卿左右皆立功，未曾酬奬。今各與一郡，赴任以榮之。’因命爲刺史者數人。乃命青州節度使王建立移鎮潞州，遂以光遠代焉。光遠面奏，請與長子同行，尋授承勳萊州防禦使。及赴任，僕從、姬媵、行李至數千騎，滿盈僭侈，爲方岳之最。下車之後，惟以刻剥爲事。”

時王建立自青州移鎮上黨，[1]乃以光遠爲平盧軍節度使，[2]封東平王。光遠面奏，[3]請與長子同行，尋授承勳萊州防禦使。[4]及赴任，僕從妓妾至千餘騎，滿盈僭侈，爲方岳之最。下車之後，惟以刻剥爲事。少帝嗣位，册拜太師，[5]封壽王。[6]後因景延廣上言，請取光遠麾下所借官馬三百匹。光遠怒曰：“此馬先帝賜我，何以復取？是疑我也！”遂遣人潛召取子承祚自單州奔歸，[7]朝廷乃就除淄州刺史，[8]以從其便。[9]光遠益驕，因此搆契丹，述少帝違好之短，且言大饑之後，國用空虚，此時一舉可以平定。

［1］王建立：人名。遼州榆社（今山西榆社縣）人。五代後唐、後晋大臣。傳見本書卷九一、《新五代史》卷四六。　上黨：即潞州。位於今山西長治市。

［2］平盧軍：方鎮名。治所在青州（今山東青州市）。

［3］光遠面奏：明本《册府》卷四五五《將帥部·貪黷門》作“光遠表奏”。《輯本舊史》卷七九《晋高祖紀五》天福五年八月甲申條：“西京留守楊光遠加守太尉、兼中書令，充平盧軍節度使，封東平王。”卷八〇《晋高祖紀六》天福七年正月丙寅條：“青州節度使楊光遠加食邑，改賜功臣名號。”明本《册府》卷五二《帝王部·崇釋氏門》晋高祖條天福七年五月乙未：“秦州侯益奏：‘臣頃歲曾爲偏將，往伐叛逆，有願如范延光歸降，兵無血刃，即於招討使楊光遠中軍寨建一佛刹。自後延光果能歸款，克契發心。光遠尋施錢三百貫文，與臣共力營葺，今修成天王院一所，乞賜名額。’勑以福順天王院爲名。”卷一一一《帝王部·宴享門三》晋高祖條天福五年十月辛亥：“宴東平王楊光遠於萬歲殿。禮賓使王彦章、護聖指揮使何神通以蕃歌唱和，各賜物百端。”

［4］萊州：州名。治所在今山東萊州市。

［5］太師：官名。與太保、太傅並爲三師。唐後期、五代多爲大臣、勳貴加官。正一品。

［6］少帝嗣位，册拜太師，封壽王：《舊五代史考異》：“《宋史·馬仁鎬傳》：晋天福中，青州楊光遠將圖不軌，以仁鎬爲節度副使，伺其動静。歷二年，或譖仁鎬于朝，改護國軍行軍司馬。仁鎬至河中數月，光遠反書聞。”見《宋史》卷二六一。《輯本舊史》卷八一《晋少帝紀一》天福七年（942）七月辛丑條：“青州平盧軍節度使楊光遠加守太師。”同卷天福八年三月癸未條：“青州節度使、東平王楊光遠進封壽王。”

［7］單州：州名。治所在今山東單縣。

［8］淄州：州名。治所在今山東淄博市。　朝廷乃就除淄州刺史：中華書局本有校勘記：“‘淄州’，本書卷八二《晋少帝紀二》、

《册府》卷一七九、《通鑑》卷二八三作‘登州’。”

［9］“後因景延廣上言”至“以從其便”：《新五代史》卷五一《楊光遠傳》與《輯本舊史》同，作“淄州”。《輯本舊史》卷八二《晋少帝紀二》天福八年十二月乙巳條：“遣左領軍衛將軍蔡行遇押兵士屯於鄆州，仍遣供奉官殿直二十六人，自河陰至海口，分擘地分巡檢，以青州節度使楊光遠謀叛故也。”同月丁卯條：“淄州奏，青州節度使楊光遠反，遣兵士取淄州，劫刺史翟進宗入青州。”此條有《舊五代史考異》：“光遠叛，《五代春秋》作十一月，《歐陽史》作十二月。”《通鑑》卷二八三天福八年十一月戊戌條：“初，高祖以馬三百借平盧節度使楊光遠，景延廣以詔命取之。光遠怒曰：‘是疑我也。’密召其子單州刺史承祚。戊戌，承祚稱母病，夜，開門奔青州。”同月庚子條：“遣内班賜光遠玉帶、御馬，以安其意。”同年十二月乙巳條：“楊光遠遣騎兵入淄州，劫刺史翟進宗歸于青州。”同月甲寅條：“徙楊承祚爲登州刺史，以從其便。光遠益驕，密告契丹，以晋主負德違盟，境内大饑，公私困竭，乘此際攻之，一舉可取；趙延壽亦勸之。契丹主乃集山後及盧龍兵合五萬人，使延壽將之，委延壽經略中國，曰：‘若得之，當立汝爲帝。’又常指延壽謂晋人曰：‘此汝主也。’延壽信之，由是爲契丹盡力，畫取中國之策。朝廷頗聞其謀，丙辰，遣使城南樂及德清軍，徵近道兵以備之。”《新五代史》卷九《晋本紀》天福八年十二月甲寅條：“平盧軍節度使楊光遠反，淄州刺史翟進宗死之。”

開運元年正月，[1]契丹南牧，陷我博陵，[2]少帝幸澶淵。[3]三月，契丹退，命李守貞、符彦卿率師東討。[4]光遠素無兵衆，唯嬰城自守，守貞以長連城圍之。[5]冬十一月，承勳與弟承信、承祚見城中人民相食將盡，知事不濟，勸光遠乞降，冀免於赤族。光遠不納，曰：“我在代北時，嘗以紙錢駝馬祭天池，[6]皆沉没，人言合有天子分，宜且待時，勿輕言降也。”承勳慮禍在旦夕，與諸弟同謀，殺節度判官丘濤，[7]親校杜延壽、楊贍、白延祚等，[8]梟其首級，遣承祚送於守貞。因縱火大譟，劫其父幽於私第，以城納款，遣即墨縣令王德柔貢表待罪，[9]光遠亦上章自首。少帝以頃歲太原歸命，欲曲全之，執政曰：“豈有逆狀滔天而赦之也？”乃命守貞便宜處置。守貞遣人拉殺之，[10]以病卒聞。[11]漢高祖即位，詔贈尚書令，追封齊王，仍令立碑。未幾，其碑石無故自折，可知其陰責也。[12]《永樂大典》卷六千五十二。[13]

[1]開運：五代後晋出帝石重貴年號（944—946）。

[2]博陵：縣名。治所在今河北唐縣。

[3]澶淵：古湖名。又稱繁淵。位於今河南濮陽市西北。“開運元年正月”至“少帝幸澶淵”：《輯本舊史》卷八二《晋少帝紀二》開運元年（944）正月乙亥條：“滄、恒、貝、鄴馳告，契丹前鋒趙延壽、趙延昭引五萬騎入寇，將及甘陵，青州楊光遠召之也。”同年二月甲辰條：“鄆州奏，博州刺史周儒以城降契丹，又與楊光遠人使往返，引契丹於馬家渡濟河。”同月壬戌條：“楊光遠率兵圍棣州，刺史李瓊以州兵擊之，棄營而遁。”《通鑑》卷二八三開運元年正月庚辰條：“成德節度使杜威遣幕僚曹光裔詣楊光遠，爲陳禍福，光遠遣光裔入奏，稱：‘承祚逃歸，母疾故爾。既蒙恩宥，闔族荷恩。’朝廷信其言，遣使與光裔復往慰諭之。”卷二八四開運元年二月戊午條：“楊光遠將青州兵欲西會契丹。戊午，詔石贇分兵屯鄆州以備之。”

[4]李守貞：人名。河陽（今河南孟州市）人。五代將領。傳見本書卷一〇九、《新五代史》卷五二。　符彦卿：人名。陳州宛丘（今河南淮陽縣）人。五代後周、宋初將領。後周世宗宣懿皇

后、宋太宗懿德皇后，皆符彦卿之女。傳見《宋史》卷二五一。

［5］“三月”至“守貞以長連城圍之”：《輯本舊史》卷八二開運元年六月辛丑條：“王師拔淄州，斬楊光遠僞署刺史劉翰。”《通鑑》卷二八四開運元年四月戊寅條：“命侍衛馬步軍都虞候、泰寧節度使李守貞將步騎二萬討楊光遠於青州，又遣神武統軍洛陽潘環及張彦澤等將兵屯澶州，以備契丹。契丹遣兵救青州，齊州防禦使堂陽薛可言邀擊，敗之。”

［6］嘗以紙錢駝馬祭天池：中華書局本有校勘記：“‘天池’，原作‘天地’，據殿本、劉本、彭校、《通鑑》卷二八四、《新五代史》卷五一《楊光遠傳》改。按《通鑑》卷二八四胡注：‘天池’，即汾陽縣之天池，時屬嵐州静樂縣界。’”

［7］節度判官：官名。唐末、五代藩鎮僚佐，位行軍司馬下。　丘濤：人名。籍貫不詳。五代後晋將領，楊光遠屬官。事見本書本卷、卷八三。

［8］杜延壽：人名。籍貫不詳。五代後晋將領，楊光遠屬官。事見本書本卷、卷八三。　楊贍：人名。一作“楊瞻”。籍貫不詳。五代後晋將領，楊光遠屬官。事見本書本卷、卷八三。中華書局本有校勘記：“《新五代史》卷五一《楊光遠傳》作‘楊瞻’。”《輯本舊史》卷八三亦作“楊贍”。　白延祚：人名。籍貫不詳。五代後晋將領，楊光遠屬官。事見本書本卷、卷八三。

［9］即墨：縣名。治所在今山東青島市即墨區。　王德柔：人名。籍貫不詳。五代地方官員。事見本書本卷。

［10］守貞遣人拉殺之：《舊五代史考異》：“《歐陽史》：守貞遣客省副使何延祚殺之於其家。”見《新五代史》卷五一。

［11］“冬十一月”至“以病卒聞”：《輯本舊史》卷八三《晋少帝紀三》開運元年十二月丁巳條：“青州楊光遠降。光遠子承勳等斬觀察判官邱濤，牙將白延祚、楊贍、杜延壽等首級，送於招討使李守貞，乃縱火大譟，劫其父，處於私第，以城納款，遣即墨縣

令王德柔貢表待罪。楊光遠亦遣節度判官楊麟奉表請死。詔釋之。”同年閏十二月癸酉條：“李守貞奏，楊光遠卒。初，光遠既上表送降，帝以光遠頃歲太原歸命，欲曲全之，議者曰：‘豈有反狀滔天而赦之也！’乃命守貞便宜處置。守貞遣人拉殺之，以病卒聞。”

［12］“未幾”至“可知其陰責也”：《舊五代史考異》：“《歐陽史》作‘碑石既立，天大雷電，擊折之’。”見《新五代史》卷五一《楊光遠傳》。

［13］《大典》卷六〇五二“楊”字韻“姓氏（一二）”事目。《輯本舊史》於此後録《五代史補》：“楊光遠滅范延光之後，朝廷以其功高，授青州節度，封東平王，奄有登、萊、沂、密數郡。既而自負强盛，舉兵反，朝廷以宋州節度李守貞嘗與光遠有隙，乃命李討之。李受詔欣然，志在必取，莫不身先矢石。光遠見而懼之，度不能禦，遂降。初，光遠反書至，中外大震，時百官起居次，忽有朝士揚言於衆曰：‘楊光遠欲謀大事，吾不信也。光遠素患禿瘡，其妻又跛，自古豈有禿頭天子、跛脚皇后耶？’於是人心頓安，未幾，光遠果降。”見《五代史補》卷三。

承勳，光遠之長子也。始名承貴，避少帝名改焉。以父廕歷光、濮州刺史，[1]光遠兼鎮河陽，命制置三城事。[2]光遠移鎮青州，授萊州防禦使。[3]在郡亦頗理，嘗憤父側之奸黨，欲殺之，每省父，父爲匿焉。及光遠搆釁，嬰城以叛，承勳赴之，敵退，爲王師所圍。踰歲糧盡，與其弟承祚背父之命，出降王師，朝廷授汝州防禦使，[4]尋改鄭州。[5]及戎王入汴，遣騎士自圃田召至，[6]責其害父背己，使臠其肉而殺之。以其弟承信爲青州節度使。[7]《永樂大典》卷六千五十二。[8]

[1]光：州名。即光州。治所在今河南潢川縣。

[2]光遠兼鎮河陽，命制置三城事：《通鑑》卷二八二天福五年（940）八月己未條："光遠請敕延光居西京，從之。光遠使其子承貴以甲士圍其第，逼令自殺。延光曰：'天子在上，賜我鐵券，許以不死，爾父子何得如此？'己未，承貴以白刃驅延光上馬，至浮梁，擠于河。"

[3]授萊州防禦使：《輯本舊史》卷七九《晉高祖紀五》天福五年十月甲辰條："升萊州爲防禦使額，以汝州防禦使楊承貴領之。"

[4]汝州：州名。治所在今河南汝州市。

[5]鄭州：州名。治所在今河南鄭州市。　朝廷授汝州防禦使，尋改鄭州：《舊五代史考異》："案《宋史·楊承信傳》：光遠死，承信與弟承祚詣闕請死。詔釋之，以承信爲右羽林將軍，承祚爲右驍衛將軍，放歸，服喪私第，尋安置鄭州。"見《宋史》卷二五二。《輯本舊史》卷八三《晉少帝紀三》開運元年（944）閏十二月丙戌條："降青州爲防禦使額，以萊州刺史楊承勳爲汝州防禦使。"

[6]圃田：地名。位於今河南中牟縣西。

[7]"及戎王入汴"至"以其弟承信爲青州節度使"：《通鑑》卷二八六天福十二年（947）正月戊子條："執鄭州防禦使楊承勳至大梁，責以殺父叛契丹，命左右臠食之。未幾，以其弟右羽林將軍承信爲平盧節度使，悉以其父舊兵授之。"

[8]《大典》卷六〇五二"楊"字韻"姓氏（一二）"事目。

盧文進

盧文進，字國用，[1]范陽人也。[2]身長七尺，飲啖過人，望之偉如也。少事劉守光爲騎將，唐莊宗攻燕，以文進首降，遥授壽州刺史。[3]

［1］字國用：中華書局本有校勘記："以上三字原闕，據殿本、《舊五代史考異》卷三引文補。"《輯本舊史》之原輯者案語："案《契丹國志》：文進，字大用。"此案語中華書局本有校勘記："'契丹國志'原作'遼史'，據孔本改。案《契丹國志》卷一八：'盧文進，字大用。'"《新五代史》卷四八《盧文進傳》亦作"字大用"。《舊五代史考異》："《南唐書》：文進，字大用。《遼史·太祖紀》：神册元年，晋幽州節度盧國用來降。二年，晋新州裨將盧文進殺節度李文矩來降。則國用與文進顯係二人，然天顯元年又書盧龍節度使盧國用叛奔于唐，即文進歸唐之事也。疑文進入遼以後，遂以字行，修《遼史》者雜採諸書，誤作兩人耳。"見陸遊《南唐書》卷一二《盧文進傳》，馬令《南唐書》卷三〇，《遼史》卷一《太祖紀上》神册元年（916）四月乙酉條及神册二年二月條、卷二《太祖紀下》天顯元年（926）十月條。

［2］范陽：縣名。治所在今河北涿州市。

［3］壽州刺史：馬令《南唐書》作"蔚州刺史"。　"少事劉守光爲騎將"至"遥授壽州刺史"：《輯本舊史》卷五二《李嗣本傳》："（天祐）九年，周德威討劉守光，嗣本率代北諸軍、生熟吐渾，收山後八軍，得納降軍使盧文進、武州刺史高行珪以獻。"《通鑑》卷二六八乾化三年（913）三月戊辰條："晋李嗣源分兵徇山後八軍，皆下之；晋王以其弟存矩爲新州刺史總之。以燕納降軍使盧文進爲裨將。"

初，莊宗得山後八軍，[1]以愛弟存矩爲新州團練使以總領之。[2]莊宗與劉鄩對壘於莘縣，[3]命存矩於山後召募勁兵，又命山北居民出戰馬器仗，每鬻牛十頭易馬一匹，人心怨咨。時存矩團結五百騎，令文進將之，與存矩俱行。至祁溝關，[4]軍士聚謀曰："我輩邊人，棄父母妻子，爲他血戰，千里送死，固不能也。"衆曰："擁盧將軍却還新州，據城自守，奈我何！”因大呼揮戈，趣傳舍，害存矩於榻下，文進撫膺曰：“奴輩累我矣。”因環尸而泣曰：“此輩既害郎君，我何面目見王！”因爲亂軍所擁。反攻新州，不克；又攻武州，[5]又不利。周德威命將追討，文進遂奔契丹，僞命爲幽州兵馬留後，[6]部分漢軍，常别爲營寨。[7]

[1]山後八軍：五代山後八軍實乃幽州劉仁恭設於山後地區，源自具有防御性質的八個軍鎮，名稱上沿襲幽州東北的“八防御軍”而來。

[2]團練使：官名。唐代中期以後，於不設節度使的地區設團練使。掌本區各州軍事。

[3]劉鄩：人名。密州安丘（今山東安丘市）人。五代後梁將領。傳見本書卷二三、《新五代史》卷二二。　莘縣：縣名。治所在今山東莘縣。

[4]祁溝關：地名。又名“岐溝關”。位於今河北涿州市西南。

[5]武州：州名。治所在今河北張家口市宣化區。

[6]兵馬留後：官名。唐、五代時，代行方鎮長官之職者稱留後。代行州兵馬使之職者，即爲兵馬留後。掌本州兵馬。

[7]“時存矩團結五百騎”至“常别爲營寨”：“我何面目見王”後有《輯本舊史》之原輯者案語：“案《契丹國志》：存矩取文進女爲側室，文進心常内愧，因與亂軍殺存矩。與《薛史》異。”此案語中華書局本有校勘記：“《契丹國志》原作《遼史》，據殿本、孔本、《舊五代史考異》卷三改。按此事見《契丹國志》卷一八。”《新五代史》卷四八《盧文進傳》：“文進有女幼而美，存矩求之爲側室，文進以其大將不敢拒，雖與，心常歉之也，因與亂軍殺存矩。”《舊五代史考異》：“馬令《南唐書》：文進攻新州，不克，夜走墜塹，一躍而出，明日視之，乃郡之黑龍潭也，絶岸數

丈，深不可測。又嘗有大蛇，徑至座間，引首及膝，文進取食飼之而去，由是自負。”見《南唐書》卷一二《盧文進傳》。《通鑑》卷二六九貞明三年（917）二月甲午條：“晋王之弟威塞軍防禦使存矩在新州，驕惰不治，侍婢預政。晋王使募山北部落驍勇者及劉守光亡卒以益南討之軍；又率其民出馬，民或鬻十牛易一戰馬，期會迫促，邊人嗟怨。存矩得五百騎，自部送之，以壽州刺史盧文進爲裨將。行者皆憚遠役，存矩復不存恤。甲午，至祁溝關，小校宫彦璋與士卒謀曰：‘聞晋王與梁人確鬭，騎兵死傷不少。吾儕捐父母妻子，爲人客戰，千里送死，而使長復不矜恤，奈何？’衆曰：‘殺使長，擁盧將軍還新州，據城自守，其如我何！’因執兵大譟，趣傳舍，詰朝，存矩寢未起，就殺之，文進不能制，撫膺哭其尸曰：‘奴輩既害郎君，使我何面復見晋王！’因爲衆所擁，還新州，守將楊全章拒之。又攻武州，雁門以北都知防禦兵馬使李嗣肱擊敗之。周德威亦遣兵追討，文進帥其衆奔契丹。”

未幾，文進引契丹寇新州。[1]自是戎師歲至，驅擄數州士女，教其織紝工作，中國所爲者悉備，契丹所以彊盛者，得文進之故也。同光之世，爲患尤深。文進在平州，[2]率奚族勁騎，[3]鳥擊獸搏，倏來忽往，燕、趙諸州，荆榛滿目。軍屯涿州，每歲運糧，自瓦橋至幽州，勁兵猛將，援遞糧車，然猶爲契丹所鈔，奔命不暇，皆文進導之也。[4]

[1]未幾，文進引契丹寇新州：《輯本舊史》卷二八《唐莊宗紀二》天祐十四年（917）二月條：“是月甲午，新州將盧文進殺節度使李存矩，叛入契丹，遂引契丹之衆寇新州……契丹攻新州甚急，刺史安金全棄城而遁，契丹以文進部將劉殷爲刺史。帝命周德

威率兵三萬攻之，營於城東。俄而文進引契丹大至，德威拔營而歸，因爲契丹追躡，師徒多喪。契丹乘勝寇幽州……盧文進招誘幽州亡命之人，教契丹爲攻城之具，飛梯、衝車之類，畢陳於城下。鑿地道，起土山，四面攻城，半月之間，機變百端，城中隨機以應之，僅得保全，軍民困弊，上下恐懼。”同年四月條：“命李嗣源率師赴援，次於淶水；又遣閻寶率師夜過祁溝，俘擒而還。周德威遣人告李嗣源曰：‘契丹三十萬，馬牛不知其數，近日所食羊馬過半，阿保機責讓盧文進，深悔其來。契丹勝兵散佈射獵，阿保機帳前不滿萬人，宜夜出奇兵，掩其不備。’嗣源具以事聞。”《通鑑》卷二六九貞明三年（917）三月條：“盧文進引契丹兵急攻新州，刺史安金全不能守，棄城走。文進以其部將劉殷爲刺史，使守之。晋王使周德威合河東、鎮、定之兵攻之，旬日不克。契丹主帥衆三十萬救之，德威衆寡不敵，大爲契丹所敗，奔歸。”同年四月條：“契丹乘勝進圍幽州，聲言有衆百萬，氈車毳幕彌漫山澤。盧文進教之攻城，爲地道，晝夜四面俱進，城中穴地然膏以邀之；又爲土山以臨城，城中熔銅以灑之，日殺千計，而攻之不止。”卷二七〇貞明三年八月條：“契丹以盧文進爲幽州留後，其後又以爲盧龍節度使，文進常居平州，帥奚騎歲入北邊，殺掠吏民。晋人自瓦橋運糧輸薊城，雖以兵援之，不免抄掠。契丹每入寇，則文進帥漢卒爲鄉導，盧龍巡屬諸州爲之殘弊。”

［2］平州：州名。治所在今河北盧龍縣。

［3］奚族：部族名。源出鮮卑宇文部。原稱庫莫奚，後省稱“奚”。參見畢德廣《奚族文化研究》，科學出版社2016年版。

［4］“自是戎師數至”至“皆文進導之也”：《輯本舊史》之原輯者案語：“案《契丹國志》云：文進引契丹軍攻新州，刺史安金全不能守，棄城去。周德威援之，進攻新州，契丹衆數萬，德威不勝，大敗奔歸。文進與契丹進攻幽州且二百日，城中危困，晋王親將兵救之，方始解去。契丹以文進爲幽州節度使，又以爲盧龍節度使。與《薛史》所載官階微異。”此案語中華書局本有校勘記：

“《契丹國志》原作《遼史》，據殿本、孔本改。按此事見《契丹國志》卷一八。”《輯本舊史》卷二九《唐莊宗紀三》同光元年（923）九月條：“王郁、盧文進召契丹南侵瀛、涿。”《通鑑》卷二七一龍德元年（921）七月條：“張文禮雖受晋命，内不自安，復遣間使因盧文進求援於契丹。”同年十二月辛未條：“契丹主既許盧文進出兵，王郁又説之曰：‘鎮州美女如雲，金帛如山，天皇王速往，則皆己物也，不然，爲晋王所有矣。’契丹主以爲然，悉發所有之衆而南……十二月，辛未，攻幽州。”同卷龍德二年正月戊戌條：“晋王引兵趣望都，契丹逆戰，晋王以親軍千騎先進，遇奚酋禿餒五千騎，爲其所圍。晋王力戰，出入數四，自午至申不解。李嗣昭聞之，引三百騎横擊之，虜退，王乃得出。因縱兵奮擊，契丹大敗，逐北至易州。會大雪彌旬，平地數尺，契丹人馬無食，死者相屬於道。契丹主舉手指天，謂盧文進曰：‘天未令我至此。’乃北歸。”卷二七三同光二年七月條：“契丹恃其强盛，遣使就帝求幽州以處盧文進。時東北諸夷皆役屬契丹，惟勃海未服，契丹主謀入寇，恐勃海掎其後，乃先舉兵擊勃海之遼東，遣其將禿餒及盧文進據營、平等州以擾燕地。”

及明宗即位之明年，文進自平州率所部十餘萬衆來奔。[1]行及幽州，先遣使上表曰“頃以新州團練使李存矩，提衡郡邑，[2]掌握恩威，虐黎庶則毒甚於豺狼，聚賦斂則貪盈於溝壑，人不堪命，士各離心，臣即抛父母之邦，入朔漠之地。幾年雁塞，徒向日以傾心；一望家山，每銷魂而斷目。李子卿之河畔，[3]空有怨辭；石季倫之樂中，[4]莫陳歸引。近聞皇帝陛下，皇天眷命，清明在躬，握紀乘乾，鼎新革故，始知大幸，有路朝宗，便貯歸心，祇伺良會。臣十月十日，決計殺在城契丹，取十一日離州，押七八千車乘，領十五萬生靈，十四日已達幽州”云。

[1]文進自平州率所部十餘萬衆來奔：《輯本舊史》卷三七《唐明宗紀三》天成元年（926）十月庚子條：“幽州奏，契丹平州守將僞署幽州節度使盧文進率户口歸明，百僚稱賀。”同月丁未條：“幽州奏，盧文進所率降户孳畜人口在平州西，首尾約七十里。”按明宗於當年四月即位，此不當言“明年”。《宋本册府》卷一六六《帝王部·招懷門四》繫此事於天成元年九月，云：“九月，幽州奏：契丹平州守將、僞署幽州節度使盧文進率户口歸明，所率降户、孽畜、人口在平州西，首尾約七十里。”《通鑑》卷二七五天成元年十月庚子條：“幽州奏契丹盧龍節度使盧文進來奔。初，文進爲契丹守平州，帝即位，遣間使説之，以易代之後，無復嫌怨。文進所部皆華人，思歸，乃殺契丹戍平州者，帥其衆十餘萬、車帳八千乘來奔。”

[2]提衡郡邑：中華書局本有校勘記：“‘郡’原作‘群’，據殿本、邵本校改。”《輯本舊史》卷三七《唐明宗紀三》天成元年十月壬子條：“盧文進至幽州，遣軍吏奉表來上。”

[3]李子卿：此處“子卿”或爲“少卿”之誤，據《全唐文》卷八七〇盧文進《自契丹還上唐明宗表》作“李少卿”，“李少卿之河畔”指李陵《録别詩》之“攜手上河梁”一首。參見雲國霞、陳堯《〈鍾嶸詩品集釋〉述評》，《許昌師專學報》2002年第6期。

[4]石季倫：人名。即石崇，字季倫，渤海南皮（今河北南皮縣）人。西晋大臣、富豪、文學家。傳見《晋書》卷三三。

洎至洛陽，明宗寵待彌厚，授滑州節度使、檢校太尉。[1]歲餘，移鎮鄧州，[2]累加同平章事，入爲上將軍。[3]長興中，復出鎮潞州，[4]擒奸恤隱，甚獲當時之譽。[5]清泰中，改安州節度使。[6]及高祖即位，與契丹敦好，文進以嘗背契丹，居不自安。天福元年十二月，乃殺行軍司馬馮知兆、節度副使杜重貴等，[7]率其部衆渡淮奔於金陵。[8]李昪待之尤重，[9]僞命爲宣州節度使，[10]後卒於江南。[11]《永樂大典》卷二千二百十二。[12]

［1］“洎至洛陽”至“授滑州節度使、檢校太尉”：《輯本舊史》卷三七《唐明宗紀三》天成元年（926）十一月癸未條：“鎮州奏，準詔盧文進所率歸業户口，蠲放租税三年，仍每口給糧五斗。”同年十二月戊子條：“盧文進及將吏四百人見，賜鞍馬、玉帶、衣被、器玩、錢帛有差。”同月甲午條：“以契丹盧龍軍節度使盧文進爲檢校太尉、同平章事，充滑州節度使。”《宋本册府》卷一六六《帝王部·招懷門四》唐明宗條天成元年：“十一月，鎮州又奏：文進所率歸業户口，蠲放税租三年，仍每口給糧五㪷。是月，文進及將吏四百人見賜鞍馬、玉帶、衣被、器玩、錢帛有差，乃下制：‘契丹盧龍軍節度使、檢校太尉盧文進，遼西飛將，薊北雄才。頃以被讒，因而避禍。雖附茹毛之俗，長懷向國之誠。將軍寧屈於虜庭，校尉終還於漢壘。洎予纂紹，果卜旋歸。繼飛雁足之書，累殄龍庭之虜。前冒白刃，中推赤心。擁塞垣之車帳八千，復唐土之民軍十萬。氣吞沙漠，義貫神明。爰降寵章，以旌壯節。可特進依前檢校太尉、同中書門下平章事，使持節滑州諸軍事，守滑州刺史，充義成軍節度，滑濮管内觀察處置等使，仍封范陽郡開國侯，食邑一千三百户，兼賜推忠翊聖保義功臣。’”明本《册府》卷一一一《帝王部·宴享門三》唐明宗條天成元年十一月庚寅：“宴契丹降將盧文進及其將佐於長春殿，賜分物有差。”《通鑑》卷二七五天成元年十二月癸巳條：“以盧文進爲義成節度使、同平章事。”

［2］鄧州：州名。治所在今河南鄧州市。

［3］“歲餘”至“入爲上將軍”：《輯本舊史》卷三九《唐明宗紀五》天成三年二月乙未條：“滑州節度使盧文進移鎮鄧州。”卷四一《唐明宗紀七》長興元年（930）八月甲午條：“以前鄧州節度使盧文進爲左衛上將軍。”

［4］潞州：州名。治所在今山西長治市。

［5］“長興中”至“甚獲當時之譽”：《輯本舊史》卷四四《唐明宗紀十》長興四年三月戊子條：“以左衛上將軍盧文進爲潞州節度使。”《宋本册府》卷六九〇《牧守部·强明門》：“盧文進爲昭義節度使，將吏以兇狡相尚，言訟成風，數政不能治。文進至，止鞫其罪必誅之，其事漸息。武臣臨事，潔身有斷，當時少比。”

［6］安州：州名。治所在今湖北安陸市。　清泰中，改安州節度使：《輯本舊史》卷四六《唐末帝紀上》清泰元年（934）九月甲寅條：“以前潞州節度使、檢校太尉、同平章事盧文進爲安州節度使。”

［7］行軍司馬：官名。節度使屬官。掌軍籍符伍、號令印信，是藩鎮重要的軍政官員。　馮知兆：人名。籍貫不詳。盧文進僚佐。本書僅此一見。　杜重貴：人名。籍貫不詳。盧文進僚佐。本書僅此一見。

［8］“及高祖即位”至“率其部衆渡淮奔於金陵”：《舊五代史考異》：“馬令《南唐書》：文進居數鎮，頗有善政，兵民愛之。其將行也，從數騎至營中，别其裨將李藏機等，告以避契丹之意，將士皆拜爲訣。”見《南唐書》卷一二《盧文進傳》。此《考異》中華書局本有校勘記：“‘别其裨將李藏機等’，‘等’字原闕，據馬令《南唐書》卷一二補。”又《舊五代史考異》：“‘馮知兆’，《南唐書》作‘姚知兆’，《歐陽史》與《薛史》同。”《輯本舊史》卷七六《晋高祖紀二》天福二年（937）正月庚申條：“安州上言，節度使盧文進殺行軍副使，率部下親兵過淮。”《新五代史》卷八《晋本紀》天福二年正月癸亥條：“安遠軍節度使盧文進叛降于吴。”《通鑑》卷二八〇天福元年十二月辛丑條：“安遠節度使盧文進聞帝

爲契丹所立，自以本契丹叛將，辛丑，棄鎮奔吴。所過鎮戍，召其主將，告之故，皆拜辭而退。”

［9］李昪：人名。徐州（今江蘇徐州市）人。五代十國南唐國建立者。傳見本書卷一三四、《新五代史》卷六二。中華書局本有校勘記：“‘李昪’原作‘李昇’，據殿本、劉本、《舊五代史考異》卷三引文改。本卷下一處同。”

［10］宣州：州名。治所在今安徽宣城市。

［11］“李昪待之尤重”至“後卒於江南”：《舊五代史考異》：“馬令《南唐書》云：烈祖以文進爲天雄統軍。”《輯本舊史》之原輯者案語：“案《金陵志》：文進自潤州召還，以左衛上將軍、兼中書令、范陽郡王奉朝請。”《通鑑》卷二八一天福二年二月條：“吴主以盧文進爲宣武節度使，兼侍中。”《新五代史》卷四八《盧文進傳》：“及其南奔，始屈身晦迹，務爲恭謹，禮接文士，謙謙若不足，其所談論，近代朝廷儀制、臺閣故事而已，未嘗言兵。後以左衛上將軍卒于金陵。”

［12］《大典》卷二二一二“盧”字韻“姓氏（七）”事目。

李金全

李金全，本唐明宗之小豎也。其先出於吐谷渾。[1] 金全驍勇，善騎射，少從明宗征伐，以力戰有功，明宗即位，連典大郡。天成中，授涇州節度使，[2] 在鎮數年，以掊斂爲務。長興中，受代歸闕，始進馬數十匹，不數日又進之。明宗召而謂之曰：“卿患馬多耶，何進貢之數也？”又謂曰：“卿在涇州日，爲理如何，無乃以馬爲事否？”金全慚謝而退。[3] 四年夏，授滄州節度使，[4] 累官至檢校太傅。清泰中，罷鎮歸闕，久留於京師。[5]

［1］吐谷渾：部族名。源出鮮卑，後遊牧於今甘肅、青海一帶。參見周偉洲《吐谷渾資料輯録》，商務印書館 2017 年版。

［2］涇州：州名。治所在今甘肅涇川縣。　天成中，授涇州節度使：《輯本舊史》卷四〇《唐明宗紀六》天成四年（929）七月丙戌條："以冀州刺史李金全爲涇州節度使。"

［3］"長興中"至"金全慚謝而退"：《輯本舊史》之原輯者案語："《歐陽史》：徙鎮横海，久之，罷爲右衛上將軍。"見《新五代史》卷四八《李金全傳》。此案語中華書局本有校勘記："'徙'原作'從'，據劉本、《新五代史》卷四八《李金全傳》改。"《宋本册府》卷一五八《帝王部·誡勵門三》唐明宗長興三年（932）十月丁巳條："前涇原節度使李金全再進馬十五匹。帝不納，召而諭之曰：'公患馬多耶？頗有所貢。'金全曰：'臣在西邊，地無異産，得此鹿馬，在京無所使，願進以益邊軍。'帝曰：'卿在鎮爲治何如？莫專以馬爲事？'金全謝之。帝雖僶勉受之而心不懌。金全邊人，累更名郡，藩鎮所在，掊斂聚財，賂結權要，而掩其弊政之迹。帝頗聞其不廉，故以言譏之。"

［4］滄州：州名。治所在今河北滄縣舊州鎮。　授滄州節度使：《輯本舊史》卷四四《唐明宗紀十》長興四年六月壬戌條："以前涇州節度使李金全爲滄州節度使。"《宋本册府》卷一五八唐明宗長興四年七月辛巳條："帝御廣壽殿，新授滄州節度使李金全赴鎮辭。帝戒之曰：'聞爾爲治愛擾人。長吏當以恤民爲務，爾事予爲小校，今仗旄秉鉞爲節度使，當改故態，分吾憂，寄吾民，慎勿擾也。'帝素知金全爲人，故面自戒勵之。"

［5］"清泰中"至"久留於京師"：《輯本舊史》卷四八《唐末帝紀下》清泰三年（936）四月辛未條："以前滄州節度使李金全爲右領軍上將軍。"

高祖即位之明年，安州屯將王暉殺節度使周瓌，[1]

詔遣金全以騎兵千人鎮撫其地。[2]未及境，暉爲部下所殺。金全至，亂軍數百人皆不自安，金全説遣赴闕，密伏兵於野，盡殺之，又擒其軍校武彦和等數十人，[3]斬之。[4]初，金全之將行也，高祖戒之曰："王暉之亂，罪莫大焉，但慮封守不寧，則民受其弊。"因折矢飛詔，約以不戮一人，仍許以暉爲唐州刺史。[5]又謂金全曰："卿之此行，無失吾信。"及金全至，聞彦和等當爲亂之日，劫掠郡城，所獲財貨，悉在其第，遂殺而奪之。高祖聞之，以姑息金全故，不究其事，尋授以旄節。[6]

［1］王暉：人名。籍貫不詳。五代將領，曾以代州刺史而叛歸契丹。事見本書卷九九《漢高祖紀一》。

［2］"高祖即位之明年"至"詔遣金全以騎兵千人鎮撫其地"：《輯本舊史》卷七六《晋高祖紀二》天福二年（937）七月甲戌條："安州軍亂，指揮使王暉害節度使周瓌於理所，遣右衛上將軍李金全領千騎赴安州。"

［3］武彦和：亦作"武克和"。籍貫不詳。王暉部將，爲李金全所殺。事見《通鑑》卷二八一。

［4］"未及境"至"斬之"：《輯本舊史》之原輯者案語："《歐陽史》作武克和。"又："《歐陽史》《南唐書》俱作武克和，《通鑑》從是書。"見《新五代史》卷四八《李金全傳》、馬令《南唐書》卷一二《李金全傳》。

［5］唐州：州名。治所在今河南唐河縣。

［6］"初，金全之將行也"至"尋授以旄節"："遂殺而奪之"後有《舊五代史考異》："《通鑑》云：彦和且死，呼曰：'王暉首惡，天子猶赦之；我輩脅從，何罪乎！'"《輯本舊史》卷七六《晋高祖紀二》天福二年九月甲寅條："以右領軍衛上將軍、權知安

州軍州事李金全爲安遠軍節度使。”《宋本册府》卷一七九《帝王部·姑息門四》晋高祖天福二年條：“安州屯將王暉殺節度使周瓌，詔遣滄州節度使李金全以騎兵千人鎮撫其地。未及境，暉爲部下所殺。金全至，亂軍數百人不自安。金全説遣赴闕，密伏兵於野以俎之，座上擒其軍校武彦和等數十人，斬之。彦和臨刑，宣言曰：‘周瓌儉嗇多疑，嚴刑峻令，暉鹿（麄）率悖慢，怨其約束，以至飛語相間，各爲防虞。暉乃無疾針砭，數月不出，銛竹爲矛，圖爲竊發。預其事者，暉腹心數人而已。行間之卒，皆受其制。心雖有異，敢不從之？連雞不棲，物之常理。夫亂者必戮，軍令有之。然則王暉元惡，天子猶賜之信誓，許爲郡守。我等見殺，非有罪也！若朝廷之命，是食前言；苟將軍之令，得無冤乎？’既戮彦和等，其徒皆以兵送赴闕下。初，金全之將行也，帝謂之曰：‘王暉之亂，罪莫大焉，但慮乎封守不寧，則民受其弊，故折矢飛詔，約之以不戮一人，拔暉爲淮安守，序升次校，以主其兵。卿之此行，無失吾信。’至是以彦和等當爲亂之日，劫掠郡城三日，所獲財貨在焉，遂殺而奪之。帝聞之，以姑息金全，不究其事，授以旄節。”此條亦見明本《册府》卷四四九《將帥部·專殺門》。《通鑑》卷二八一天福二年八月癸巳條：“山南東道節度使安從進恐王暉奔吴，遣行軍司馬張朏將兵會復州兵於要路邀之。暉大掠安州，將奔吴，部將胡進殺之。八月，癸巳，以狀聞。李金全至安州，將士之預於亂者數百人，金全説諭，悉遣詣闕，既而聞指揮使武彦和等數十人挾賄甚多，伏兵于野，執而斬之。彦和且死，呼曰：‘王暉首惡，天子猶赦之；我輩脅從，何罪乎！’帝雖知金全之情，掩而不問。”《新五代史》卷四八：“暉聞金全來，果南走，爲從進兵所殺。”

金全有親吏胡漢筠者，[1]勇譎嗇褊，貪詐殘忍，軍府之政，一以委之。高祖聞其事，遣廉吏賈仁紹往代其職，[2]且召漢筠。漢筠内疚惶怖，金全乃列狀稱疾以聞。

及仁紹至，漢筠鴆而殺之。

［1］胡漢筠：《輯本舊史》之原輯者案語："《歐陽史》作胡漢榮。"又："《歐陽史》及《南唐書》俱作胡漢榮，《通鑑》從是書。"見《新五代史》卷四八《李金全傳》、馬令《南唐書》卷一二《李金全傳》。

［2］遣廉吏賈仁紹往代其職：中華書局本有校勘記："'廉'字原闕，據《册府》卷四三八、《通鑑》卷二八一、《新五代史》卷四八《李金全傳》補。'賈仁紹'，原作'賈仁沼'，據殿本、《舊五代史考異》卷三引文、《通鑑》卷二八一《考異》引《薛史》改，本卷下文同。《舊五代史考異》卷三：'案《通鑑》作仁沼，《考異》云：《薛史》作仁紹，今從《實録》。《歐陽史》《南唐書》與《通鑑》同。'"《舊五代史考異》："馬令《南唐書》云：胡漢榮所爲多不法，晋高祖患之，不欲因漢榮以累功臣，爲選廉吏賈仁沼代之，且召漢榮。漢榮教金全留己而不遣。金全客龐令圖諫曰：'仁沼昔事王晏球，有大功，晏球欲厚賞之，仁沼退而不言，此天下之忠臣也。及頒賜所俘物，仁沼悉以分故人親戚之貧者，此天下之廉士也。宜納仁沼而遣漢榮。'漢榮聞之，夜使人殺令圖而鴆仁沼。"《輯本舊史》卷七六《晋高祖紀二》天福二年（937）十一月壬午條："安州李金全上言：'奉詔抽臣元隨左都押衙胡漢筠，其人染重病，候損日赴闕。'漢筠本滑吏也，從金全歷數鎮，而濫聲喧聞，帝知之，欲授以他職，免陷功臣。漢筠懼其罪，遂託疾。由是勸金全貳於朝廷，自此始也。"《通鑑》卷二八一天福二年十一月乙亥條："安遠節度使李金全以親吏胡漢筠爲中門使，軍府事一以委之。漢筠貪猾殘忍，聚斂無厭。帝聞之，以廉吏賈仁沼代之，且召漢筠，欲授以他職，庶保全功臣。漢筠大懼，始勸金全以異謀。乙亥，金全表漢筠病，未任行。金全故人龐令圖屢諫曰：'仁沼忠義之士，以代漢筠，所益多矣。'漢筠夜遣壯士踰垣滅令圖之族，

又毒仁沼，舌爛而卒。漢筠與推官張緯相結，以諂惑金全，金全愛之彌篤。”《宋本册府》卷九五一《總録部·咎徵門二》：“李金全爲安州節度使，有親吏胡漢筠者，金全愛之甚篤。己亥歲，府署之竹一夕而花，城壖之麥方蕲蕲而秀，大露晦冥之中，則化爲宿草。郡樓有介蟲，如龜而巨鱗，鋭首能陷堅，出於金全足下，漢筠取而焚之。所乘馬，人立而言。庚子年正月，赤雲如煙，蒙冒其境，中有素光，如矛戟之狀，南北交錯，及城有夜妖。金全心惡之。”

天福五年夏，高祖命馬全節爲安州節度使，[1]以代金全。[2]漢筠自以昔嘗拒命，復聞仁紹二子將訴置毒之事，居不自安，乃紿謂金全曰：“邸吏劉珂使健步倍道兼行，[3]密傳其意，云受代之後，朝廷將以仁紹之事詰公之罪。”金全大駭，命從事張緯函表送款於淮夷。[4]淮人遣僞將李承裕以代金全，[5]金全即日南竄，其妓樂、車馬、珍奇、帑藏，皆爲承裕所奪。與其黨數百人束身夜出，曉至汉川，[6]引領北望，泣下而去。[7]及至金陵，李昪授以節鎮。後卒於江南。[8]《永樂大典》卷一萬三百九十。[9]

［1］馬全節：人名。魏郡元城（今河北大名縣）人。五代後唐、後晋將領。傳見本書卷九〇、《新五代史》卷四七。

［2］“天福五年夏”至“以代金全”：《通鑑》卷二八二天福五年（940）四月庚戌條：“以前横海節度使馬全節爲安遠節度使。”

［3］劉珂：人名。籍貫不詳。五代官員。事見本書本卷。

［4］張緯：人名。籍貫不詳。五代官員。事見本書本卷。“漢筠自以昔嘗拒命”至“命從事張緯函表送款於淮夷”：《輯本舊史》卷七九《晋高祖紀五》天福五年五月丙戌條：“安州節度使李

金全叛，詔新授安州節度使馬全節以洛、汴、汝、鄭、單、宋、陳、蔡、曹、濮十州之兵討之，以前鄜州節度使安審暉爲副，以内客省使李守貞爲都監，仍遣供奉官劉彦瑶奉詔以諭金全。”此條有《舊五代史考異》：“《五代春秋》：五月，李金全叛附于吴，馬全節帥師討安州，吴人救安州，全節敗吴師，克安州，金全奔吴。六月，放吴俘還。《歐陽史》作五月李金全叛，六月克安州。馬令《南唐書》作六月，安州節度使李金全來降，遣鄂州屯營使李承裕帥師迎之。紀年互異。”《通鑑》卷二八二天福五年五月癸未條：“胡漢筠既違詔命不詣闕，又聞賈仁沼二子欲訴諸朝；及除馬全節鎮安州代李金全，漢筠紿金全曰：‘進奏吏遣人倍道來言，朝廷俟公受代，即按賈仁沼死狀，以爲必有異圖。’金全大懼。漢筠因説金全拒命，自歸於唐，金全從之。”同月：“李金全遣推官張緯奉表請降於唐，唐主遣鄂州屯營使李承裕、段處恭將兵三千逆之。”

[5]李承裕：人名。籍貫不詳。五代十國南唐將領。事見《通鑑》卷二八二。

[6]汉川：縣名。治所在今湖北漢川市。原作“泌州”，中華書局本據遞修本、浙江本、宗文本、本書卷九七《李金全傳》改，今從。

[7]“淮人遣僞將李承裕以代金全”至“泣下而去”：《輯本舊史》卷七九《晋高祖紀五》天福五年五月癸卯條：“淮南使李承裕代李金全，金全南走，承裕以淮兵二千守其城。”同月戊申條：“是日，削奪李金全官爵。”《通鑑》卷二八二天福五年七月己巳條：“李金全至金陵，唐主待之甚薄。”

[8]“及至金陵”至“後卒於江南”：《舊五代史考異》：“馬令《南唐書》云：烈祖以金全爲天威統軍，遷潤州節度使。”見《南唐書》卷一二《李金全傳》。《通鑑》卷二八七天福十二年（947）六月庚辰條：“唐主聞契丹主德光卒，蕭翰棄大梁去，下詔曰：‘乃眷中原，本朝故地。’以左右衛聖統軍、忠武節度使李金全爲北面行營招討使，議經略北方。聞帝已入大梁，遂不敢出兵。”卷二八

八乾祐元年（948）十一月丙寅條："唐主命北面行營招討使李金全將兵救河中，以清淮節度使劉彦貞副之，（查）文徽爲監軍使，（魏）岑爲沿淮巡檢使，軍于沂州之境。金全與諸將方會食，候騎白有漢兵數百在澗北，皆羸弱，請掩之。金全令曰：'敢言過澗者斬！'及暮，伏兵四起，金鼓聞十餘里，金全令曰：'曏可與之戰乎？'時唐士卒厭兵，莫有鬬志，又河中道遠，勢不相及。丙寅，唐兵退保海州。"卷二八九乾祐三年正月丙寅條："唐主聞漢兵盡平三叛，始罷李金全北面行營招討使。"《新五代史》卷四八《李金全傳》："漢隱帝時，李守貞反河中，乞兵於昪，金全爲昪潤州節度使，與查文徽等出沭陽。昪之諸將皆鋭于攻取，金全獨以謂遠不相及，不可行，乃止。其後亦不復用，不知其所終。"

［9］《大典》卷一〇三九〇"李"字韻"姓氏（三五）"事目。

史臣曰：延光昔爲唐臣，綽有令譽，洎逢晋祚，顯恣狂謀，洎力屈以來降，尚靦顔而惜死，孟津之殁，乃取笑於千載也。從賓而下，俱怙亂以滅身，亦何足與議也。文進懼强敵之威，金全爲輿臺所賣，事雖弗類，叛則攸同，咸附島夷，皆可醜也。《永樂大典》卷一萬三百九十。[1]

［1］《大典》卷一〇三九〇"李"字韻"姓氏（三五）"事目。

舊五代史　卷九八

晉書二十四

列傳第十三

安重榮

安重榮，朔州人。[1]祖從義，利州刺史。[2]父全，勝州刺史、振武蕃漢馬步軍都指揮使。[3]重榮有膂力，善騎射。唐長興中，[4]爲振武道巡邊指揮使，[5]犯罪下獄。時高行周爲帥，[6]欲殺之，其母赴闕申告，樞密使安重誨陰護之，[7]奏於明宗，[8]有詔釋焉。

[1]朔州：州名。治所在今山西朔州市朔城區。

[2]利州：州名。治所在今四川廣元市。　刺史：官名。漢武帝時始置。州一級行政長官。總掌考核官吏、勸課農桑、地方教化等事。唐中期以後，節度使、觀察使轄州而設，刺史爲其屬官，職任漸輕。從三品至正四品下。

[3]勝州：州名。治所在今内蒙古准格爾旗。　振武：方鎮名。

五代後梁貞明二年（916）以前，治所位於單于都護府城（今内蒙古和林格爾縣）。貞明二年單于都護府城爲契丹占據。此後至後唐清泰三年（936），治所位於朔州（今山西朔州市朔城區）。後晉隨燕雲十六州割予契丹，改名順義軍。　蕃漢馬步軍都指揮使：官名。所部統兵將領。蕃漢馬步軍，當爲河東主力部隊的建制。“都”字原闕，中華書局本據宗文本、本書卷五六補，今從。

[4]長興：五代後唐明宗李嗣源年號（930—933）。

[5]巡邊指揮使：官名。五代藩鎮屬官，所部統兵將領。掌邊防巡邏守衛。

[6]高行周：人名。嬀州懷戎（今河北懷來縣）人。五代後唐至後周將領。傳見本書卷一二三、《新五代史》卷四八。

[7]樞密使：官名。樞密院長官。五代時以士人爲之，備顧問、參謀議，出納詔奏，權侔宰相。參見李全德《唐宋變革期樞密院研究》，國家圖書館出版社2009年版。　安重誨：人名。應州（今山西應縣）人。五代後唐大臣。傳見本書卷六六、《新五代史》卷二四。《輯本舊史》之影庫本粘籤：“‘重誨’，原本作‘仲誨’，今據《通鑑》改正。”查《通鑑》，未見此記載。《宋本册府》四一三《將帥部・召募門》：“後唐安重榮爲鄭州巡檢。清泰元年，上言召募騎軍五十人，自出鎧馬從之。”“五十人”明本作“五千人”。

[8]明宗：即五代後唐明宗李嗣源。沙陀部人。原名邈佶烈，李克用養子。926年至933年在位。紀見本書卷三五至卷四四、《新五代史》卷六。

張敬達之圍晉陽也，[1]高祖聞重榮在代北，[2]使人誘之，[3]重榮乃召邊士，得千騎赴焉。高祖大喜，[4]誓以土地。及即位，授成德軍節度使，[5]累加至使相。[6]自梁、唐已來，藩侯郡牧，多以勳授，不明治道，例爲左右群小惑亂，賣官鬻獄，割剥蒸民，率有貪猥之名，其實賄賂半歸於下。惟重榮自能鉤距，凡有爭訟，多廷辯之，至於倉庫耗利，百姓科徭，悉入於己，諸司不敢窺覬。嘗有夫婦共訟其子不孝者，重榮面加詰責，抽劍令自殺之，其父泣曰："不忍也。"其母詬詈，仗劍逐之。重榮疑而問之，乃其繼母也，因叱出，自後射之，一箭而斃，聞者莫不快意。由此境内以爲强明，大得民情。[7]

[1]張敬達：人名。代州（今山西代縣）人。五代後唐將領。傳見本書卷七〇、《新五代史》卷三三。

[2]代北：方鎮名。治所在代州（今山西代縣）。

[3]使人誘之：《舊五代史考異》："《歐陽史》作張潁陰招重榮。"此《考異》中華書局本有校勘記："'張潁'原作'張穎'，據《新五代史》卷五一《安重榮傳》改。"《輯本舊史》卷四七《唐末帝紀中》清泰二年（934）六月庚辰條："河東節度使石敬瑭奏，邊軍乏芻糧，其安重榮巡邊兵士欲移振武就糧。從之。"卷四八《唐末帝紀下》清泰三年五月己酉條："振武節度使安叔千奏，西北界巡檢使安重榮驅掠戍兵五百騎叛入太原。"卷七五《晋高祖紀一》清泰三年六月條："北面招討指揮使安重榮以部曲數千人入城。"《通鑑》卷二八〇天福元年（936）五月戊申條："振武西北巡檢使安重榮戍代北，帥步騎五百奔晋陽。"《新五代史》卷五一《安重榮傳》："晋高祖起太原，使張潁陰招重榮，其母與兄皆以爲不可，重榮業已許潁，母、兄謀共殺潁以止之。重榮曰：'未可，吾當爲母卜之。'乃立一箭，百步而射之，曰：'石公爲天子則中。'一發輒中；又立一箭而射之，曰：'吾爲節度使則中。'一發又中，其母、兄乃許，重榮以巡邊千騎叛入太原。"

[4]高祖：即五代後晋皇帝石敬瑭。後晋王朝的建立者。沙陀部人。936年至942年在位。紀見本書卷七五至卷八〇、《新五代史》卷八。

［5］成德軍：方鎮名。治所在恒州（今河北正定縣）。　節度使：官名。唐時在重要地區所設掌握一州或數州軍、民、財政的長官。　授成德軍節度使：《通鑑》卷二八一天福二年正月丙辰條："詔以前北面招收指揮使安重榮爲成德節度使，以秘瓊爲齊州防禦使。遣引進使王景崇諭瓊以利害。重榮與契丹將趙思温偕如鎮州，瓊不敢拒命。丙辰，重榮奏已視事。"

［6］使相：官名。唐朝後期，宰相常兼節度使，節度使亦常加宰相銜，皆稱使相。五代時，節度使多帶宰相銜，但不預朝廷政事。

［7］由此境内以爲强明，大得民情：《宋本册府》卷八二〇《總録部·立祠門》："晋安重榮爲成德軍節度使，天福二年，副使朱崇節奏，鎮州軍府將吏、僧道、父老詣闕，請立重榮德政碑。高祖敕曰：'安重榮功宣締構，寄重藩維，善布詔條，克除民瘼，遂致僚吏、僧道，詣闕上章，求勒貞珉，以揚異政。既觀勤功，宜示允俞。其碑文仍令太子賓客任贊撰進。'"

重榮起於軍伍，暴獲富貴，復覩累朝自節鎮遽升大位，每謂人曰："天子，兵彊馬壯者當爲之，寧有種耶！"又以奏請過當，爲權臣所否，心常憤憤，遂畜聚亡命，收市戰馬，有飛揚跋扈之志。[1]嘗因暴怒殺部校賈章，以謀叛聞。[2]章有女一人，時欲捨之，女曰："我家三十口，繼經兵亂，死者二十八口，今父就刑，存此身何爲？"再三請死，亦殺之。鎮人由是惡重榮之酷，而嘉賈女之烈焉。

［1］"重榮起於軍伍"至"有飛揚跋扈之志"：《舊五代史考異》："《通鑑》云：帝之遣重榮代祕瓊也，戒之曰：'瓊不受代，當

别除汝一鎮，勿以力取，恐爲患滋深。’重榮由是以帝爲怯，謂人曰：‘祕瓊匹夫耳，天子尚畏之，況我以將相之重、士民之衆乎！’”見《通鑑》卷二八二天福四年（939）七月甲辰條。下亦有：“每所奏請多踰分，爲執政所可否，意憤憤不快，乃聚亡命，市戰馬，有飛揚之志。帝知之，義武節度使皇甫遇與重榮姻家，甲辰，徙遇爲昭義節度使。”同月前有庚子條：“成德節度使安重榮出於行伍，性粗率，恃勇驕暴，每謂人曰：‘今世天子，兵强馬壯則爲之耳。’府廨有幡竿高數十尺，嘗挾弓矢謂左右曰：‘我能中竿上龍者，必有天命。’一發中之，以是益自負。”《新五代史》卷五一《安重榮傳》：“重榮既僭侈，以爲金魚袋不足貴，刻玉爲魚佩之。娶二妻，高祖因之並加封爵。”

[2]賈章：人名。籍貫不詳。五代後晉將領。事見本書本卷。

天福中，朝廷姑息契丹，務安邊塞，重榮每見蕃使，必以箕踞慢駡。[1]會有梅里數十騎由其境内，交言不遜，因盡殺之。[2]契丹主大怒，責讓朝廷。朝廷隱忍，未即加罪，重榮乃密搆吐渾等諸族，以爲援助，上表論之。[3]其略曰：

> 臣昨據熟吐渾節度使白承福、赫連公德等，各領本族三萬餘帳，自應州地界奔歸王化。[4]續準生吐渾并渾、契苾兩突厥三部落，南北將沙陀、安慶、九府等，各領部族老小，并牛羊、車帳、甲馬，七八路慕化歸奔，俱至五臺及當府地界已來安泊。[5]累據告勞，具説被契丹殘害，平取生口，率略羊馬，凌害至甚。又自今年二月後來，須令點檢强壯，置辦人馬衣甲，告報上秋向南行營，諸蕃部等實恐上天不祐，殺敗後隨例不存家族，所以預先

歸順，兼隨府族，各量點檢强壯人馬約十萬衆。又準沿河党項及山前山後逸利、越利諸族部落等首領，并差人各將契丹所授官告、職牒、旗號來送納，例皆號泣告勞，稱被契丹淩虐，憤惋不已，情願點集甲馬，會合殺戮。[6]續又朔州節度副使趙崇與本城將校殺僞節度使劉山，尋已安撫軍城，乞歸朝廷。[7]臣相次具奏聞。昨奉宣頭及累傳聖旨，令臣凡有往復契丹，更須承奉，當候彼生頭角，不欲自起釁端，貴守初終，不愆信誓。仰認睿旨，深惟匿瑕，其如天道人心，至務勝殘去虐，須知機不可失，時不再來。竊以諸蕃不招呼而自至，朔郡不攻伐以自歸，蓋繫人情，盡由天意。更念諸陷蕃節度使等，本自勳勞，早居富貴，没身邊塞，遭酷虐以異常，企足朝廷，冀傾輸而不已，如聞傳檄，盡願倒戈。如臣者雖是愚蒙，粗知可否，不思忌諱，罄寫丹衷，細具敷陳，冀裨萬一。

其表數千言，大抵指斥高祖稱臣奉表，罄中國珍異，貢獻契丹，淩虐漢人，竟無厭足。又以此意爲書，遺諸朝貴及藩鎮諸侯。[8]

[1]天福：五代後晋高祖石敬瑭年號（936—942）。出帝石重貴沿用至九年（944）。後漢高祖劉知遠繼位後沿用一年，稱天福十二年（947）。　契丹：古部族、政權名。公元4世紀中葉宇文部爲前燕攻破，始分離而成單獨的部落，自號契丹。唐貞觀中，置松漠都督府，以其首領爲都督。唐末强盛，916年迭剌部耶律阿保機建立契丹國（遼）。先後與五代、北宋並立，保大五年（1125）爲金

所滅。參見張正明《契丹史略》，中華書局 1979 年版。

［2］梅里：人名。契丹使者。此乃以官名代人名。事見《新五代史》卷七二《四夷附録・契丹》。梅里，官名。遥輦時有官稱"梅録"，也做"梅落""梅老"，此即回鶻的"媚録""密録"，不同時期不同民族轉寫方式不同，職掌也有變化，或總兵爲指揮官，或爲"皇家總管"。參見李桂芝《遼金簡史》，福建人民出版社 1996 年版，第 19—20 頁。

［3］吐渾：部族名。全稱"吐谷渾"。源出鮮卑，後遊牧於今甘肅、青海一帶。參見周偉洲《吐谷渾資料輯録》（增訂本），商務印書館 2017 年版。

［4］白承福：五代時北吐谷渾首領。吐谷渾族。後唐同光元年（923），被莊宗任爲寧朔、奉化兩府都督，賜姓名爲李紹魯。事見《新五代史》卷七四《四夷附録・吐渾》。　赫連公德：人名。代北吐谷渾首領。事見本書卷七九。　應州：州名。治所在今山西應縣。

［5］渾：部族名。原爲鐵勒族部落之一，後加入回鶻部落聯盟。　契苾：部族名。又作契弊、契苾羽。爲鐵勒族部落之一。　沙陀、安慶：部族名。沙陀、安慶與薩葛合稱沙陀三部落。《舊唐書》卷一九下載，中和元年（881）"二月，代州北面行營都監押陳景思率沙陀、薩葛、安慶等三部落與吐渾之衆三萬赴援關中"。參見蔡家藝《沙陀族歷史雜探》，《民族研究》2001 年第 1 期。　九府：唐代於回鶻地區設九個都督府，爲羈縻都督府。其都督或即其部族首領。此處當指九都督府中的部族。　五臺：山名。位於今山西五臺縣。

［6］党項：部族名。源出羌族，唐代活躍於今甘肅東部、寧夏、陝西北部一帶。唐末，平夏部首領拓跋思恭助唐圍攻黄巢軍，唐廷特授予定難節度使稱號，賜姓李，封夏國公。參見湯開建《党項西夏史探微》，商務印書館 2013 年版。　逸利：部族名。遊牧於山前山後地區，受到契丹的役使。　越利：部族名。或爲"越里""遥

里”。奚族五部之一。

［7］節度副使：官名。唐、五代方鎮屬官。位於行軍司馬之下、判官之上。　趙崇：人名。籍貫不詳。唐昭宗朝宰相。事見《舊唐書》卷二〇上下、《新唐書》卷一八三。　劉山：人名。籍貫不詳。五代後晋將領。事見本書本卷。

［8］“天福中”至“遣諸朝貴及藩鎮諸侯”：《輯本舊史》卷七九《晋高祖紀五》天福六年（941）正月丙寅條：“遣供奉官張澄等領兵二千，發并、鎮、忻、代四州山谷吐渾，令還舊地。先是，吐渾苦契丹之虐，受鎮州安重榮誘召，叛而南遷，入常山、太原二境，帝以契丹歡好之國，故遣歸之。”同年六月戊午條：“鎮州節度使安重榮執契丹使拽剌，遣輕騎掠幽州南境之民，處於博野。仍貢表及馳書天下，述契丹援天子父事之禮，貪傲無厭，困耗中國，已繕治甲兵，將與決戰。帝發所諭而止之，重榮跋扈愈甚，由是與襄州節度使安從進潛相搆謀爲不軌。”明本《册府》卷四四六《將帥部・生事門》：“晋安重榮爲鎮州節度制使。天福六年五月，執契丹使拽剌，以輕騎掠幽州南境之民，處於博野。乃貢表及馳書天下，述契丹受天子事父之禮，貪傲無厭，困中國之民，供億不逮，已繕治甲兵，將與決戰。高祖發使，諭而止之。”《遼史》卷四《太宗紀下》會同四年（941）二月己未條：“晋遣楊彦詢來貢，且言鎮州安重榮跋扈狀，遂留不遣。是月，晋鎮州安重榮執遼使者拽剌。”《通鑑》卷二八二天福五年十二月丙辰條：“初，帝割雁門之北以賂契丹，由是吐谷渾皆屬契丹，苦其貪虐，思歸中國；成德節度使安重榮復誘之，於是吐谷渾帥部落千餘帳自五臺來奔。契丹大怒，遣使讓帝以招納叛人。”同卷天福六年六月戊午條：“成德節度使安重榮恥臣契丹，見契丹使者，必箕踞慢罵；使過其境，或潛遣人殺之。契丹以讓帝，帝爲之遜謝。六月，戊午，重榮執契丹使拽剌，遣騎掠幽州南境，軍於博野，上表稱：‘吐谷渾、兩突厥、渾、契苾、沙陀各帥部衆歸附；党項等亦遣使納契丹告身職牒，言爲虜所陵暴。又言自二月以來，令各具精甲壯馬，將以上秋南寇，恐天命

不佑，與之俱滅，願自備十萬衆，與晉共擊契丹。又朔州節度副使趙崇已逐契丹節度使劉山，求歸命朝廷。臣相繼以聞。陛下屢敕臣承奉契丹，勿自起釁端；其如天道人心，難以違拒，機不可失，時不再來。諸節度使没於虜庭者，皆延頸企踵以待王師，良可哀閔。願早決計。’表數千言，大抵斥帝父事契丹，竭中國以媚無厭之虜。又以此意爲書遺朝貴及移藩鎮，云已勒兵，必與契丹決戰。帝以重榮方握强兵，不能制，甚患之。”同年七月己巳條：“帝憂安重榮跋扈，己巳，以劉知遠爲北京留守、河東節度使，復以遼、沁隸河東；以北京留守李德琉爲鄴都留守。”

高祖憂其變也，遂幸鄴都以詔諭之，凡有十焉。[1]其略曰：“爾身爲大臣，家有老母，忿不思難，棄君與親。吾因契丹而興基業，爾因吾而致富貴，吾不敢忘，爾可忘耶！且前代和親，只爲安邊，今吾以天下臣之，爾欲以一鎮抗之，大小不等，無自辱焉。”重榮愈恣縱不悛，雖有此奏，亦密令人與契丹幽州帥劉晞結託。[2]蓋重榮有内顧之心，契丹幸我多事，復欲侵吞中國，契丹之怒重榮，亦非本志也。時重榮嘗與北來蕃使並轡而行，指飛鳥射之，應弦而落，觀者萬衆，無不快抃，蕃使因輟所乘馬以慶之，由是名振北狄，自謂天下可以一箭而定也。[3]又重榮素與襄州安從進連結，及聞從進將議起兵，而奸謀乃決。[4]

[1]鄴都：地名。治所在今河北大名縣。五代後唐同光元年(923)，改魏州爲興唐府，建號東京，三年改東京爲鄴都。

[2]幽州：州名。治所在今北京市。　劉晞：人名。涿州（今河北涿州市）人。初爲周德威的從事，後爲遼國將領。傳見本書

本卷。

［3］由是名振北狄："北狄"，《輯本舊史》原作"北方"，中華書局本有校勘記："'北方'，《册府》卷八四六作'北狄'。"但未改。此因四庫館臣忌清諱故改，今據明本《册府》卷八四六《總録部·善射門》回改。

［4］襄州：州名。治所在今湖北襄陽市。　"高祖憂其變也"至"而奸謀乃決"：《通鑑》卷二八二天福六年（941）八月壬寅條："帝以詔諭安重榮曰：'爾身爲大臣，家有老母，忿不思難，棄君與親。吾因契丹得天下，爾因吾致富貴，吾不敢忘德，爾乃忘之，何邪？今吾以天下臣之，爾欲以一鎮抗之，不亦難乎！宜審思之，無取後悔！'重榮得詔愈驕，聞山南東道節度使安從進有異志，陰遣使與之通謀。"《新五代史》卷五一《安重榮傳》："重榮將反也，其母又以爲不可，重榮曰：'爲母卜之。'指其堂下幡竿龍口仰射之，曰：'吾有天下則中之。'一發而中，其母乃許。饒陽令劉巖獻水鳥五色，重榮曰：'此鳳也。'畜之後潭。又使人爲大鐵鞭以獻，誑其民曰：'鞭有神，指人，人輒死。'號'鐵鞭郎君'，出則以爲前驅。鎮之城門抱關鐵胡人，無故頭自落，鐵胡，重榮小字，雖甚惡之，然不悟也。"《宋本册府》卷九五一《總録部·咎徵門二》："安重榮爲鎮州節度使。初，後唐清泰中，董温琪爲鎮帥，於城之諸門各鑄二鐵人，虬髯拱立，以抱其關，衆謂之'鐵胡'。重榮未舉兵前，東門忽隕一鐵人頭，不知其故也。閽者懼，乃託以爲暴風吹巨扉所落。重榮小字鐵胡，心甚惡之，不復窮問。又饒陽令劉巖送一水鳥，文有五色，重榮畜於後潭，以爲鳳鶵，遂有異志，漸恣奢僣，用玉爲魚袋，將謀逆也。復爲鐵鞭，重數斤，密令人自外獻之，蓋惑衆，冀成非望也。又鎮之牙署堂前有揭幡長竿，約數十尺。重榮將叛之前一日，張弓彀矢，仰望竿杪銅龍之首，謂左右曰：'我若必有天命，則當一發而中。'果中之。左右即時拜賀。蓋禍之來也，陰必惑之，以至於敗焉。"《太平廣記》卷四二五曹寬條："石晋時，常山帥安重榮將謀干紀，其管界與邢臺連接，鬬殺

一龍。鄉豪有曹寬者見之，取其雙角，前有一物如簾，文如亂錦，人莫知之。曹寬經年爲寇所殺。壬寅年，討鎮州，誅安重榮也，葆光子讀《北史》，見陸法和在梁時，將兵拒侯景將任約於江上，曰：'彼龍睡不動，吾軍之龍甚自躍踴。'遂擊之，大敗，而擒任約。是則軍陣之上，龍必先鬬。常山龍死，得非王師大捷、重榮授首乎？黄巢敗于陳州，李克用脱梁王之難，皆大雨震雷之助。"

天福六年冬，大集境内饑民，衆至數萬，揚旌向闕，聲言入覲。[1]朝廷遣杜重威帥師禦之，遇於宗城。[2]軍纔成列，有賊將趙彦之臨陣卷旗來奔。[3]重榮方戰，聞彦之背己，大恐，退於輜重中，王師因而擊之，一鼓而潰。重榮與十餘騎北走，其下部衆，屬嚴冬寒冽，殺戮及凍死者二萬餘人。重榮至鎮，取牛馬革旋爲甲，使郡人分守夾城以待王師。杜重威至，有部將自西郭水門引官軍入焉，殺守陴百姓萬餘人，重威尋害導者，自收其功。重榮擁吐渾數百，匿於牙城，重威使人襲而得之，斬首以進。[4]高祖御樓閲其俘馘，宣露布訖，遣漆其頭顱，函送契丹。[5]《永樂大典》卷一萬八千一百三十二。[6]

[1]"天福六年冬"至"聲言入覲"：《輯本舊史》卷八〇《晋高祖紀六》天福六年（941）十二月丁亥條："是日，鎮州節度使安重榮稱兵向闕，以侍衛親軍馬步軍都指揮使杜重威爲北面行營招討使，率兵擊之，以邢州節度使馬全節爲副，以前貝州節度使王周爲馬步軍都虞候。"《通鑑》卷二八二天福六年十月條："始，安重榮稱檄諸道，云與吐谷渾、達靼，契苾同起兵，既而承福降知遠，達靼、契苾亦莫之赴，重榮勢大沮。"同年十二月丁亥條：

"初，重榮與深州人趙彥之俱爲散指揮使，相得歡甚。重榮鎮成德，彥之自關西歸之，重榮待遇甚厚，使彥之招募黨衆；然心實忌之，及舉兵，止用爲排陳使，彥之恨之。"同月壬辰條："帝聞重榮反，壬辰，遣護聖等馬步三十九指揮擊之。以天平節度使杜重威爲招討使，安國節度使馬全節副之，前永清節度使王周爲馬步都虞候。"《遼史》卷四《太宗紀下》會同四年（941）十一月丙寅條："晉以討安重榮來告。"十二月戊申條："晉以敗安重榮來告，遂遣楊彥詢歸。"

[2]杜重威：人名。朔州（今山西朔州市朔城區）人。五代後晉重要軍政官員。傳見本書卷一〇九、《新五代史》卷五二。　宗城：縣名。治所在今河北威縣。

[3]趙彥之：人名。深州（今河北深州市）人。五代後晉將領，安重榮屬官。事見《通鑑》卷二八二後晉高祖天福六年條。

[4]"朝廷遣杜重威帥師禦之"至"斬首以進"：《舊五代史考異》："案《宋史·解暉傳》：安重榮反鎮州，因舉兵向闕，至宗城，晉師逆戰，大破之。暉募軍中壯士百餘人，夜擣賊壘，殺獲甚衆。暉頻中流矢，而督戰自若，顏色不撓，以功遷列校。"見《宋史》卷二七一。　有部將自西郭水門引官軍入焉：中華書局本有校勘記："'水門'。《新五代史》卷五一《安重榮傳》、《通鑑》卷二八三作'水碾門'。"　殺守陴百姓萬餘人：中華書局本有校勘記："'萬'，《新五代史》卷五一《安重榮傳》、《通鑑》卷二八三作'二萬'。"《通鑑》卷二八二天福六年十二月戊戌條："杜重威與安重榮遇於宗城西南，重榮爲偃月陳，官軍再擊之，不動；重威懼，欲退。指揮使宛丘王重胤曰：'兵家忌退。鎮之精兵盡在中軍，請公分鋭士擊其左右翼，重胤爲公以契丹直衝其中軍，彼必狼狽。'重威從之。鎮人陳稍却，趙彥之卷旗策馬來降。彥之以銀飾鎧胄及鞍勒，官軍殺而分之。重榮聞彥之叛，大懼，退匿於輜重中，官軍從而乘之，鎮人大潰，斬首萬五千級。重榮收餘衆，走保宗城，官軍進攻，夜分，拔之。重榮以十餘騎走還鎮州，嬰城自守。會天

寒，鎮人戰及凍死者二萬餘人。”《輯本舊史》卷八〇天福六年十二月己亥條：“北面軍前奏，十三日未時，於宗城縣西南大破鎮州賊軍，殺一萬五千人，餘黨走保宗城縣。是夜三更，破縣城，前深州刺史史虔武自縛歸降。獲馬三千匹，絹三萬餘匹，餘物稱是。安重榮脱身遁走。是日，百官稱賀。”同月癸卯條：“削奪安從進、安重榮在身官爵。”《新五代史》卷八《晋本紀》天福七年正月丁巳條：“克鎮州，安重榮伏誅，赦廣晋。”

［5］“高祖御樓閲其俘馘”至“函送契丹”：《輯本舊史》卷八〇天福七年正月丁巳條：“北面招討使杜重威奏，今月二日收復鎮州，斬安重榮，傳首闕下。帝御乾明樓，宣露布訖，大理卿受馘，付市徇之，百官稱賀。”見《遼史》卷四會同五年正月戊辰條：“晋函安重榮首來獻。上數欲親討重榮，至是乃止。”《通鑑》卷二八三天福七年正月丁巳條：“鎮州牙將自西郭水碾門導官軍入城，殺守陴民二萬人，執安重榮，斬之。杜重威殺導者，自以爲功。”同月庚申條：“重榮首至鄴都，帝命漆之，函送契丹。”《輯本舊史》卷一〇〇《漢高祖紀下》天福十二年閏七月丁卯條：“故鎮州節度使安重榮贈侍中。”

［6］《大典》卷一八一三二“將”字韻“後晋將（三）”事目。《輯本舊史》於此後録《五代史補》：“安重榮出鎮，常懷不軌之計久矣，但未發。居無何，厩中産朱鬃白馬，黑鴉生五色雛，以爲鳳，乃欣然謂天命在己，遂舉兵反。指揮令取宗嶺路以向闕。時父老聞之，往往竊議曰：‘事不諧矣，且王姓安氏，曰鞍得背而穩，何不取路貝州？若由宗嶺，是鞍及於鬃，得無危乎？’未幾，與王師先鋒遇，一戰而敗。”見《五代史補》卷三。“是鞍及於鬃”，中華書局本有校勘記：“‘鞍’原作‘安’，據《五代史補》（四庫本）卷三改。”《宋史》卷四四〇有安重榮之子安德裕傳，云：“安德裕，字益之，一字師皋，河南人。父重榮，晋成德軍節度，《五代史》有傳。”

安從進　附王令謙　潘知麟

安從進，振武索葛部人也。[1]祖、父皆事唐爲騎將。從進初從莊宗於兵間，爲護駕馬軍都指揮使，領貴州刺史。[2]

［1］索葛部：地名。又作“索葛府”“索葛村”。今地不詳。約位於今山西朔州市一帶。《輯本舊史》之原輯者案語：“《薛史·安從進傳》殘闕，所存一條，與《歐陽史》大略相同。”又：“《歐陽史》：從進，其先索葛部人也。初事莊宗爲護駕馬軍都指揮使，領貴州刺史，明宗時爲保義、彰武軍節度使。愍帝即位，徙領順化。清泰中，徙鎮山南東道。晋高祖即位，加同中書門下平章事。”見《新五代史》卷五一。

［2］莊宗：即李存勗，小字亞子，沙陀部人，太原（今山西太原市）人。晋王李克用之子，五代後唐開國皇帝。923年至926年在位。紀見本書卷二七至卷三四、《新五代史》卷四至卷五。　都指揮使：官名。唐末、五代軍隊多置都指揮使、指揮使，爲統兵將領。　貴州：州名。治所在今廣西貴港市。　“振武索葛部人也”至“領貴州刺史”：《新五代史》卷五一《安從進傳》。《輯本舊史》卷四一《唐明宗紀七》長興元年（930）六月丁酉條：“以護駕馬軍都指揮使、貴州刺史安從進爲宣州節度使，充護駕馬軍都指揮使。”《宋本册府》卷九三三《總録部·誣構門二》：“張儉者，捧聖軍使李行德十將也。長興初，儉奏據告密人邊彦温云：‘樞密承旨李虔徽弟説國家徵發兵師，樞密使安重誨自爲都統，欲討淮南。’又言：‘占相人言“重誨貴不可言”。’是日，明宗謂重誨曰：‘聞卿樹心腹，私市兵仗，欲自討淮南，有之否？’重誨惶恐，奏曰：‘興師命將，出自宸衷，必是奸人構臣，願陛下窮詰所言者。’翌日，帝召侍衛指揮使從進、藥彦稠等謂之曰：‘有人告安重誨私置兵仗綱紀，

將不利於社稷，其若之何？’從進等奏曰：‘此是奸人結構，離間陛下勳舊。且重誨事陛下三十年，從微至著，無不盡心，今日何苦乃圖不軌？臣等以家族保明，必無此事。’帝意乃解，遂令中使就第召重誨，具以告事人邊彦温之言諭之。因面窮詰，彦温具伏誣告，即斬彦温于市。李行德、張儉並族誅。”亦見《輯本舊史》卷六六《安重誨傳》及《通鑑》卷二七七長興元年八月條。

初，王師既攻夏州州城，即赫連勃勃之故城也。[1]父老相傳云：“勃勃蒸，土築之。”王師數道攻擊，從進穴地道至其城，基如鐵石，攻鑿不能入。李彝超昆仲登城，[2]謂從進曰：“孤弱小鎮，不勞王師攻取，虚煩國家餉運，得之不武。爲僕聞天，乞容改圖。而又黨項部族萬餘騎，薄我糧運，而野無芻牧，關輔之人，運斗粟束稾，動計數千。窮民泣血，無所控訴，復爲蕃部殺掠。”明宗聞其若此，乃命班師。[3]

[1]夏州：州名。治所在今陝西靖邊縣。　赫連勃勃：人名。匈奴族鐵弗部人。十六國時夏建立者，407 年至 425 年在位。傳見《晉書》卷一三〇。

[2]李彝超：人名。党項拓跋族人。五代軍閥。李仁福之子。傳見本書卷一三二。

[3]“初，王師既攻夏州州城”至“乃命班師”：明本《册府》卷四三八《將帥部·無功門》。《輯本舊史》卷四二《唐明宗紀八》長興二年（931）閏五月丙午條：“以……安從進爲陝州節度使。”卷四三《唐明宗紀九》長興三年正月丁亥條：“安從進移鎮延州。”卷四四《唐明宗紀十》長興四年三月己卯條：“延州節度使安從進奏，夏州節度使李仁福卒，其子彝超自稱留後。”同月戊子條：“以

延州節度使安從進爲夏州留後，以夏州左都押衙、四州防遏使李彝超爲延州留後，仍命邠州節度使藥彦稠、宫苑使安重益帥師援送從進赴鎮。”同年五月丁酉條：“安從進奏，大軍已至夏州，攻外城，以其不受命也。”同年七月壬午條：“詔安從進班師，時王師攻夏州無功故也。”《宋本册府》卷一六六《帝王部·招懷門四》：“四年二月丁亥，夏州行營都監安重益率師赴西軍。時夏州李仁福身亡，其子彝超擅稱留後，詔邠州藥彦稠總兵赴夏州，至此因降。敕書曉諭夏、綏、銀、宥等州將吏百姓曰：‘近據西北藩鎮聞奏，定難軍節度使李仁福薨變。朕以仁福自分戎閫，遠鎮塞垣，威惠俱行，忠孝兼著。當本朝播越之後，及先皇興創之初，或大剿凶徒，或遥尊聖主，夙夜每勤於規救，始終罔怠於傾輸。爰及眇躬，益全大節，協和群虜，惠養蒸民，致朕端拱無爲，修文偃武，賴彼統臨有術，遠肅邇安。委仗方深，凋殞何早？忽窺所奏，深愴予懷。不朽之功，既存于社稷；有餘之慶，宜及於子孫。但以彼藩地處窮邊，每資經略。厥子年纔弱冠，未歷艱難，或虧駕御之方，定啓奸邪之便，此令嗣襲，貴示優恩，必若踐彼危機，不如置之安地。其李彝超已除延州節度觀察留後，前延州節度使安從進却除夏州節度留後，各降宣命，指揮便勤赴任。但夏、銀、綏、宥等州最居邊遠，久屬亂離，多染夷狄之風，少識朝廷之命，既乍當于移易，宜普示于渥恩。應夏、銀、綏、宥等州管内罪無輕重，常赦所不原者，并公私債負，殘欠税物，一切並放。兼自刺史以下、指揮使押衙以下，皆勒仍舊勾當及與各轉官資。宜令安從進到日倍加安撫，連具名銜，分析聞奏。朕自總萬機，唯弘一德，内安華夏，外撫夷狄，先既懷之以恩，後必示之以信。且如李從曮之守岐隴，疆土極寬；高允韜之鎮鄜延，甲兵亦衆，咸能識時知變，舉族來朝。從曮則見領大梁，允韜則尋除鉅鹿，次其昆仕，並建節麾，下至將僚，悉分符竹。又若王都之貪上谷，李賓之吝朔方，或則結構契丹，偷延旦夕；或則依憑黨項，竊據山河。罔禀除移，唯謀依拒。比及朝廷差命良將，徵發鋭師，謀悉萬全，戰皆百勝，纔興討伐，已見覆亡，數萬騎之契丹，隻輪莫返；幾千族之黨項，一鼓俄平。尋拔孤城，盡誅群黨，無遠無近，悉見悉聞。何必廣引古今，方明利害？只陳近事，聊諭將來。彼或要覆族之殃，則王都、李賓足爲鑒戒；彼或要全身之福，則允韜、從曮可作規繩。朕設兩途，爾宜自擇，無貽後悔，有玷前修。今以天命初行，人情未定，或慮將校之内，親要之間，幸彼幼冲，恣其熒惑，遂成騷動，致累人靈。今特差邠州節度使藥彦稠部領馬步兵士五萬人騎送安從進赴任，兼以别降宣命，嚴切指揮。安從進等委其訓戒師徒，參詳事理，從命者秋毫勿犯，違命者全族必誅，先令後行，有犯無捨。更慮孤恩之輩，樂禍之徒，居安則廣造異端，貴令擾亂，臨難則刦謀相害，自要功勳。宜令李彝超體認朕懷，宣諭彼衆，無聽邪説，有落奸機，宣布丁寧，咸令知悉。'"

清泰元年十一月壬子，侍衛馬軍都指揮使安從進奏："護聖軍使王彦塘先西南面行營，所至州府，乞索錢物，恃酒詬言，抵忤本指揮使，趙廷昭詰之，伏罪，已斬於本軍門。"[1]詔曰："夫命將所以行兵，聚兵所以遏亂，必在上下有理，進退無違，入則畏法以謹身，出則圖功而效命。畏法必無罪戾，圖功則有寵恩，以此言之，不可不慎。王彦塘方期任使，輒敢恃憑，既都將以上言，在軍法而難恕。況屬環衛，並在藩方，上至偏裨，下及行伍，皆是久經訓練，備曉條章，官爵甚高，衣糧極厚，必能共思整戢，自務保全。是宜特舉規程，遍加曉諭，責令遵守，務肅轅營。今後在京及諸道馬步將士，上至都尉，下及長行，並須各據職資，共存禮體，遞相鈐轄，遵禀指揮。如紊亂條章，下不從上，指使前刦，使酒詬言，其長行犯者，委本都副兵馬使已下節級科罰；其副兵馬使節級犯者，委本都頭科罰。其都頭犯者，若無事不出時，録罪申奏；若出軍指使之時，便委隨處統將科罰。其或所犯人自負罪僭，不伏首領刑責，便即奏聞。如指揮使都頭已下，但務顔情，藏庇凶輩，自招負累，必不恕容。頒下内外諸軍知悉。”[2]

[1]清泰：五代後唐末帝李從珂年號（934—936）。　軍使：官名。掌領本軍軍務，或兼理地方政務。　王彦塘：人名。籍貫不詳。五代方鎮軍官。事見本書本卷。　趙廷昭：人名。籍貫不詳。五代方鎮軍官。事見本書本卷。

[2]“清泰元年十一月壬子”至“頒下内外諸軍知悉”：明本《册府》卷六六《帝王部·發號令門五》。《輯本舊史》卷四六《唐末帝紀上》清泰元年（934）五月甲寅條：“以侍衛馬軍都指揮使、順化軍節度使安從進爲河陽節度使，典軍如故。”《輯本舊史》卷四五《唐閔帝紀》應順元年（934）三月癸亥條：“以安從進爲順化軍節度使，充侍衛馬軍都指揮使。”同月己亥條：“詔侍衛馬軍都指揮使安從進京城巡檢。是日，從進已得潞王書檄，潛布腹心矣。”同月戊辰條：“安從進尋殺馮贇于其第。”卷六六《朱弘昭傳》：“安從進既殺馮贇，斷弘昭首，俱傳於陜州。”亦見《新五代史》卷七《唐本紀》應順元年正月丁卯條。卷九二《盧導傳》：“唐閔帝奔于衛州，宰相馮道、李愚集百官於天宫寺，將出迎潞王。時軍衆離潰，人情奔駭，百官移時未有至者……會京城巡檢安從進報曰：‘潞王至矣，安得百僚無班。’即紛然而去。”亦見《宋本册府》卷五五一《詞臣部·器識門》盧導條。《輯本舊史》卷四七《唐末帝紀中》清泰二年九月己亥條：“以河陽節度使、侍衛馬軍都指揮使安從進爲襄州節度使。”

天福二年，襄州安從進進謝恩加官絹一千匹，金一千兩，銀一千兩，犀三株，牙一株。十一月丁巳，從進進絹一千匹，馬二十匹。[1]

[1]“天福二年”至“馬二十匹”：明本《册府》卷一六九《帝王部·納貢獻門》。又見卷四八五《邦計部·濟軍門》。《輯本舊史》卷七六《晋高祖紀二》天福二年（937）正月庚午條：“襄州節度使安從進……加食邑實封。”

高祖幸鄴，討安重榮。少帝以鄭王留守京師，時和凝請於高祖曰：“陛下北征，臣料安從進必反，何以制之？”[1]高祖曰：“卿意將奈何？”凝曰：“臣聞之兵法，先人者奪人，願陛下爲空名宣敕十通授鄭王，有急則命將往。”從進聞高祖往北，遂反，少帝以空名授李建崇、郭金海討之。[2]從進引兵攻鄧州，不克，進至湖陽，遇建崇等，大駭，以爲神速，復爲野火所燒，遂大敗，從進自焚。[3]《永樂大典》卷二萬四百七十。

[1]少帝：此處指五代後晋出帝石重貴。　和凝：人名。鄆州須昌（今山東東平縣）人。歷仕後梁至後周，五代官員、詞人。傳見本書卷一二七、《新五代史》卷五六。

[2]李建崇：人名。潞州（今山西長治市）人。五代後唐至後周將領。傳見本書卷一二九。　郭金海：人名。突厥人。五代後唐、後晋將領。傳見本書卷九四。

[3]鄧州：州名。治所在今河南鄧州市。　湖陽：縣名。治所在今河南唐河縣。　“高祖幸鄴”至“從進自焚”：《大典》卷二〇四七〇。中華書局本有校勘記：“檢《永樂大典目録》，卷二〇四七〇爲‘尺’字韻‘事韻一’，與本則内容不符，恐有誤記。疑

出自卷二〇四七三‘敕’字韻‘事韻’。”《輯本舊史》卷七九《晋高祖紀五》天福六年（941）六月戊午條：“鎮州節度使安重榮執契丹使拽剌，遣輕騎掠幽州南境之民，處於博野，仍貢表及馳書天下，述契丹援天子父事之禮，貪傲無厭，困耗中國。已繕治甲兵，將與決戰。帝發所諭而止之，重榮跋扈愈甚，由是與襄州節度使安從進潛相構謀爲不軌。”又見《通鑑》卷二八二天福六年八月條。《輯本舊史》卷八〇《晋高祖紀六》天福六年十一月丁丑至十二月癸卯條：“南面軍前奏，十一月二十七日，武德使焦繼勳、先鋒都指揮使郭金海等於唐州南遇安從進賊軍一萬餘人，大破之，生擒衙内都指揮使安宏義，獲山南東道之印，其安從進單騎奔逸……（十二月）癸巳，武德使焦繼勳奏，安從進遣弟從貴領兵千人，取接均州刺史蔡行遇，尋領所部兵掩殺賊軍七百餘人，生擒安從貴，截其雙腕，却放入城……癸卯，削奪安從進、安重榮在身官爵。”卷一二七《和凝傳》：“晋高祖將幸鄴都，時襄州安從進反狀已彰，和凝乃奏曰：‘車駕離闕，安從進或有悖逆，何以待之？’晋高祖曰：‘卿意如何？’凝曰：‘以臣料之，先人有奪人之心，臨事即不及也。欲預出宣敕十數道，密付開封尹鄭王，令有緩急即旋填將校姓名，令領兵擊之。’晋高祖從之。”明本《册府》卷三一四《宰輔部·謀猷門》：“高祖將幸鄴都，時襄州安從進反狀已彰，凝乃奏曰：‘車駕離闕，安從進或有悖逆，何以待之？’帝曰：‘卿意如何？’凝曰：‘以臣料之，先人有度人之心，臨事即不及也。欲預出宣敕十數道，密付開封尹鄭王，令有緩急，即旋填將校姓名，令領兵擊之。’帝從之。及聞唐鄧奏報，鄭王如所敕遣騎將李建崇、監軍焦繼勳等領兵討焉。相遇於湖陽，從進出於不意，甚訝其神速，以至於敗，由凝之謀也。”《輯本舊史》卷八一《晋少帝紀七》天福七年七月庚子條：“帝御正殿，宣制：‘大赦天下，諸道州府諸色罪犯，除十惡五逆、殺人强盗、官典犯贓、合作毒藥、屠牛鑄錢外，其餘罪犯，咸赦除之。襄州安從進如能果決輸誠，並從釋放。其中外臣僚將校，並與加恩。天下有蟲蝗處，並與除放租税。’”同年八月甲子條："襄州行營都部署高行周奏，收復襄州，安從進自焚而死，生擒男弘贊，斬之……癸酉，詔免襄州城内人户今年夏秋來屋税，其城外下營處與放二年租税。應被安從進脅從者，一切不問。"同年九月癸未條："帝御乾明門，觀襄州行營都部署高行周、都監張從恩等獻俘馘，有司宣露布訖，以安從進男弘受等四十四人徇於市，皆斬之。"

王令謙、潘知麟者，皆從進牙將也，常從從進最久，知其必敗，切諫之。[1]從進遣子弘超與令謙遊南山，酒酣，令人推墮崖死。贈令謙忠州刺史，知麟順州刺史。[2]

[1]牙將：官名。古代軍隊中的中低級軍官。

[2]忠州：州名。治所在今重慶市忠縣。　順州：州名。治所在今北京市順義區。　"王令謙、潘知麟者"至"知麟順州刺史"：《新五代史》卷五一《安從進傳》。中華書局本《輯本舊史》於《安從進傳》後有原輯者案語："《薛史·安從進傳》殘闕，所存一條，與《歐陽史》大略相同。"此案語後有校勘記，録《大典》卷六八五〇引《薛史·王令謙、潘知麟傳》，即本段文字，言："按此則係《舊五代史·安從進傳》附傳，清人失輯，姑附於此。"《宋本册府》卷一四〇《帝王部·旌表門四》晉高祖天福七年（942）六月戊午條："勑：故襄州元隨都押衙王令謙贈忠州刺史，押衙潘知麟贈順州刺史。令謙與知麟早事節度使安從進，歷數鎮。從進臨漢上，所爲多不法，令謙、知麟每諫之。及萌逆節，數形讜言。會從進子弘超自宫苑副使省父至郡，郡有山寺，弘超率令謙登賞，酒酣，臨峭壁，使人推落，誣云令謙因醉墮崖而死，皆從進之意也。知麟相次遇害。朝廷聞其事，故有贈典，旌其忠也。時詔旨仍委高行周候收復城池，訪覓兩家骨肉，切加安撫，具以名

聞，當與敘録。潘知麟本貫陝州，兼下本處，如有親的骨肉，亦仰録奏。”《通鑑》卷二八二天福五年三月癸酉條：“山南東道節度使、同平章事安從進恃其險固，陰蓄異謀，擅邀取湖南貢物，招納亡命，增廣甲卒；元隨都押牙王令謙、押牙潘知麟諫，皆殺之。及王建立徙潞州，帝使問之曰：‘朕虚青州以待卿，卿有意則降制。’從進對曰：‘若移青州置漢南，臣即赴鎮。’帝不之責。”

張彦澤

張彦澤，其先出於突厥，後爲太原人也。祖、父世爲陰山府裨將。[1]彦澤少有勇力，目睛黄而夜有光色，顧視若鷙獸焉。[2]以騎射事後唐莊宗、明宗，以從戰有功，繼領郡守。高祖即位，擢爲曹州刺史。[3]從楊光遠圍范延光於鄴，以功授華州節度使，尋移鎮涇州，累官至檢校太保。[4]

[1]陰山府：唐羈縻府名。唐憲宗元和三年（808）置，位於今内蒙古境内。　裨將：官名。即副將的統稱，相對主將而言。亦稱裨將軍。

[2]顧視若鷙獸焉：《宋本册府》卷八八三《總録部・形貌門》作：“視瞻若檻獸焉。”

[3]曹州：州名。治所在今山東曹縣西北。　“張彦澤”至“擢爲曹州刺史”：《新五代史》卷五二《張彦澤傳》：“張彦澤，其先突厥部人也。後徙居陰山，又徙太原。”又：“與晋高祖連姻，高祖時，已爲護聖右厢都指揮使、曹州刺史。”

[4]楊光遠：人名。沙陀部人。五代後唐、後晋將領。傳見本書卷九七、《新五代史》卷五一。　范延光：人名。相州臨漳（今

河北臨漳縣）人。五代後唐、後晋將領。傳見本書卷九七、《新五代史》卷五一。　華州：州名。治所在今陝西渭南市華州區。　涇州：州名。治所在今甘肅涇川縣。此處指代彰義軍。　檢校太保：官名。爲散官或加官，以示恩寵，無實際執掌。　“從楊光遠圍范延光於鄴”至“累官至檢校太保”：《輯本舊史》卷七七《晋高祖紀三》天福三年（938）十月丙戌條：“以護聖左厢都指揮使、曹州刺史張彦澤爲鎮國軍節度使。”卷七八《晋高祖紀四》天福四年三月癸亥條：“以……張彦澤爲彰義軍節度使。”《通鑑》卷二八一天福三年十一月條：“鳳翔節度使李從曮，厚文士而薄武人，愛農民而嚴士卒，由是將士怨之。會發兵戍西邊，既出郊，作亂，突門入城，剽掠於市。從曮發帳下兵擊之，亂兵敗，東走，欲自訴於朝廷，至華州，鎮國節度使張彦澤邀擊，盡誅之。”《新五代史》卷八《晋本紀》天福四年八月己亥條：“西戎寇涇州，彰義軍節度使張彦澤敗之，執其首領野離羅蝦獨。”

有從事張式者，以宗人之分，受其知遇。[1]時彦澤有子爲内職，素不叶父意，數行笞撻，懼其楚毒，逃竄外地，齊州捕送到闕，敕旨釋罪，放歸父所。[2]彦澤上章，請行朝典，式以有傷名教，屢諫止之。彦澤怒，引弓欲射之，式僅而獲免。尋令人逐式出衙。式自爲賓從，彦澤委以庶務，左右群小惡之久矣，因此讒搆，互來迫脅，云：“書記若不便出，斷定必遭屠害。”[3]式乃告病尋醫，攜其妻子將奔衍州。[4]彦澤遣指揮使李興領二十騎追之，戒曰：“張式如不從命，即斬取頭來。”[5]式愬告刺史，遂差人援送到邠州。[6]節度使李周驛騎以聞，朝廷以姑息彦澤之故，有敕流式於商州。[7]彦澤遣行軍司馬鄭元昭詣闕論請，面奏云：“彦澤若不得張式，恐致不測。”[8]高祖不得已而從之。既至，決口割心，斷手足而死之。[9]式父鐸詣闕訴冤，朝廷命王周代之。[10]周至任，奏彦澤在郡惡迹二十六條，逃散五千餘户。[11]彦澤既赴闕，刑法官李濤等上章請理其罪，高祖下制，止令削奪一階一爵而已，時以爲失刑。[12]

[1]從事：泛指一般屬官。　張式：人名。籍貫不詳。五代後晋官員。事見本書卷八〇。

[2]内職：晚唐、五代時期皇帝試圖越過現有機構和機制，依靠自己身邊的謀士和辦事人員，直接處理政務軍機。這批謀士和辦事人員即“内職”，其中較有代表性的群體是諸使和“使臣”。參見趙冬梅《文武之間：北宋武選官研究》，北京大學出版社2010年版，第9頁。　齊州：州名。治所在今山東濟南市。

[3]書記：官名。唐制，唐、五代節度、觀察等使所屬均有掌書記一職，位在副使、判官之下，掌表奏書檄。遼節度使亦置。

[4]衍州：州名。治所在今甘肅寧縣。

[5]李興：人名。籍貫不詳。五代後晋地方將領。事見本書本卷。

[6]邠州：州名。治所在今陝西彬縣。

[7]李周：人名。邢州内丘（今河北内丘縣）人。五代後唐、後晋將領。傳見本書卷九一、《新五代史》卷四七。　商州：州名。治所在今陝西商洛市商州區。

[8]行軍司馬：官名。即司馬。方鎮屬官。掌軍籍符伍、號令印信，是藩鎮重要的軍政官員。　鄭元昭：人名。籍貫不詳。五代後晋地方官員。事見本書本卷。

[9]“有從事張式者”至“斷手足而死之”：亦見明本《册府》卷四四九《將帥部·專殺門》。　遂差人援送到邠州：中華書局本有校勘記：“‘邠州’原作‘汾州’，據《册府》卷四四八、卷四四

九，《新五代史》卷五二《張彦澤傳》，《通鑑》卷二八二改。按時李周爲邠州節度使。”明本《册府》卷四四八《將帥部·殘酷門》：“張彦澤爲涇州節度使。從事張式以彦澤所行事多不軌，數勸止之。彦澤不從，因酒酣，發矢向式，式偶免。因告病，不復請謁。彦澤愈怒，將加害焉。式乃避竄衍州，刺史送至邠州。邠州連帥李周具奏其事。朝廷姑息彦澤，流式商州。彦澤堅飛奏請式，朝廷允之。式既至，決口剖心，斷手足而死之。”《通鑑》卷二八二天福六年（941）二月癸巳條：“彰義節度使張彦澤欲殺其子，掌書記張式素爲彦澤所厚，諫止之。彦澤怒，射之；左右素惡式，從而讒之。式懼，謝病去，彦澤遣兵追之。式至邠州，静難節度使李周以聞，帝以彦澤故，流式商州。彦澤遣行軍司馬鄭元昭詣闕求之，且曰：‘彦澤不得張式，恐致不測。’帝不得已，與之。癸未，式至涇州，彦澤命決口、剖心，斷其四支。”

[10]王周：人名。魏州（今河北大名縣）人。五代後唐、後晋、後漢將領。傳見本書卷一〇六、《新五代史》卷四八。

[11]“式父鐸詣闕訴冤”至“逃散五千餘户”：《輯本舊史》卷八〇《晋高祖紀六》天福七年閏三月癸丑條：“涇州節度使王周奏，前節度使張彦澤在任日不法事二十六條已改正停廢，詔褒之。”明本《册府》卷一六九《帝王部·納貢獻門》晋高祖天福七年三月戊寅條：“涇州節度使張彦澤到闕，進朝見謝恩馬九匹。又進馬五十匹并銀鞍轡、黑漆銀錢子、馬面人鐵甲、弓箭袋、渾銀裝劍共五十副。又進駱駞二十頭。己卯，又進馬五十匹，供御金鍍銀鞍轡一副。庚辰，又進馬五十匹，金鞍轡、全人馬甲弓箭各五十副。彦澤在前任擅討吐蕃部族，爲其所敗，遂括境内馬千餘匹以補其數，至是頻有是獻。”《通鑑》卷二八三天福七年正月壬午條：“張式父鐸詣闕訟冤。壬午，以河陽節度使王周爲彰義節度使，代張彦澤。”同年三月條：“張彦澤在涇州，擅發兵擊諸胡，兵皆敗没，調民馬千餘匹以補之。還至陜，獲亡將楊洪，乘醉斷其手足而斬之。王周奏彦澤在鎮貪殘不法二十六條，民散亡者五千餘户。彦澤既至，帝

以其有軍功，又與楊光遠連姻，釋不問。”

［12］李濤：人名。唐朝宗室。五代後唐至宋初官員。傳見《宋史》卷二六二。　“彦澤既赴闕”至“時以爲失刑”：《輯本舊史》卷八〇《晉高祖紀六》天福七年四月諸條：“己未，右諫議大夫鄭受益兩疏論張彦澤在涇州之日違法虐民，支解掌書記張式、部曲楊洪等，請下所司，明申其罪，皆留中不出。庚申，刑部郎中李濤、張麟，員外郎麻麟、王禧，同詣閤門上疏，論張彦澤罪犯，詞甚懇切。辛酉，詔：‘張彦澤刳剔賓從，誅剥生聚，冤聲穢迹，流聞四方，章表繼來，指陳甚切。尚以曾施微功，特示寬恩，深懷曲法之慚，貴徇議勞之典。其張彦澤宜削一階，仍降爵一級。其張式宜贈官，張式父鐸、弟守貞、男希範並與除官。仍於涇州賜錢十萬，差人津置張式靈柩并骨肉歸鄉，所有先收納却張式家財物畜，並令却還。其涇州新歸業户，量與蠲減税賦。’翌日，以前涇州節度使張彦澤爲左龍武大將軍。戊辰……故涇州節度掌書記張式贈尚書虞部郎中，以式父鐸爲沁州司馬致仕，弟守貞爲貝州清河縣主簿，男希範爲興元府文學。”《通鑑》卷二八三天福七年四月諸條：“己未，右諫議大夫鄭受益上言：‘楊洪所以被屠，由陛下去歲送張式與彦澤，使之逞志，致彦澤敢肆凶殘，無所忌憚。見聞之人，無不切齒，而陛下曾不動心，一無詰讓，淑慝莫辨，賞罰無章。中外皆言陛下受彦澤所獻馬百匹，聽其如是，臣竊爲陛下惜此惡名，乞正彦澤罪法，以湔洗聖德。’疏奏，留中。庚申，刑部郎中李濤等伏閤極論彦澤之罪，語甚切至。辛酉，敕：‘張彦澤削一階，降爵一級。張式父及子弟皆拜官。涇州民復業者，減其徭賦。癸亥，李濤復與兩省及御史臺官伏閤奏彦澤罰太輕，請論如法。帝召濤面諭之。濤端笏前迫殿陛，聲色俱厲。帝怒，連叱之，濤不退。帝曰：‘朕已許彦澤不死。’濤曰：‘陛下許彦澤不死，不可負；不知范延光鐵券安在！’帝拂衣起，入禁中。丙寅，以彦澤爲左龍武大將軍。”

少帝即位，桑維翰復舉之，尋出鎮安陽。[1]既至，折節於士大夫，境内稱理，旋命領軍北屯恒、定。[2]時易州地孤，漕運不繼，制令邢、魏、相、衛飛輓以輸之，百姓荷擔纍纍於路，彦澤每援之以行，見羸困者，使其部衆代而助之。[3]洎至北邊，不令百姓深入，即遣騎士以馬負糧而去，往來既速，且無邀奪之患，聞者嘉之。陽城之戰，彦澤之功出於諸將之右，其後與敵接戰，頻獻捷於闕下，咸謂其感高祖不殺之恩，補昔年之過也。[4]

[1]桑維翰：人名。洛陽（今河南洛陽市）人。五代後唐進士，後晋宰相、樞密使。傳見本書卷八九、《新五代史》卷二九。安陽：原作“安楊”，中華書局本據浙江本、宗文本改，今從。

[2]恒：州名。即鎮州。治所在今河北正定縣。　定：州名。治所在今河北定州市。

[3]易州：州名。治所在今河北易縣。　邢：州名。治所在今河北邢臺市。　魏：州名。治所在今河北大名縣。　相：州名。治所在今河南安陽市。　衛：州名。治所在今河南衛輝市。

[4]“少帝即位”至“補昔年之過也”：《輯本舊史》卷八一《晋少帝紀一》天福七年（942）十二月乙丑條：“以左龍武大將軍張彦澤爲右武衛上將軍。”卷八二《晋少帝紀二》開運元年（944）正月丙申條：“契丹攻黎陽，遣右武衛上將軍張彦澤等率勁騎三千以禦之。”同年四月己未條：“以右武衛上將軍張彦澤爲右神武統軍。”同年五月丁亥條：“以……右神武統軍張彦澤掌步兵。”卷八三《晋少帝紀三》開運元年八月辛丑條：“右神武統軍張彦澤充馬軍排陣使。”同卷開運二年正月己亥條：“遣右神武統軍張彦澤屯黎陽。”同年二月戊寅條：“北面行營副招討使馬全節、行營都監李守

貞、右神武統軍張彦澤等以前軍先發。"同月甲午條："左神武統軍張彦澤充馬軍左右厢都排陣使。"卷八四《晋少帝紀四》開運二年九月乙卯條："詔相州節度使張彦澤率兵屯恒州。"同卷開運三年五月辛亥條："詔皇甫遇爲北面行營都部署，張彦澤爲副，李殷爲都監，領兵赴易、定等州，尋止其行。"同年六月壬午條："詔……相州張彦澤充馬軍都指揮使。"同年九月壬辰條："相州節度使張彦澤加檢校太尉。"同月九月己亥條："張彦澤奏，破蕃賊於定州界，斬首二千餘級，追襲百餘里，生擒蕃將四人，摘得金耳環二副進呈。"明本《册府》卷四三五《將帥部·獻捷門二》繫此事於開運三年八月，疑誤。《通鑑》卷二八四開運元年四月戊寅條："遣神武統軍洛陽潘環及張彦澤等將兵屯澶州，以備契丹。"同卷開運二年正月壬子條："日加辰，趙延壽與契丹惕隱帥衆踰水，環相州而南，詔右神武統軍張彦澤將兵趣相州。"同年三月癸亥條："晋軍至白團衛村，埋鹿角爲行寨。契丹圍之數重，奇兵出寨後斷糧道。是夕，東北風大起，破屋折樹；營中掘井，方及水輒崩，士卒取其泥，帛絞而飲之，人馬俱渴。至曙，風尤甚。契丹主坐大奚車中，令其衆曰：'晋軍止此耳，當盡擒之，然後南取大梁！'命鐵鷂四面下馬，拔鹿角而入，奮短兵以擊晋軍，又順風縱火揚塵以助其勢。軍士皆憤怒，大呼曰：'都招討使何不用兵，令士卒徒死！'諸將請出戰，杜威曰：'俟風稍緩，徐觀可否。'馬步都監李守貞曰：'彼衆我寡，風沙之内，莫測多少，惟力鬬者勝，此風乃助我也；若俟風止，吾屬無類矣。'即呼曰：'諸軍齊擊賊！'又謂威曰：'令公善守禦，守貞以中軍決死矣！'馬軍左厢都排陳使張彦澤召諸將問計，皆曰：'虜得風勢，宜俟風回與戰。'彦澤亦以爲然。諸將退，馬軍右厢副排陳使太原藥元福獨留，謂彦澤曰：'今軍中飢渴已甚，若俟風回，吾屬已爲虜矣。敵謂我不能逆風以戰，宜出其不意急擊之，此兵之詭道也。'馬步左右厢都排陳使符彦卿曰：'與其束首就擒，曷若以身殉國！'乃與彦澤、元福及左厢都排陳使皇甫遇引精騎出西門擊之，諸將繼至。契丹却數百步。彦卿等謂守貞曰：'且曳隊往來乎？

直前奮擊，以勝爲度乎？’守貞曰：‘事勢如此，安可迴鞚！宜長驅取勝耳！’彦卿等躍馬而去，風勢益甚，昏晦如夜，彦卿等擁萬餘騎横擊契丹，呼聲動天地，契丹大敗而走，勢如崩山。李守貞亦令步兵盡拔鹿角出鬭，步騎俱進，逐北二十餘里。鐵鷂既下馬，蒼皇不能復上，皆委棄馬及鎧仗蔽地。”卷二八五開運三年六月乙丑條：“定州言契丹勒兵壓境。詔以彰德節度使張彦澤充馬軍都指揮使，兼都虞候。”同年九月甲午條：“張彦澤奏敗契丹於定州北，又敗之於泰州，斬首二千級。”明本《册府》卷四六《帝王部·智識門》漢高祖條：“（晋天福）十一年八月，朝廷以前遣李守貞、皇甫遇、張彦澤再援粮入易、定，彦澤與契丹騎衆相逢，逐行四十里，獲酋領諧里相公首級。”《宋本册府》卷八九七《總録部·改過門》：“張彦澤初爲涇原節度使，其政苛可，交代王周奏弊事二十六件。後爲相州節度使，頓悛舊迹，凡正俸公府常入之外，一無所取，民吏愛之。少帝開運三年，父老僧道詣闕舉留焉。”《新五代史》卷九《晋本紀》開運三年九月辛丑條：“行營馬軍排陣使張彦澤及契丹戰于新興，敗之。”

開運三年冬，契丹既南牧，杜重威兵次瀛州。[1]彦澤爲契丹所啖，密已變矣，乃通款於戎王，請爲前導，因促騎説重威，引軍沿滹沱西援常山，既而與重威通謀。[2]及王師降於中渡，契丹主遣彦澤統二千騎趨京師，以制少帝，且示公卿兆民以存撫之意。[3]彦澤以是歲十二月十六日夜，自封丘門斬關而入，以兵圍宫城。[4]翌日，遷帝於開封府舍，凡内帑奇貨，悉輦歸私邸，仍縱軍大掠，兩日方止。[5]時桑維翰爲開封尹，彦澤召至麾下，待之不以禮。[6]維翰責曰：“去年拔公於罪人之中，復領大鎮，授以兵權，何負恩一至此耶？”彦澤無以對。

是夜殺維翰，盡取其家財。[7]

[1]開運：五代後晋出帝石重貴年號（944—946）。　瀛州：州名。治所在今河北河間市。

[2]滹沱：河流名。發源於今山西繁峙縣，東流入今河北省，過正定縣，向東流入渤海。　常山：即鎮州，治所在今河北正定縣。　“開運三年冬”至“既而與重威通謀”：《輯本舊史》卷八五《晋少帝紀五》開運三年（946）十二月壬申條：“始聞杜威、李守貞等以此月十日率諸軍降於契丹。”《通鑑》卷二八五開運三年十一月甲寅條：“契丹主大舉入寇，自易、定趣恒州。杜威等至武强，聞之，將自貝、冀而南。彰德節度使張彦澤時在恒州，引兵會之，言契丹可破之狀。威等復趣恒州，以彦澤爲前鋒。甲寅，威等至中度橋，契丹已據橋，彦澤帥騎争之，契丹焚橋而退。晋兵與契丹夾滹沱而軍。始，契丹見晋軍大至，又争橋不勝，恐晋軍急渡滹沱，與恒州合勢擊之，議引兵還。及聞晋軍築壘爲持久之計，遂不去。”同年十二月甲子條：“契丹遥以兵環晋營，内外斷絶，軍中食且盡。杜威與李守貞、宋彦筠謀降契丹。威潛遣腹心詣契丹牙帳，邀求重賞。契丹主紿之曰：‘趙延壽威望素淺，恐不能帝中國。汝果降者，當以汝爲之。’威喜，遂定降計。”同月丙寅條：“伏甲召諸將，出降表示之，使署名。諸將駭愕，莫敢言者，但唯唯聽命。威遣閤門使高勳齎詣契丹，契丹主賜詔慰納之。”同月壬申條：“張彦澤倍道疾驅，夜渡白馬津。壬申，帝始聞杜威等降；是夕，又聞彦澤至滑州，詔李崧、馮玉、李彦韜入禁中計事，欲詔劉知遠發兵入援。”《新五代史》卷五二《張彦澤傳》：“十二月丙寅，重威、守貞叛降契丹，彦澤亦降。”

[3]中渡：地名。滹沱河渡口。位於今河北正定縣。

[4]封丘門：五代後晋都城開封城北墻西門。位於今河南開封市。　以兵圍宫城：中華書局本有校勘記：“‘圍’原作‘圜’，據

邵本改。”

［5］“及王師降於中渡”至“兩日方止”：《舊五代史考異》：“案《東都事略·李處耘傳》云：居京師，遇張彥澤之暴，處耘善射，獨當里門，殺數十人，里中賴之。”見《東都事略》卷二〇。亦見《宋史》卷二五七《李處耘傳》。《宋本册府》卷三七四《將帥部·忠門五》皇甫遇條：“時耶律氏欲遣（皇甫）遇先入汴，辭之，推張彥澤督其行。”《輯本舊史》卷八五開運三年十二月壬申條：“是夜，相州節度使張彥澤受契丹命，率先鋒二千人，自封丘門斬關而入。”同月癸酉條：“旦，張彥澤頓兵於明德門外，京城大擾……時自中渡寨隔絶之後，帝與大臣端坐憂危，國之衛兵，悉在北面，計無所出。十六日，聞滹水之降，是夜，偵知張彥澤已至滑州，召李崧、馮玉、李彥韜入内計事，方議詔河東劉知遠起兵赴難，至五鼓初，張彥澤引蕃騎入京。宫中相次火起，帝自攜劍驅擁后妃已下十數人，將同赴火，爲親校薛超所持。俄自寬仁門遞入契丹主與皇太后書，帝乃止，旋令撲滅煙火。大内都點檢康福全在寬仁門宿衛，登樓覘賊，彥澤呼而下之。”同月甲戌條：“張彥澤遷帝與太后及諸宫屬於開封府，遣控鶴指揮使李榮將兵監守……帝以契丹主將至，欲與太后出迎，彥澤先表之，稟契丹主之旨報云：‘比欲許爾朝覲上國，臣僚奏言，豈有兩個天子道路相見！今賜所佩刀子，以慰爾心。’”《通鑑》卷二八五開運三年十二月甲戌條：“張彥澤遷帝於開封府……帝悉以内庫金珠自隨。彥澤使人諷之曰：‘契丹主至，此物不可匿也。’帝悉歸之，亦分以遺彥澤，彥澤擇取其奇貨，而封其餘以待契丹。彥澤遣控鶴指揮使李筠以兵守帝，内外不通……帝與太后所上契丹主表章，皆先示彥澤，然後敢發。”

［6］開封尹：即開封府尹。五代重要官職名。位在尚書下、侍郎上，一般是從一品或二品官銜。

［7］“時桑維翰爲開封尹”至“盡取其家財”：《輯本舊史》卷八九《桑維翰傳》：“時少帝已受戎王撫慰之命，乃謀自全之計，因思維翰在相時，累貢謀畫，請與契丹和，慮戎王到京窮究其事，則

顯彰己過，故欲殺維翰以滅其口，因令圖之。張彦澤既受少帝密旨，復利維翰家財，乃稱少帝命召維翰。”《通鑑》卷二八五開運三年十二月癸酉條：“彦澤以帝命召維翰……彦澤倨坐見維翰，維翰責之曰：‘去年拔公於罪人之中，復領大鎮，授以兵權，何乃負恩至此！’彦澤無以應，遣兵守之。宣徽使孟承誨，素以佞巧有寵於帝，至是，帝召承誨，欲與之謀，承誨伏匿不至。張彦澤捕而殺之。”同月甲戌條：“是夕，彦澤殺桑維翰。以帶加頸，白契丹主，云其自經。”《新五代史》卷二九《桑維翰傳》：“維翰狀貌既異，素以威嚴自持，晋之老將大臣，見者無不屈服，彦澤以驍捍自矜，每往候之，雖冬月未嘗不流汗。初，彦澤入京師，左右勸維翰避禍，維翰曰：‘吾爲大臣，國家至此，安所逃死邪！’安坐府中不動。彦澤以兵入，問：‘維翰何在？’維翰厲聲曰：‘吾，晋大臣，自當死國，安得無禮邪！’彦澤股栗不敢仰視，退而謂人曰：‘吾不知桑維翰何如人，今日見之，猶使人恐懼如此，其可再見乎？’乃以帝命召維翰。”

彦澤自謂有功於契丹，晝夜以酒樂自娱。當在京巡檢之時，出入騎從常數百人，旗幟之上題曰“赤心爲主”，觀者無不竊笑。又所居第，財貨山積。[1]楚國夫人丁氏，即少帝子曹州節度使延煦之母也，有容色，彦澤使人取之，太后遲迴未與，彦澤立遣人載之而去，其負國欺君也如是。[2]數日之内，恣行殺害，或軍士擒獲罪人至前，彦澤不問所犯，但瞋目出一手豎三指而已，軍士承其意，即出外斷其腰領焉。[3]

［1］“彦澤自謂有功於契丹”至“財貨山積”：《通鑑》卷二八五開運三年（946）十二月癸酉條：“彦澤縱兵大掠，貧民乘之，亦

争入富室，殺人取其貨，二日方止，都城爲之一空。彦澤所居山積，自謂有功於契丹，晝夜以酒樂自娱，出入騎從常數百人，其旗幟皆題‘赤心爲主’，見者笑之。”

[2]即少帝子曹州節度使延煦之母也：中華書局本有校勘記：“‘子’原作‘弟’，據邵本校、《新五代史》卷五二《張彦澤傳》改。按《新五代史》卷一七《晋家人傳》記延煦爲少帝子。《契丹國志》卷三：‘晋皇子延煦母楚國夫人丁氏有美色，彦澤使人劫取之。’”《通鑑》卷二八五開運三年十二月甲戌條：“楚國夫人丁氏，延煦之母也，有美色。彦澤使人取之，太后遲回未與。彦澤詬詈，立載之去。”

[3]“或軍士擒獲罪人至前”至“即出外斷其腰領焉”：《通鑑》卷二八五開運三年十二月癸酉條：“軍士擒罪人至前，彦澤不問所犯，但瞋目豎三指，即驅出斷其腰領。”明本《册府》卷四四八《將帥部·殘酷門》：“後爲相州節度使，領軍北屯鎮定。後送款於虜。虜主遣彦澤先至京師。數日之内，恣行殺害。或軍士擒獲罪人至前，彦澤不問所犯，但瞑目，出一手豎三指而已。軍士承其意，即出外斷其頭腰領焉。”

彦澤與僞閤門使高勳不協，因乘醉至其門，害其仲父、季弟，暴屍於門外。[1]及契丹帳泊於北郊，勳訴冤於戎王，時戎王已怒彦澤剽掠京城，遂令鎖之。仍以彦澤罪惡宣示百官及京城士庶，且云：“彦澤之罪，合誅與否？”百官連狀具言罪在不赦，市肆百姓亦争投狀，疏彦澤之罪，戎王知其衆怒，遂令棄市，仍令高勳監決，斷腕出鎖，然後刑之。勳使人剖其心以祭死者，市人争其肉而食之。[2]《永樂大典》卷六千三百五十。[3]

［1］閤門使：官名。唐代中期始置，掌供朝會、贊引百官。初以宦官充任，五代改用武階。　高勳：人名。籍貫不詳。五代後晋官員。事見本書本卷。　“彦澤與僞閤門使高勳不協”至“暴屍於門外”：亦見明本《册府》卷四四八《將帥部·殘酷門》。《通鑑》卷二八五開運三年（946）十二月癸酉條：“彦澤素與閤門使高勳不協，乘醉至其家，殺其叔父及弟，尸諸門首。”又：“中書舍人李濤謂人曰：‘吾與其逃於溝瀆而不免，不若往見之。’乃投刺謁彦澤曰：‘上疏請殺太尉人李濤，謹來請死。’彦澤欣然接之，謂濤曰：“舍人今日懼乎？”濤曰：“濤今日之懼，亦猶足下昔年之懼也。曏使高祖用濤言，事安至此！”彦澤大笑，命酒飲之。濤引滿而去，旁若無人。”《輯本舊史》於傳後引《五代史補》：“李濤常忿張彦澤殺邠州幕吏張式而取其妻，濤率同列上疏，請誅彦澤以謝西土，高祖方姑息武夫，竟不從。未幾，契丹南侵，至中渡橋，彦澤首降。戎主喜，命以本軍統蕃部控弦之士，先入京師。彦澤自以功不世出，乃挾宿憾殺開封尹桑維翰。濤聞之，謂親知曰：‘吾曾上疏請誅彦澤，今國家失守，彦澤所爲如此，吾之首領庸可保乎！然無可奈何，誰能伏藏溝瀆而取辱耶！’於是自寫門狀，求見彦澤。其狀云：‘上疏請殺太尉人李濤，謹隨狀納命。’彦澤覽之，欣然降階迎之。然濤猶未安，復曰：‘太尉果然相恕乎？’彦澤曰：‘覽公門狀，見“納命”二字，使人怒氣頓息，又何憂哉！’濤素滑稽，知其必免，又戲爲伶人詞曰：‘太尉既相恕，何不將壓驚絹來。’彦澤大笑，卒善待之。”見《五代史補》卷三。

［2］“及契丹帳泊於北郊”至“市人争其肉而食之”：《通鑑》卷二八六天福十二年正月己丑條：“高勳訴張彦澤殺其家人於契丹主，契丹主亦怒彦澤剽掠京城，并傅住兒鎖之。以彦澤之罪宣示百官，問：‘應死否？’皆言：‘應死。’百姓亦投牒争疏彦澤罪。己丑，斬彦澤、住兒於北市，仍命高勳監刑。彦澤前所殺士大夫子孫，皆絰杖號哭，隨而詬詈，以杖扑之。勳命斷腕出鎖，剖其心以祭死者。市人争破其腦取髓，臠其肉而食之。”《宋本册府》卷八

九六《總録部·復讎門》："漢高勳仕晋爲閤門使。初，勳與張彦澤不協，彦澤害其家屬。及虜入汴，勳訴耶律氏，尋誅彦澤，雪其家耻。"

［3］《大典》卷六三五〇"張"字韻"姓氏（二〇）"事目。

趙德鈞　子延壽

趙德鈞，本名行實，幽州人也。少以騎射事滄州連帥劉守文，守文爲弟守光所害，遂事守光，署爲幽州軍校。[1]及唐莊宗伐幽州，德鈞知其必敗，乃遁歸莊宗。[2]莊宗善待之，賜姓，名曰紹斌，累歷郡守，從平梁，遷滄州節度使。[3]同光三年，移鎮幽州。[4]明宗即位，遂歸本姓，始改名德鈞。[5]其子延壽尚明宗女興平公主，故德鈞尤承倚重。[6]

［1］滄州：州名。治所在今河北滄縣舊州鎮。　劉守文：人名。深州（今河北深州市）人。唐末盧龍節度使劉仁恭長子。唐末軍閥。五代後梁開平三年（909），被其弟劉守光殺死。事見本書本卷、卷二、卷四及《新五代史》卷五六、卷七二。　守光：人名。即劉守光。深州樂壽（今河北獻縣）人。幽州節度使劉仁恭之子。唐末、五代軍閥。後自稱大燕皇帝，年號應天。被後唐莊宗擊敗，俘後被斬。傳見本書卷一三五、《新五代史》卷三九。

［2］"及唐莊宗伐幽州"至"乃遁歸莊宗"：《輯本舊史》卷二八《唐莊宗紀二》天祐九年（913）十月丁卯條："燕將趙行實來奔。"

［3］"莊宗善待之"至"遷滄州節度使"：《輯本舊史》卷二九《唐莊宗紀三》同光元年（923）八月壬申條："帝遣李紹斌以甲士

五千援澤州。初，李繼韜之叛也，潞之舊將裴約以兵戍澤州，不狥繼韜之逆。既而梁遣董璋率衆攻其城，約拒守久之，告急於帝，故遣紹斌救之。”卷三一《唐莊宗紀五》同光二年三月乙巳條：“以北京衙内馬步軍都指揮使、右領軍衛大將軍李紹斌爲滄州節度使。”《宋本册府》卷三七四《將帥部·忠門五》裴約條：“李嗣昭卒，子繼韜據昭義叛。同光元年，莊宗遣李紹斌以甲士五千援澤州。”又：“紹斌自遼州進軍，未至城陷，約被害。”此事《輯本舊史》卷五二《裴約傳》繫於同光元年八月。《通鑑》卷二七三同光二年三月乙巳條：“鎮州言契丹將犯塞，詔橫海節度使李紹斌、北京左厢馬軍指揮使李從珂帥騎兵分道備之。”同年五月甲寅條：“幽州言契丹將入寇，甲寅，以橫海節度使李紹斌充東北面行營招討使，將大軍渡河而北。”

［4］同光三年，移鎮幽州：《輯本舊史》卷三二《唐莊宗紀六》同光三年二月甲戌條：“以滄州節度使李紹斌爲幽州節度使，依前檢校太保。”同月丙子條：“時帝命李紹斌鎮幽州，以其時望未重，欲以李嗣源爲鎮帥，且爲紹斌聲援。”

［5］“明宗即位”至“始改名德鈞”：《輯本舊史》卷三六《唐明宗紀二》天成元年（926）五月甲申條：“幽州節度使、檢校太保李紹斌加檢校太傅、同平章事，復姓名爲趙德鈞。”《通鑑》卷二七五天成元年九月癸酉條：“盧龍節度使李紹斌請復姓趙，從之，仍賜名德鈞。”

［6］“其子延壽”至“尤承倚重”：《通鑑》卷二七五天成元年九月癸酉條：“德鈞養子延壽尚帝女興平公主，故德鈞尤蒙寵任。延壽本蓨令劉邧之子也。”《輯本舊史》卷三八《唐明宗紀四》天成二年九月辛亥條：“幽州節度使趙德鈞加檢校太尉。”《宋本册府》卷八四三《總録部·知人門二》：“趙德鈞，明宗鄉人也。高行周事明宗，常與清泰主分率牙兵。明宗所征，無不拱從。德鈞謂明宗曰：‘行周心好謹厚，必享貴位。’”

天成中，定州王都反，契丹遣惕隱領精騎五千來援都，至唐河，爲招討使王晏球所敗。[1]會霖雨相繼，所在泥淖，敗兵北走，人馬饑疲，德鈞於要路邀之，盡獲餘衆，擒惕隱已下首領數十人，獻於京師。[2]明年，王都平，加兼侍中，頃之，加東北面招討使。[3]

[1]王都：人名。原名劉雲郎。中山陘邑（今河北定州市）人。妖人李應之養子，又被送與王處直爲養子，遂改姓名爲王都。後爲義武軍節度使。傳見本書卷五四、《新五代史》卷三九。　天成中，定州王都反：《通鑑》卷二七六天成三年（928）四月癸巳條："初，義武節度使兼中書令王都鎮易定十餘年，自除刺史以下官，租賦皆贍本軍。及安重誨用事，稍以法制裁之；帝亦以都篡父位，惡之。時契丹數犯塞，朝廷多屯兵於幽、易間，大將往來，都陰爲之備，浸成猜阻。都恐朝廷移之他鎮，腹心和昭訓勸都爲自全之計，都乃求婚於盧龍節度使趙德鈞。又知成德節度使王建立與安重誨有隙，遣使結爲兄弟，陰與之謀復河北故事，建立陽許而密奏之。都又以蠟書遺青、徐、潞、益、梓五帥，離間之。又遣人説北面副招討使歸德節度使王晏球，晏球不從；乃以金遺晏球帳下，使圖之，不克；癸巳，晏球以都反狀聞，詔宣徽使張延朗與北面諸將議討之。"　惕隱：官名。出自契丹語。遼朝惕隱主要分爲兩類：中央惕隱掌管皇族教化和皇族户籍；地方惕隱，即遼朝在各部族及屬國屬部設置的惕隱，各部族的惕隱配合部族節度使管理部族事務，屬國屬部惕隱一般爲該部酋長。參見鞠賀《遼朝惕隱研究》，《西北民族大學學報》2019年第1期。　唐河：水名。源自今河北唐縣北，南流經唐縣東，至今定州市北入滱水。　招討使：官名。唐始置。戰時任命，兵罷則省。常以大臣、將帥或地方軍政長官兼任。掌招撫討伐等事務。　王晏球：人名。洛陽（今河南洛陽市）人。五代將領。傳見本書卷六四、《新五代史》卷四六。

［2］“契丹遣惕隱領精騎五千來援都”至“獻於京師”：《通鑑》卷二七六天成三年五月丁卯條：“盧龍節度使趙德鈞邀擊契丹，北走者殆無孑遺。”《輯本舊史》卷三九《唐明宗紀五》天成三年六月己丑條：“幽州趙德鈞奏，殺契丹千餘人於幽州東，獲馬六百匹。”同年八月壬午條：“幽州趙德鈞奏，於府西邀殺契丹敗黨數千人，生擒首領惕隱等五十餘人。”同年閏八月戊申條：“趙德鈞獻戎俘於闕下，其蕃將惕隱等五十人留於親衛，餘契丹六百人皆斬之。”《通鑑》卷二七六天成三年八月壬戌條：“契丹北走，道路泥濘，人馬飢疲，入幽州境。八月，壬戌，趙德鈞遣牙將武從諫將精騎邀擊之，分兵扼險要，生擒惕隱等數百人；餘衆散投村落，村民以白梃擊之，其得脱歸國者不過數十人。自是契丹沮氣，不敢輕犯塞。”《新五代史》卷六《唐本紀》天成三年八月條：“盧龍軍節度使趙德鈞執契丹首領惕隱赫邈。”

［3］侍中：官名。秦始置。隋、唐前期爲門下省長官。唐後期多爲大臣加銜，不參與政務，實際職務由門下侍郎執行。正二品。

“明年”至“加東北面招討使”：《輯本舊史》卷四〇《唐明宗紀六》天成四年正月壬申條：“幽州節度使趙德鈞奏：‘臣孫贇，年五歲，默念《何論》《孝經》，舉童子，於汴州取解就試。’詔曰：‘都尉之子，太尉之孫，能念儒書，備彰家訓，不勞就試，特與成名。宜賜别敕及第，附今年春牓。’”同年二月辛亥條：“幽州節度使趙德鈞加兼侍中。”同年四月壬戌條：“幽州節度使趙德鈞兼北面行營招討使。”

德鈞奏發河北數鎮丁夫，開王馬口至游口，以通水運，凡二百里。[1]又於閻溝築壘，以戍兵守之，因名良鄉縣，以備鈔寇。[2]又於幽州東築三河鎮，北接薊州，頗爲形勝之要，部民由是稍得樵牧。[3]德鈞鎮幽州凡十餘年，甚有善政，累官至檢校太師、兼中書令，封北平王。[4]清泰三年夏，晋高祖起義於晋陽。九月，契丹敗張敬達之軍於太原城下，唐末帝詔德鈞以本軍由飛狐路出賊後邀之。[5]時德鈞子延壽爲樞密使，唐末帝命帥軍屯上黨，德鈞乃以所部銀鞍契丹直三千騎至鎮州，率節度使董温琪同赴征行，自吴兒峪路趨昭義，與延壽會於西唐店。[6]十一月，以德鈞爲諸道行營都統，以延壽爲太原南面招討使，遣端明殿學士吕琦齎賜官告，兼令犒軍。[7]琦從容言天子委任之意，德鈞曰："既以兵相委，焉敢惜死。"時范延光領兵二萬軍於遼州，德鈞欲併其軍，奏請與延光會合。[8]唐末帝諭延光，疑其奸謀，不從。德鈞、延壽自潞州引軍至團柏谷，德鈞累奏乞授延壽鎮州節度，末帝不悦，謂左右曰："趙德鈞父子堅要鎮州，苟能逐退蕃戎，要代予位，亦所甘心；若翫寇要君，但恐犬兔俱斃。"[9]朝廷繼馳書詔，促令進軍，德鈞持疑不果，乃遣使於契丹，厚齎金幣，求立己爲帝，仍許晋祖長鎮太原，契丹主不之許。[10]

［1］王馬口：地名。位於今河北地區。　游口：河道的泄洪口。

［2］閻溝：地名。位於今北京市房山區。　良鄉縣：縣名。治所在今北京市房山區東南。

［3］三河鎮：地名。位於今河北三河市。　薊州：州名。治所在今天津市薊州區。　"德鈞奏發河北數鎮丁夫"至"部民由是稍得樵牧"：《輯本舊史》卷四三《唐明宗紀九》長興三年（932）四月戊午條："契丹累遣使求歸則剌、惕隱等，幽州趙德鈞奏請不俞允。"同月辛未條："以幽州節度使趙德鈞兼中書令。"同年六月壬子條："幽州趙德鈞奏：'新開東南河，自王馬口至淤口，長一百

六十五里，闊六十五步，深一丈二尺，以通漕運，舟勝千石，畫圖以獻。’”此條“淤口”本傳作“游口”。《通鑑》卷二七八長興三年九月庚辰條：“初，契丹既强，寇抄盧龍諸州皆徧，幽州城門之外，虜騎充斥。每自涿州運糧入幽州，虜多伏兵於閻溝，掠取之。及趙德鈞爲節度使，城閻溝而戍之，爲良鄉縣，糧道稍通。幽州東十里之外，人不敢樵牧；德鈞於州東五十里城潞縣而戍之，近州之民始得稼穡。至是，又於州東北百餘里城三河縣以通薊州運路，虜騎來争，德鈞擊却之。九月，庚辰朔，奏城三河畢。邊人賴之。”明本《册府》卷四一〇《將帥部·壁壘門》趙德鈞條：“同光末，於閻溝築城，以戍兵守之，因名良鄉縣。自是稍息虜寇。自幽州東十里外，州人不敢樵牧。後德鈞又於州東五十里故潞縣，擇潞河築城，以兵守之，而近州民方敢耕稼。自擒破惕隱秃餒之後，德鈞又於其東築三河城，以遏虜寇。三河接薊州，有漕運之利。初，聚工興築，虜騎遮我糧舡，云：‘此我疆界，安得設板築？’德鈞以禮責之，出師將擊，虜乃退去。故城守堅完，到今爲形勝之要。”

[4]德鈞鎮幽州凡十餘年：《舊五代史考異》：“《遼史》：天贊六年，遣人以詔賜盧龍軍節度使趙德鈞。七年，趙德鈞遣人進時果。蓋德鈞久在邊境，嘗與契丹通好也。”此《考異》所言“天贊”，當爲“天顯”。見《遼史》卷三《太宗上》天顯六年（930）十二月丙辰條及天顯七年七月壬寅條。　“德鈞鎮幽州凡十餘年”至“封北平王”：《輯本舊史》卷四五《唐閔帝紀》應順元年（934）正月戊子條：“幽州節度使、檢校太尉、兼中書令趙德鈞加檢校太師、兼中書令。”卷四六《唐末帝紀上》清泰元年（934）六月壬申條：“幽州節度使趙德鈞進封北平王。”卷四七《唐末帝紀中》清泰二年六月庚辰條：“北面招討使趙德鈞奏，行營馬步軍都虞候、定州節度使楊光遠，行營排陣使、邢州節度使安審琦帥本軍至易州，見進軍追襲契丹次。”

[5]飛狐：古道名。北起今山西大同市，南抵今河北定州市。

[6]上黨：即潞州。治所在今山西長治市。　鎮州：州名。治

所在今河北正定縣。　董温琪：人名。一作“董温其”。籍貫不詳。五代後唐、後晋將領。事見本書卷四七、卷四八。中華書局本有校勘記：“‘董温琪’原作‘華温琪’，據殿本改。按本書卷四八《唐末帝紀下》：‘（清泰三年十月）幽州趙德鈞以本軍二千騎與鎮州董温琪由吴兒谷趨潞州。’《通鑑》卷二八〇：‘德鈞至鎮州，以董温琪領招討副使，邀與偕行。’胡注：‘董温琪時鎮鎮州。’”　吴兒峪：地名。位於今山西黎城縣。　昭義：方鎮名。又稱澤潞。唐至德元載（756）置澤潞沁節度使，治所在潞州（今山西長治市）。廣德元年（763）又置相、衛六州節度使，治所在相州（今河南安陽市）。　西唐店：地名。位於今山西沁縣西北四十里西湯鄉。

［7］行營都統：官名。唐末設諸道行營都統，作爲各道出征兵士的統帥。　端明殿學士：官名。五代後唐明宗始置，以翰林學士充任，負責誦讀四方書奏。　吕琦：人名。幽州安次（今河北廊坊市安次區）人。五代官員。以剛直、才幹著稱。未及重用而去世。傳見本書卷九二、《新五代史》卷五六。

［8］遼州：州名。治所在今山西左權縣。

［9］潞州：州名。治所在今山西長治市。　團柏谷：地名。位於今山西祁縣，是太原與上黨地區間交通要道。

［10］“清泰三年夏”至“契丹主不之許”：“求立己爲帝”，中華書局本有校勘記：“‘己’原作‘以’，據本書卷一三七《契丹傳》、《通曆》卷一五、《通鑑》卷二八〇、《新五代史》卷七二《四夷附録》改。”《輯本舊史》卷四八《唐末帝紀下》清泰三年九月甲辰條：“詔幽州趙德鈞由飛狐路出敵軍後。”同年十一月庚子條：“趙德鈞奏，大軍至團柏谷，前鋒殺蕃軍五百騎。”同月壬寅條：“趙德鈞奏，軍出谷口，蕃軍漸退，契丹主見駐柳林砦。”《通鑑》卷二八〇天福元年（936）十月癸酉條：“初，趙德鈞陰蓄異志，欲因亂取中原，自請救晋安寨；唐主命自飛狐踵契丹後，鈔其部落，德鈞請將銀鞍契丹直三千騎，由土門路西入，帝許之。趙州刺史、北面行營都指揮使劉在明先將兵戍易州，德鈞過易州，命在

明以其衆自隨。在明，幽州人也。德鈞至鎮州，以董温琪領招討副使，邀與偕行，又表稱兵少，須合澤潞兵；乃自吴兒谷趣潞州，癸酉，至亂柳。時范延光受詔將部兵二萬屯遼州，德鈞又請與魏博軍合；延光知德鈞合諸軍，志趣難測，表稱魏博兵已入賊境，無容南行數百里與德鈞合，乃止。”同年十一月戊子條：“以趙德鈞爲諸道行營都統，依前東北面行營招討使。”同月辛卯條：“趙延壽遇趙德鈞於西湯，悉以兵屬德鈞。唐主遣吕琦賜德鈞敕告，且犒軍。德鈞志在併范延光軍，逗留不進，詔書屢趣之，德鈞乃引兵北屯團柏谷口。”同月己亥條：“契丹主雖軍柳林，其輜重老弱皆在虎北口，每日暝輒結束，以備倉猝遁逃，而趙德鈞欲倚契丹取中國，至團柏踰月，按兵不戰，去晋安纔百里，聲問不能相通。德鈞累表爲延壽求成德節度使，曰：‘臣今遠征，幽州勢孤，欲使延壽在鎮州，左右便於應接。’唐主曰：‘延壽方擊賊，何暇往鎮州！俟賊平，當如所請。’德鈞求之不已，唐主怒曰：‘趙氏父子堅欲得鎮州，何意也？苟能却胡寇，雖欲代吾位，吾亦甘心，若玩寇邀君，但恐犬兔俱斃耳。’德鈞聞之，不悦。”同年閏十一月條：“趙延壽獻契丹主所賜詔及甲馬弓劍，詐云德鈞遣使致書於契丹主，爲唐結好，説令引兵歸國；其實别爲密書，厚以金帛賂契丹主，云：‘若立己爲帝，請即以見兵南平洛陽，與契丹爲兄弟之國；仍許石氏常鎮河東。’契丹主自以深入敵境，晋安未下，德鈞兵尚强，范延光在其東，又恐山北諸州邀其歸路，欲許德鈞之請。帝（即晋高祖）聞之，大懼，亟使桑維翰見契丹主，説之曰：‘大國舉義兵以救孤危，一戰而唐兵瓦解，退守一栅，食盡力窮。趙北平父子不忠不信，畏大國之强，且素蓄異志，按兵觀變，非以死徇國之人，何足可畏，而信其誕妄之辭，貪豪末之利，棄垂成之功乎！且使晋得天下，將竭中國之財以奉大國，豈此小利之比乎！’契丹主曰：‘爾見捕鼠者乎，不備之，猶或齧傷其手，況大敵乎！’對曰：‘今大國已扼其喉，安能齧人乎！’契丹主曰：‘吾非有渝前約也，但兵家權謀不得不爾。’對曰：‘皇帝以信義救人之急，四海之人俱屬耳目，奈何二三其命，使大義不終！臣竊爲皇帝不取也。’跪於帳前，自旦之暮，涕泣争之。契丹主乃從之，指帳前石謂德鈞使者曰：‘我已許石郎，此石爛，可改矣。’”明本《册府》卷四四六《將帥部·觀望門》：“趙德鈞爲幽州節度。清泰末，太原兵亂，乃以德鈞爲諸道行營都統，其子延壽爲河東道南面行營招討使，以劉延朗副之。又以范延光爲河東道南面行營招討使，以李周副之。帝以吕琦嘗佐幽州幕，乃命賫都統官誥以賜德鈞，兼犒軍士。琦至，從容宣帝委任之意。德鈞曰：‘既以兵相委，焉敢惜死！’德鈞志在併范延光軍，奏請與延光會合。帝以詔諭，延光不從。大軍既至團柏谷，前鋒殺蕃軍五百騎。范延光軍又至榆次，蕃軍退入河東川界。時德鈞累奏，乞與延壽鎮州節度。帝怒曰：‘德鈞父子堅要鎮州，苟能逐退蕃戎，要代子位亦甘心矣。若翫寇要君，但恐犬兔俱斃。’德鈞聞之不悦。”

及楊光遠以晉安寨降於契丹，德鈞父子自團柏谷南走潞州，一行兵士，投戈棄甲，自相騰踐，死者萬計。[1]時德鈞有愛將時賽，率輕騎東還漁陽，其部曲尚千餘人，與散亡之卒俱集於潞州。[2]是日，潞州節度使高行周亦自北還，及至府門，見德鈞父子在城闉上，行周謂曰：“某與大王鄉人，宜以忠言相告，城中無斗粟可食，請大王速迎車駕，自圖安計，無取後悔焉。”德鈞遂與延壽出降契丹。高祖至，德鈞父子迎謁於馬前，高祖不禮之。時契丹主問德鈞曰：“汝在幽州日，所置銀鞍契丹直何在？”德鈞指示之，契丹盡殺於潞之西郊，遂鎖德鈞父子入蕃，[3]及見國母述律氏，盡以一行財寶及幽州田宅籍而獻之，國母謂之曰：“汝父子自覓天子何耶？”德鈞俛首不能對。[4]又問：“田宅何在？”曰：“俱在幽州。”國母曰：“屬我矣，又何獻也？”至天福二年夏，德鈞卒於契丹。《永樂大典》卷一萬八千一百三十。[5]

[1]晋安寨：地名。位於今山西太原市。

[2]時賽：人名。籍貫不詳。五代將領。事見本書本卷。　漁陽：縣名。治所在今天津市薊州區。

[3]“及楊光遠以晋安寨降於契丹”至“遂鎖德鈞父子入蕃”：《輯本舊史》卷四八《唐末帝紀下》清泰三年（936）閏十一月丁卯條：“戎王與晋高祖南行，趙德鈞父子與諸將自團柏谷南奔，王師爲蕃騎所蹙，投戈棄甲，自相騰踐，擠於巖谷者不可勝紀。”《通鑑》卷二八〇天福元年（936）閏十一月甲戌條：“趙德鈞、趙延壽南奔潞州，唐敗兵稍稍從之，其將時賽帥盧龍輕騎東還漁陽。帝先遣昭義節度使高行周還具食，至城下，見德鈞父子在城上，行周曰：‘僕與大王鄉曲，敢不忠告！城中無斗粟可守，不若速迎車駕。’甲戌，帝與契丹主至潞州，德鈞父子迎謁於高河，契丹主慰諭之，父子拜帝於馬首，進曰：‘别後安否？’帝不顧，亦不與之言。契丹主問德鈞曰：‘汝在幽州所置銀鞍契丹直何在？’德鈞指示之，契丹主命盡殺之於西郊，凡三千人。遂瑣德鈞、延壽，送歸其國。”

[4]及見國母述律氏：中華書局本有校勘記：“‘國母’，孔本校作‘虜國母’。本卷下文‘國母曰’同。”《舊五代史考異》：“《通鑑》云：太后問曰：‘汝近者何爲往太原？’德鈞曰：‘奉唐主之命。’太后曰：‘汝從吾兒求爲天子，何妄語耶！’又自指其心曰：‘此不可欺也。’又曰：‘吾兒將行，吾戒之云：趙大王若引兵北向渝關，亟須引歸，太原不可救也。汝欲爲天子，何不先擊退吾兒，徐圖亦未晚。汝爲人臣，既負其主，不能擊敵，又欲乘亂邀利，所爲如此，何面目復求生乎？’德鈞俛首不能對。”見《通鑑》卷二八〇天福元年閏十一月甲戌條。

[5]《大典》卷一八一三〇“將”字韻“後晋將（一）”事

目。《舊五代史考異》:"《契丹國志》云:德鈞鬱鬱不多食,踰年而死。德鈞既卒,國主釋延壽而用之。"見《契丹國志》卷二,亦見《通鑑》卷二八〇天福元年閏十一月甲戌條。

延壽,本姓劉氏。父曰邧,常山人也,常任蓨令。[1]梁開平初,滄州節度使劉守文陷其邑,時德鈞爲偏將,獲延壽并其母种氏,遂養之爲子。[2]延壽姿貌妍柔,稍涉書史,尤好賓客,亦能爲詩。[3]及長,尚明宗女興平公主。初爲汴州司馬,明宗即位,授汝州刺史,歷河陽、宋州節度使,入爲上將軍,充宣徽使,遷樞密使,兼鎮徐州。[4]及高祖起義於晉陽,唐末帝幸懷州,委延壽北伐。[5]後高祖至潞州,延壽與父德鈞俱陷北庭。未幾,契丹主以延壽爲幽州節度使,封燕王,尋爲樞密使兼政事令。[6]

[1]蓨:縣名。治所在今河北景縣。　父曰邧,常山人也,常任蓨令:中華書局本有校勘記:"'邧',《新五代史》卷七二《四夷附録》同,殿本、《通鑑》卷二七五、《遼史》卷七六《趙延壽傳》作'邧',《通曆》卷一五作'邠'。"見《通鑑》卷二七五天成元年(926)九月癸酉條。常任蓨令,"常"《通曆》作"嘗"。

[2]開平:五代後梁太祖朱温年號(907—911)。　偏將:即副將,泛指將佐等武官。

[3]"延壽姿貌妍柔"至"亦能爲詩":《舊五代史考異》:"《太平廣記》引《趙延壽傳》云:延壽幼習武略,即戎之暇,時復以篇什爲意,嘗在北庭賦詩曰:'占得高原肥草地,夜深生火折林梢。'南人聞者傳之。""夜深生火折林梢",中華書局本有校勘記:"'折'原作'挂',據《太平廣記》卷二〇〇改。"《太平廣

記》卷二〇〇："僞遼丞相趙延壽，德鈞之子也。仕唐爲樞密使。清泰末，自太原陷虜。耶律德光用爲僞丞相，綜國事。晋少主失政，延壽道戎王爲亂。凡數年之間，盜有中夏，實延壽贊成之力也。延壽將家子，幼習武略。即戎之暇，時復以篇什爲意，亦甚有雅致。嘗在虜庭賦詩曰：'黄沙風捲半空抛，雲動陰山雪滿郊。探水人迴移帳就，射鵰箭落著弓抄。鳥逢霜果饑還啄，馬渡冰河渴自跑。占得高原肥草地，夜深生火折林梢。'南人聞者，往往傳之。"《宋本册府》卷八六〇《總録部·相術門》："漢趙延壽少時，有相者云：'此官人豈止於是邪？後必有兵甲大權，位極列土。'人或詰云：'此人妍柔如女子，安有大兵權乎？'俄遷盟津、許田、汴水、宋城連帥，宣徽使，樞密使，兼領河陽。清泰中，復爲樞密使。"

[4]汴州：州名。治所在今河南開封市。　司馬：官名。州軍佐官，名義上紀綱衆務，通判列曹，品高俸厚，實際上無具體職事，多用以安置貶謫官員，或用作遷轉官階。上州從五品下，中州正六品下，下州從六品上。　宋州：州名。治所在今河南商丘市睢陽區。　宣徽使：官名。唐始置。宣徽南院使、北院使通稱宣徽使。初用宦官，五代以後改用士人。通掌内諸司及三班内侍之名籍，郊祀、朝會、宴享供帳之儀，檢視内外進奉名物。參見王永平《論唐代宣徽使》，《中國史研究》1995年第1期；王孫盈政《再論唐代的宣徽使》，《中華文史論叢》2018年第3期。　徐州：州名。治所在今江蘇徐州市。中華書局本有校勘記："'徐州'，本書卷四七《唐末帝紀中》、《遼史》卷七六《趙延壽傳》作'許州'，《新五代史》卷七《唐本紀》、《通鑑》卷二七九敘其事作'忠武'。按許州置忠武軍，朱玉龍《方鎮表》：'惟《舊史》本傳謂"兼徐州"，按"徐""許"諧音，或爲傳寫之誤。'"　"初爲汴州司馬"至"兼鎮徐州"：《輯本舊史》卷三八《唐明宗紀四》天成二年九月乙丑條："以汝州防禦使趙延壽爲河陽節度使。"卷三九《唐明宗紀五》天成三年五月丁未條："鄴都留守、天雄軍節度使石敬瑭，河陽節度使趙延壽，並加駙馬都尉。"同年九月丁酉條："河陽

節度使、駙馬都尉趙延壽爲檢校司徒。”卷四〇《唐明宗紀六》天成四年四月壬子條：“以河陽節度使趙延壽爲宋州節度使。”卷四一《唐明宗紀七》長興元年（930）十月甲午條：“正衙命使册興平公主於宋州節度使、駙馬都尉趙延壽之私第。”卷四二《唐明宗紀八》長興二年二月己丑：“以宋州節度使趙延壽爲左武衛上將軍，充宣徽北院使。”同年四月甲辰條：“以宣徽北院使、左衛上將軍趙延壽爲檢校太傅，行禮部尚書，充樞密使。”卷四三《唐明宗紀九》長興三年十一月己丑條：“樞密使趙延壽加同平章事。”卷四四《唐明宗紀十》長興四年九月戊寅條：“樞密使范延光、趙延壽並加兼侍中，依前充使。”同月戊戌條：“以樞密使趙延壽爲汴州節度使。”卷四五《唐閔帝紀》應順元年（934）正月丙申條：“鎮州節度使、檢校太尉、兼侍中范延光，汴州節度使、檢校太尉、兼侍中趙延壽，並加檢校太師。”卷四六《唐末帝紀上》清泰元年（934）五月丙午條：“汴州節度使、檢校太師、兼侍中、駙馬都尉趙延壽進封魯國公。”卷四七《唐末帝紀中》清泰二年三月辛丑條：“以前汴州節度使趙延壽爲許州節度使兼樞密使。”卷四八《唐末帝紀下》清泰三年九月庚戌條：“樞密使趙延壽先赴潞州。”同年十一月戊子條：“以趙延壽爲河東道南面行營招討使。”明本《册府》卷五二《帝王部·崇釋氏門二》：“（唐末帝清泰）二年正月千秋節，樞密使趙延壽獻金繒並《大乘經》十卷。”

［5］懷州：州名。治所在今河南沁陽市。　“及高祖起義於晋陽”至“委延壽北伐”：《輯本舊史》卷七五《晋高祖紀一》清泰元年九月辛亥條：“末帝詔樞密使趙延壽分衆二萬爲北面招討使。”卷七七《晋高祖紀三》天福三年（938）九月丙寅條：“趙延壽進馬謝恩，放燕國長公主歸幽州。”

［6］政事令：官名。遼置，初屬漢兒司，後爲南面官最高行政機構政事省長官。掌參議大政。　“後高祖至潞州”至“尋爲樞密使兼政事令”：《舊五代史考異》：“《遼史》云：德鈞卒，以延壽爲幽州節度使，封燕王。與《薛史》同。《契丹國志》：會同六年，

以延壽爲盧龍節度使。八年，南征，以延壽爲魏博節度使，封燕王。與《薛史》異。”見《遼史》卷七六及《契丹國志》卷一六《趙延壽傳》。又《舊五代史考異》：“《遼史》云：天顯末，以延壽妻在晋，詔取之以歸，自是益激昂圖報。會同初，帝幸其第，加政事令。不言延壽爲樞密使。考《契丹國志》云：會同改元，參用蕃漢，以延壽爲樞密使兼政事令。與《薛史》同。”《通鑑》卷二八一天福二年條：“是歲，契丹改元會同，國號大遼，公卿庶官皆倣中國，參用中國人，以趙延壽爲樞密使，尋兼政事令。”《輯本舊史》卷一三七《外國列傳一》：“是歲（天福三年），契丹改天顯十一年爲會同元年，以趙延壽爲樞密使。”

天福末，契丹既與少帝絶好，契丹主委延壽以圖南之事，許以中原帝之。[1]延壽乃導誘蕃戎，蠶食河朔。晋軍既降於中渡，戎王命延壽就寨安撫諸軍，仍賜龍鳳赭袍，使衣之而往。謂之曰：“漢兒兵士，皆爾有之，爾宜親自慰撫。”延壽至營，杜重威、李守貞已下皆迎謁於馬前。

[1]契丹主委延壽以圖南之事，許以中原帝之：亦見《遼史》卷七六《趙延壽傳》。《通鑑》卷二八三天福八年（943）十二月甲寅條：“（楊）光遠益驕，密告契丹，以晋主負德違盟，境内大饑，公私困竭，乘此際攻之，一舉可取；趙延壽亦勸之。契丹主乃集山後及盧龍兵合五萬人，使延壽將之，委延壽經略中國，曰：‘若得之，當立汝爲帝。’又常指延壽謂晋人曰：‘此汝主也。’延壽信之，由是爲契丹盡力，畫取中國之策。”《輯本舊史》卷八〇《晋高祖紀六》天福七年三月丙寅條：“皇后爲妹契丹樞密使趙延壽妻燕國長公主卒於幽州，舉哀於外次。”卷八二《晋少帝紀二》開運元年（944）正月乙亥條：“滄、恒、貝、鄴馳告，契丹前鋒趙延壽、趙

延昭引五萬騎入寇，將及甘陵，青州楊光遠召之也。”同月辛卯條：“鄴都留守張從恩遣人夜縋城間行，奏契丹主以鐵騎三四萬建牙帳於元城，以趙延壽爲魏博節度使，改封魏王，延壽日率騎軍摩壘而退。”同年三月癸酉條：“契丹主領兵十餘萬來戰。時契丹僞棄元城寨已旬日矣，伏精騎於頓丘故城，以待王師。設伏累日，人馬饑頓，趙延壽謀曰：‘晋軍悉在河上，畏我鋒鋭，不敢前進，不如徑造城下，四面而進，攻奪其橋梁，天下定矣。’契丹主然之。是日，前軍高行周在戚城之南，賊將趙延壽、趙延昭以數萬騎出王師之西，契丹主自擁精騎出王師之東，兩軍接戰，交相勝負。”卷八三《晋少帝紀三》開運元年閏十二月條：“契丹耶律德光與趙延壽領全軍入寇，圍恒州，分兵陷鼓城、槀城、元氏、高邑、昭慶、寧晋、蒲澤、欒城、柏鄉等縣。”卷八四《晋少帝紀四》開運三年九月條：“先是，前歲中車駕駐於河上，曾遣邊將遺書於幽州趙延壽，勸令歸國，延壽尋有報命，依違而已。是歲三月，復遣鄴都杜威致書於延壽，且述朝旨，啖以厚利，仍遣洺州軍將趙行實齎書而往，潛申款密。行實曾事延壽，故遣之。七月，行實自燕迴，得延壽書，且言：‘久陷邊廷，願歸中國，乞發大軍應接，即拔身南去。’敘致懇切，辭旨綿密，時朝廷欣然信之，復遣趙行實計會延壽大軍應接之所。又有瀛州大將遣所親齎蠟書至闕下，告云欲謀翻變，以本城歸命。未幾，會彼有告變者，事不果就。至是，瀛州守將劉延祚受戎王之命，詐輸誠款，以誘我軍，國家深以爲信，遂有出師之議。”

及戎王入汴，時南北降軍數萬，皆野次於陳橋，戎王慮其有變，欲盡殺之。[1]延壽聞之，遽請見於戎王，曰：“臣伏見今日已前，皇帝百戰千征，始收得晋國，不知皇帝自要治之乎？爲他人取之乎？”戎王變色曰：“爾何言之過也，朕以晋人負義，舉國南征，五年相殺，方得中原，豈不自要爲主，而爲他人耶？卿有何説，速奏朕來！”延壽曰：“皇帝嘗知吴、蜀與晋朝相殺否？”曰：“知。”延壽曰：“今中原南自安、申，西及秦、鳳，沿邊數千里，並是兩界守戍之所。將來皇帝歸國時，又漸及炎蒸，若吴、蜀二寇交侵中國，未知如許大世界，教甚兵馬禦捍？苟失隄防，豈非爲他人取也。”戎王曰：“我弗知也，爲之奈何？”延壽曰：“臣知上國之兵，當炎暑之時，沿吴、蜀之境，難爲用也。未若以陳橋所聚降軍團併，别作軍額，以備邊防。”戎王曰：“我念在壺關、陽城時，亦曾言議，未獲區分，致五年相殺，此時入手，如何更不翦除？”[2]延壽曰：“晋軍見在之數，如今還似從前盡在河南，誠爲不可，臣請遷其軍，并其家口於鎮、定、雲、朔間以處之，每歲差伊分番，於河外沿邊防戍，斯上策也。”戎王忻然曰：“一取大王商量。”由是陳橋之衆獲免長平之禍焉。[3]

[1]陳橋：地名。位於開封城外。

[2]壺關：縣名。治所在今山西壺關縣。　陽城：縣名。治所在今山西陽城縣。　我念在壺關、陽城時：中華書局本有校勘記：“殿本、劉本作‘我念在壺關失斷陽城時’。《通鑑》卷二八六敘其事作：‘契丹主曰：“吾昔在上黨，失于斷割。”’”

[3]長平：即長平之戰。戰國後期秦、趙兩國展開的一次大戰，秦勝趙敗，秦坑殺趙降卒四十萬人。　“及戎王入汴”至“由是陳橋之衆獲免長平之禍焉”：《通鑑》卷二八六天福十二年（947）正月乙未條：“契丹主猶欲誅晋兵。趙延壽言於契丹主曰：‘皇帝親冒矢石以取晋國，欲自有之乎，將爲他人取之乎？’契丹主變色曰：‘朕舉國南征，五年不解甲，僅能得之，豈爲他人乎！’延壽曰：‘晋國南有唐，

西有蜀，常爲仇敵，皇帝亦知之乎？’曰：‘知之。’延壽曰：‘晋國東自沂、密，西及秦、鳳，延袤數千里，邊於吴、蜀，常以兵戍之。南方暑濕，上國之人不能居也。他日車駕北歸，以晋國如此之大，無兵守之，吴、蜀必相與乘虚入寇，如此，豈非爲他人取之乎？’契丹主曰：‘我不知也。然則柰何？’延壽曰：‘陳橋降卒，可分以戍南邊，則吴、蜀不能爲患矣。’契丹主曰：‘吾昔在上黨，失於斷割，悉以唐兵授晋。既而返爲寇讎，北向與吾戰，辛勤累年，僅能勝之。今幸入吾手，不因此時悉除之，豈可復留以爲後患乎？’延壽曰：‘曏留晋兵於河南，不質其妻子，故有此憂。今若悉徙其家於恒、定、雲、朔之間，每歲分番使戍南邊，何憂其爲變哉！此上策也。’契丹主悦曰：‘善！惟大王所以處之。’由是陳橋兵始得免，分遣還營。”

延壽在汴久之，知戎王無踐言之意，乃遣李崧達語於戎王，求立己爲皇太子，崧不得已而言之。[1]戎王曰：“我於燕王，無所愛惜，但我皮肉堪與燕王使用，亦可割也，何況他事！我聞皇太子，天子之子合作，燕王豈得爲之也！”因命與燕王加恩。時北來翰林學士承旨張礪擬延壽爲中京留守、大丞相、録尚書事、都督中外諸軍事，樞密使、燕王如故。[2]戎王覽擬狀，索筆塗却“録尚書事、都督中外諸軍事”之字，乃付翰林院草制焉。又以其子匡贊爲河中節度使。[3]

[1]李崧：人名。深州饒陽（今河北饒陽縣）人。五代後晋大臣。傳見本書卷一〇八、《新五代史》卷五七。　求立己爲皇太子：中華書局本有校勘記：“‘己’原作‘以’，據《通曆》卷一五改。殿本無‘以’字。”

[2]翰林學士承旨：官名。爲翰林學士之首。掌拜免將相、號

令征伐等詔令的起草。《舊唐書・職官志二・翰林院》："例置學士六人，内擇年深德重者一人爲承旨，所以獨承密命故也。"　張礪：人名。籍貫不詳。五代後唐翰林學士。後入契丹，爲翰林學士。傳見本書本卷。　"延壽在汴久之"至"燕王如故"：《舊五代史考異》："《遼史》云：會同七年（944）正月己丑，授延壽魏、博等州節度使，封魏王。延壽本傳亦言其先封燕王，改封魏王，是延壽入汴時已爲魏王也。《薛史》始終稱爲燕王，與《遼史》異。"《輯本舊史》之原輯者案語："《遼史》載張礪擬狀，無'樞密使、燕王如故'七字。"見《遼史》卷七六《趙延壽傳》。《遼史》卷四《太宗紀》會同七年正月己丑條："次元城，授延壽魏、博等州節度使，封魏王，率所部屯南樂。"《輯本舊史》卷一三七《外國列傳一》會同二年二月朔日："以趙延壽爲大丞相，兼政事令，充樞密使、兼中京留守。"亦見《新五代史》卷七二《四夷附録一》。

[3]匡贊：人名。即趙匡贊。趙延壽子。傳見《十國春秋》卷五三。　河中：河中府治所在蒲州（今山西永濟縣蒲州鎮）。

延壽在汴州，復娶明宗小女爲繼室。[1]先是，延州節度使周密爲其子廣娶焉，已納財畢，親迎有日矣，至是延壽奪取之。[2]契丹主自汴迴至邢州，命升延壽坐在契丹左右相之上。[3]契丹主死，延壽下教於諸道，稱權知南朝軍國事。是歲六月一日，爲永康王兀欲所鎖，籍其家財，分給諸部，尋以延壽入國，竟卒於契丹。[4]

[1]復娶明宗小女爲繼室：《新五代史》卷一五《唐明宗家人傳》之《淑妃王氏傳》："契丹犯京師，趙延壽所尚明宗公主已死，耶律德光乃爲延壽娶從益妹，是爲永安公主。"

[2]延州：州名。治所在今陝西延安市。　周密：人名。應州神武川（今山西山陰縣）人。五代將領。傳見本書卷一二四。

[3]邢州：州名。治所在今河北邢臺市。

[4]兀欲：人名。即遼世宗耶律阮。契丹族，遼太祖耶律阿保機孫，人皇王耶律倍長子，遼朝第三代皇帝。紀見《遼史》卷五。中華書局本有校勘記："'兀欲'原作'鄂約'，注云：'舊作"兀欲"，今改正。'按此係輯録《舊五代史》時所改，今恢復原文。"

"是歲六月一日"至"竟卒於契丹"：《輯本舊史》之原輯者案語："《遼史·世宗紀》：天禄二年十月壬午，南京留守、魏王趙延壽薨。《薛史·漢高祖紀》：天福十二年，起復其子贊，蓋傳聞之誤。"又："《遼史》云：世宗即位，以翌戴功，授樞密使。天禄二年薨。考延壽謀自主，爲永康王所鎖，《遼史》爲之諱言，《紀》《傳》皆不載。"《輯本舊史》卷九九《漢高祖紀上》天福十二年(947)四月丙子條："契丹主耶律德光卒於鎮之欒城。趙延壽於鎮州自稱權知國事。"卷一〇〇《漢高祖紀下》天福十二年五月乙酉條："契丹所署大丞相、政事令、東京留守、燕王趙延壽爲永康王兀欲所縶。"亦見《遼史》卷五《世宗紀》、卷七六《趙延壽傳》。

匡贊歷漢、周兩朝，累授節鎮及統軍使，仕皇朝，歷廬、延、邠、鄜等四鎮焉。[1]《永樂大典》卷一萬六千九百九十一。[2]

[1]廬：州名。治所在今安徽合肥市。　邠：州名。治所在今陝西彬縣。　鄜：州名。治所在今陝西富縣。

[2]《大典》卷一六九九一"趙"字韻"姓氏"事目。《宋史》卷二五四有《趙贊傳》，"匡"字當避趙匡胤諱删。

張礪[1]　附蕭翰　劉晞

[1]《張礪傳》，《輯本舊史》卷九八有來源不同的兩部分。第一部分共三段，分别録自《大典》卷一三九一三、《大典》卷一〇七九八、明本《册府》卷七九六，並有影庫本粘籤：“《張礪傳》，原本殘闕，今引《册府元龜》以補其佚。”後一部分中華書局本有校勘記：“‘張礪字夢臣磁州滏陽人也……皆歎息焉’，以上八百三十八字原闕，據殿本補，現低一格排。影庫本批校：‘《張礪傳》，《永樂大典》有全篇，校刊本補入。’”但未明言殿本録自《大典》何卷。今採後一部分録爲正文，而將第一部分之《大典》、明本《册府》相關信息録於注中。

張礪，字夢臣，磁州滏陽人也。[1]祖慶，父寶，世爲農。礪幼嗜學，有文藻，在布衣時，或覩民間争競，必爲親詣公府，辨其曲直，其負氣也如此。唐同光初，擢進士第，尋拜左拾遺、直史館。[2]會郭崇韜伐蜀，奏請礪掌軍書。[3]蜀平，崇韜爲魏王繼岌所誅，時崇韜左右親信皆懼禍奔逃，惟礪詣魏王府第，慟哭久之，時人皆服其高義。[4]

[1]張礪，字夢臣，磁州滏陽人也：《輯本舊史》之原輯者案語：“《契丹國志》云：礪，磁州滏陽人也。”見《契丹國志》卷一六《張礪傳》。　磁州：州名。治所在今河北磁縣。　滏陽：縣名。治所在今河北磁縣。

[2]左拾遺：官名。唐代門下省所屬的諫官。掌規諫、薦舉人才。從八品上。　直史館：官名。唐天寶以後，他官兼領史職者，稱史館修撰。初入史館者稱爲直館。元和六年（811）宰相裴垍建

議，登朝官領史職者爲修撰，以官階高的一人判館事；未登朝官均爲直館。

[3]郭崇韜：人名。代州雁門（今山西代縣）人。五代後唐大臣。傳見本書卷五七、《新五代史》卷二四。

[4]繼岌：人名。即李繼岌。後唐莊宗長子。傳見本書卷五一、《新五代史》卷一四。　“張礪，字夢臣”至“時人皆服其高義”：《大典》卷一三九一三“義”字韻“事韻”，應爲“高義”事目。“會郭崇韜伐蜀”至“時人皆服其高義”：《通鑑》卷二七四天成元年（926）正月甲子條：“（李）從襲以繼岌之命召崇韜計事，繼岌登樓避之。崇韜方升階，繼岌從者李環撾碎其首，並殺其子廷誨、廷信。外人猶未之知。都統推官滏陽李崧謂繼岌曰：‘今行軍三千里外，初無敕旨，擅殺大將，大王奈何行此危事！獨不能忍之至洛陽邪？’繼岌曰：‘公言是也，悔之無及。’崧乃召書吏數人，登樓去梯，矯爲敕書，用蠟印宣之，軍中粗定。崇韜左右皆竄匿，獨掌書記滏陽張礪詣魏王府慟哭久之。”

及魏王班師，礪從副招討使任圜東歸。[1]至利州，會康延孝叛，迴據漢州，圜奉魏王命，迴軍西討延孝。[2]時礪獻謀于圜，請伏精兵于後，先以羸師誘之，圜深以爲然。延孝本驍將也，任圜乃儒生也，延孝聞圜至，又覩其羸師，殊不介意，及戰酣，圜發精兵以擊之，延孝果敗，遂擒之以歸。是歲四月五日至鳳翔，内官向延嗣奉莊宗命，令誅延孝。[3]監軍李延襲已聞洛中有變，故留延孝，且害任圜之功故也。[4]圜未決，礪謂圜曰：“此賊構亂，遂致凱旋差晚，且明公血戰擒賊，安得違詔養禍，是破檻放虎，自貽其咎也。公若不決，余自殺此賊。”任圜不得已，遂誅延孝。

[1]任圜：人名。京兆三原（今陝西三原縣）人。五代後唐將領、大臣。傳見本書卷六七、《新五代史》卷二八。

[2]康延孝：人名。代北（今山西代縣）人。五代後唐將領。傳見本書卷七四、《新五代史》卷四四。　漢州：州名。治所在今四川廣漢市。

[3]鳳翔：方鎮名。治所在鳳翔府（今陝西鳳翔縣）。　內官：古代對宦官的一種稱呼。　向延嗣：人名。籍貫不詳。五代後唐宦官。事見《通鑑》卷二七四後唐莊宗同光三年（925）。

[4]監軍：官名。爲臨時差遣，代表朝廷協理軍務，督察將帥。五代時常以宦官爲監軍。　李延襲：人名。籍貫不詳。五代後唐宦官。見《通鑑》卷二七五天成元年（926）四月庚子條。中華書局本有校勘記："'李延襲'，《通鑑》卷二七五《考異》引《明宗實録》作'李廷襲'。本書卷三三《唐莊宗紀七》、《通鑑》卷二七五《考異》引《莊宗實録》作'李從襲'，《通鑑考異》以爲當作'李從襲'。"

天成初，明宗知其名，召爲翰林學士，再丁父母憂，服闋，皆復入爲學士，歷禮部兵部員外郎，知制誥充職。[1]未幾，父之妾卒。初，妾在世，礪以久侍先人，頗亦敬奉，諸幼子亦以祖母呼之。及卒，礪疑其事，詢于同僚，未有以對，礪即託故歸于滏陽，閒居三年，不行其服，論情制宜，識者韙之。[2]清泰中，復授尚書比部郎中、知制誥，依前充學士。[3]

[1]禮部兵部員外郎：禮部員外郎，官名。尚書省禮部次官。佐禮部侍郎掌諸司事。從六品上。兵部員外郎，官名。兵部郎中之副職，協理諸項軍務。從六品上。　知制誥：官名。掌起草皇帝的

詔、誥之事，原爲中書舍人之職。唐開元末置學士院，翰林學士入院一年，則加知制誥銜，專掌任免宰相、册立太子、宣布征伐等特殊詔令，稱爲内制。而中書舍人所撰擬的詔敕稱爲外制。兩種官員總稱兩制官。

[2]滏陽：縣名。治所在今河北磁縣。　“天成初”至“識者韙之”：《大典》卷一〇七九八“女”字韻“列女”事目。《輯本舊史》之原輯者案語：“以下有闕文。”　礪以久侍先人：明本《册府》卷七九四《總録部·知禮門》後有“左右”二字。《輯本舊史》卷四二《唐明宗紀八》長興二年（931）十一月丁酉條：“以翰林學士、起居郎張礪爲兵部員外郎、知制誥充職。”

[3]比部郎中：官名。唐、五代刑部比部司長官，掌管勾會内外賦斂、經費俸録等。從五品上。

高祖起于晋陽，唐末帝命趙延壽進討，又命翰林學士和凝與延壽偕行。礪素輕凝，慮不能集事，因自請行，唐末帝慰而許之。及唐軍敗于團柏谷，與延壽俱陷于契丹，契丹以舊職縻之，累官至吏部尚書。[1]契丹入汴，授右僕射、平章事、集賢殿大學士，隨至鎮州。[2]

[1]吏部尚書：官名。尚書省吏部最高長官，與二侍郎分掌六品以下文官選授、勳封、考課之政令。正三品。　累官至吏部尚書：《通鑑》卷二八五開運三年（946）十二月戊辰條：“契丹翰林承旨、吏部尚書張礪言於契丹主曰：‘今大遼已得天下，中國將相宜用中國人爲之，不宜用北人及左右近習。苟政令乖失，則人心不服，雖得之，猶將失之。’契丹主不從。”

[2]右僕射：官名。秦始置。隋、唐前期以左、右僕射佐尚書令總理六官，綱紀庶務，如不置尚書令，則總判省事，爲宰相之職。唐後期多爲大臣加銜。從二品。　集賢殿大學士：官名。唐中

葉置，位在學士之上，以宰相兼。掌修書之事。　授右僕射、平章事、集賢殿大學士：《宋本册府》卷七九六《總録部·先見門二》："張礪爲戎王翰林學士。開運末，與虜居南松門之内，軒轡交織，多繼燭接洽，無厭倦色。因密言曰：'此胡用法如此，豈能久處漢地。'及北去，道路有觴酒豆肉，必遺故客屬僚。死之日，囊裝惟酒食器皿而已，識者無不高之。"

會契丹主卒，永康王北去，蕭翰自東京過常山，乃引鐵騎圍其第。[1]時礪有疾，方伏枕，翰見礪責之曰："爾言于先帝，云不得任蕃人作節度使，如此則社稷不永矣；又先帝來時，令我于汴州大内安下，爾言不可；又我爲汴州節度使，爾在中書，何故行帖與我？"[2]礪抗聲而對，辭氣不屈，翰遂鎖礪而去。鎮州節度使麻答尋解其鎖，是夜以疾卒。[3]家人燼其骨，歸葬于滏陽。

[1]永康王：即遼世宗耶律阮。紀見《遼史》卷五。　蕭翰：契丹人。又名敵烈，字寒真，宰相敵魯之子。後因謀反伏誅。傳見本書本卷及《遼史》卷一二三。　東京：地名。位於今河南開封市。

[2]中書：官署名。"中書門下"的簡稱。唐代以來爲宰相處理政務的機構。參見劉後濱《唐代中書門下體制研究——公文形態·政務運行與制度變遷》，齊魯書社2004年版。

[3]麻答：人名。即耶律拔里得。契丹人。遼初皇室，遼太宗耶律德光堂弟。傳見《遼史》卷七六。參見鄧廣銘（署名鄺又銘）《〈遼史·兵衛志〉"御帳親軍""大首領部族軍"兩事目考源》，《北京大學學報》（人文科學）1956年第2期。　"會契丹主卒"至"是夜以疾卒"："翰遂鎖礪而去"後有《舊五代史考異》："《遼

史》云：礪抗聲曰：‘此國家大體，安危所繫，吾實言之，欲殺即殺，奚以鎖爲！’”見《遼史》卷七六《張礪傳》。　鎮州節度使麻答尋解其鎖：中華書局本有校勘記：“‘麻答’，原作‘滿達勒’，殿本考證：‘滿達勒’舊作‘麻答’，今改。按此係輯録《舊五代史》時所改，今恢復原文。”《新五代史》卷七三《四夷附録二》：“（蕭）翰以騎圍張礪宅，執礪而責曰：‘汝教先帝勿用胡人爲節度使，何也？’礪對不屈，翰鎖之。是夕，礪卒。”《通鑑》卷二八七天福十二年（947）六月甲寅條：“蕭翰至恒州，與麻答以鐵騎圍張礪之第。礪方卧病，出見之，翰數之曰：‘汝何故言於先帝，云胡人不可以爲節度使？又，吾爲宣武節度使，且國舅也；汝在中書乃帖我！又，先帝留我守汴州，令我處宫中，汝以爲不可。又，譖我及解里於先帝，云解里好掠人財，我好掠人子女。今我必殺汝！’命鎖之。礪抗聲曰：‘此皆國家大體，吾實言之。欲殺即殺，奚以鎖爲！’麻答以大臣不可專殺，力救止之，翰乃釋之。是夕，礪憤恚而卒。”《輯本舊史》卷一〇〇《漢高祖紀下》天福十二年六月乙卯條：“是日，契丹右僕射兼中書侍郎、平章事張礪卒於鎮州。”

礪素耿直，嗜酒無檢。始陷契丹時，曾背契丹南歸，爲追騎所獲，契丹主怒曰：“爾何捨我而去？”礪曰：“礪，漢人也，衣服飲食與此不同，生不如死，請速就刃。”契丹主顧通事高唐英曰：“我常戒爾輩善待此人，致其逃去，過在爾輩。”[1]因笞唐英一百，其爲契丹主善待也如此。礪平生抱義憐才，急于獎拔，聞人之善，必攘袂以稱之，見人之貧，亦倒篋以濟之，故死之之日，中朝士大夫亦皆歎惜焉。[2]

[1]通事：官名。契丹（遼）建國後，置通事一職以處理漢人

事務。《通鑑》卷二八一胡三省注："契丹置通事以主中國人，以知華俗、通華言者爲之。"　高唐英：人名。籍貫不詳。遼大臣，曾任相州節度使。事見本書卷九九《漢高祖紀一》。"高唐英"，《新五代史》卷七二《四夷附録一》同，《通鑑》、《遼史》卷七六《張礪傳》皆作"高彦英"。《通鑑》卷二八一天福二年（937）二月條："張礪自契丹逃歸，爲追騎所獲，契丹主責之曰：'何故捨我去?'對曰：'臣華人，飲食衣服皆不與此同，生不如死，願早就戮。'契丹主顧通事高彦英曰：'吾常戒汝善遇此人，何故使之失所而亡去？若失之，安可復得邪！'笞彦英而謝礪。礪事契丹主甚忠直，遇事輒言，無所隱避，契丹主甚重之。"

[2]中華書局本有校勘記："'張礪，字夢臣，磁州滏陽人也……皆嘆惜焉'，以上八百三十八字原闕，據殿本補，現低一格排。影庫本批校：'《張礪傳》，《永樂大典》有全篇，校刊本補入。'"

蕭翰者，契丹諸部之酋長也。父曰阿鉢。[1]劉仁恭鎮幽州，阿鉢曾引衆寇平州，仁恭遣驍將劉雁郎與其子守光率五百騎先守其州，阿鉢不知，爲郡人所紿，因赴牛酒之會，爲守光所擒。[2]契丹請贖之，仁恭許其請，尋歸。其妹爲阿保機妻，則德光之母也。[3]翰有妹，亦嫁於德光，故國人謂翰爲國舅。契丹入東京，以翰爲宣武軍節度使。[4]契丹比無姓氏，翰將有節度之命，乃以蕭爲姓，翰爲名，自是翰之一族皆稱姓蕭。契丹主北去，留翰以鎮河南。時漢高祖已建號於太原，翰懼，將北歸，慮京師無主，則衆皆爲亂，乃遣蕃騎至洛京迎唐明宗幼子許王從益知南朝軍國事。[5]從益至，翰率蕃將拜於殿上。翌日，翰乃輦其寶貨鞍轡而北。[6]漢人以許王既立，不復爲亂，果中其狡計。翰行至鎮州，遇張礪，翰以舊事致忿，就第數其失而鎖之。[7]翰歸本國，爲永康王兀欲所鎖，尋卒於本土。[8]《永樂大典》卷五千二百二十五。[9]

[1]父曰阿鉢：中華書局本有校勘記："'阿鉢'，原作'阿巴'，注云：舊作'阿鉢'，今改正。按此係輯録《舊五代史》時所改，今恢復原文。"

[2]平州：州名。治所在今河北盧龍縣。　劉雁郎：人名。五代將領。事見本書本卷。

[3]阿保機：人名。即遼太祖耶律阿保機。契丹迭剌部人。唐末契丹族首領、遼開國皇帝。紀見《遼史》卷一、卷二。　德光：人名。即遼太宗耶律德光。契丹族。遼太祖耶律阿保機次子。927年至947年在位。紀見《遼史》卷三、卷四。

[4]宣武軍：方鎮名。唐舊鎮，治所在汴州（今河南開封市）。五代後梁開平元年（907）升汴州爲東京開封府。開平三年置宣武軍於宋州（今河南商丘市睢陽區）。後唐同光元年（923）改宋州宣武軍爲歸德軍。廢東京開封府，重建宣武軍於汴州。後晋天福三年（938），改爲東京開封府。除天福十二年、十三年短暫改爲宣武軍外，汴京均爲東京開封府。　以翰爲宣武軍節度使：《輯本舊史》卷九九《漢高祖紀上》天福十二年三月丙戌條："是日，契丹主坐崇元殿行入閤之禮，契丹主以舅蕭翰爲宣武軍節度使。"亦見《輯本舊史》卷一三七《契丹傳》、《通鑑》卷二八六、《新五代史》卷一〇《漢本紀》同日條。

[5]從益：人名。即李從益。五代後唐明宗幼子，封許王。947年契丹滅後晋，立從益爲中原皇帝，國號梁。旋即爲後漢高祖所殺。傳見本書卷五一、《新五代史》卷一五。

[6]"時漢高祖已建號於太原"至"翰乃輦其寶貨鞍轡而北"：《通鑑》卷二八七天福十二年五月辛丑、壬寅諸條："滋德宫有宫人

五十餘人，蕭翰欲取之，宦者張環不與。翰破鎖奪宫人，執環，燒鐵灼之，腹爛而死。初，翰聞帝擁兵而南，欲北歸，恐中國無主，必大亂，己不得從容而去。時唐明宗子許王從益與王淑妃在洛陽，翰遣高謨翰迎之，矯稱契丹主命，以從益知南朝軍國事，召己赴恒州。淑妃、從益匿於徽陵下宫，不得已而出。至大梁，翰立以爲帝，帥諸酋長拜之。又以禮部尚書王松、御史中丞趙遠爲宰相，前宣徽使甄城翟光鄴爲樞密使，左金吾大將軍王景崇爲宣徽使，以北來指揮使劉祚權侍衛親軍都指揮使，充在京巡檢。百官謁見淑妃，淑妃泣曰：‘吾母子單弱如此，而爲諸公所推，是禍吾家也。’翰留燕兵千人守諸門，爲從益宿衛。壬寅，翰及劉晞辭行，從益餞於北郊。”亦見《輯本舊史》卷五一《許王從益傳》。《輯本舊史》卷九九《漢高祖紀上》天福十二年四月條：“汴州蕭翰遣蕃將高牟翰將兵援送劉晞復歸於洛，牟翰至，殺前澶州節度使潘環於洛陽。”卷一〇〇《漢高祖紀下》天福十二年五月丁酉條：“是日，契丹所署汴州節度使蕭翰迎郇國公李從益至東京，請從益知南朝軍國事。”同月己亥條：“蕭翰發離東京北去。”

［7］“翰行至鎮州”至“就第數其失而鎖之”：《通鑑》卷二八七天福十二年六月甲寅條：“蕭翰至恒州，與麻答以鐵騎圍張礪之第。礪方卧病，出見之，翰數之曰：‘汝何故言於先帝，云胡人不可以爲節度使？又，吾爲宣武節度使，且國舅也；汝在中書乃帖我！又，先帝留我守汴州，令我處宫中，汝以爲不可。又，譖我及解里於先帝，云解里好掠人財，我好掠人子女。今我必殺汝！’命鎖之。礪抗聲曰：‘此皆國家大體，吾實言之。欲殺即殺，奚以鎖爲！’麻答以大臣不可專殺，力救止之，翰乃釋之。”

［8］尋卒於本土：《舊五代史考異》：“《遼史》：翰後以謀反伏誅，與《薛史》異。”《遼史》卷五《世宗紀》天禄三年（94）正月條：“蕭翰及公主阿不里謀反，翰伏誅，阿不里瘐死獄中。”

［9］《大典》卷五二二五“蕭”字韻“姓氏（八）”事目。《遼史》卷一一三《蕭翰傳》：“蕭翰，一名敵烈，字寒真，宰相敵

魯之子。天贊初，唐兵圍鎮州，節度使張文禮遣使告急。翰受詔與康末怛往救，克之，殺其將李嗣昭，拔石城。會同初，領漢軍侍衛。八年，伐晋，敗晋將杜重威，追至望都。翰奏曰：‘可令軍下馬而射。’帝從其言，軍士步進。敵人持短兵猝至，我軍失利。帝悔之曰：‘此吾用言之過至此！’及從駕入汴，爲宣武軍節度使。會帝崩欒城，世宗即位。翰聞之，委事於李從敏，徑趨行在。是年秋，世宗與皇太后相拒於潢河横渡，和議未定。太后問翰曰：‘汝何怨而叛？’對曰：‘臣母無罪，太后殺之，以此不能無憾。’初耶律屋質以附太后被囚，翰聞而快之，即囚所謂曰：‘汝嘗言我輩不及，今在狴犴，何也？’對曰：‘第願公不至如此！’翰默然。天禄二年，尚帝妹阿不里。後與天德謀反，下獄。復結惕隱劉哥及其弟盆都亂，耶律石剌告屋質，屋質遽入奏之，翰等不伏。帝不欲發其事，屋質固諍以爲不可，乃詔屋質鞫按。翰伏辜，帝竟釋之。復與公主以書結明王安端反，屋質得其書以奏，翰伏誅。”

劉晞者，涿州人也。父濟雍，累爲本郡諸邑令長。晞少以儒學稱於鄉里，嘗爲唐將周德威從事，後陷於虜，虜以漢職縻之。天福中，契丹命晞爲燕京留守，[1]嘗於契丹三知貢舉，歷官至同平章事、兼侍中。[2]隨契丹入汴，授洛京留守。會河陽軍亂，晞走許州，又奔東京，蕭翰遣兵送晞至洛下。[3]契丹主死，晞自洛復至東京，隨蕭翰北歸，[4]遂留鎮州。漢初，與麻答同奔定州，[5]後卒於北蕃。《永樂大典》卷九千九十九。[6]

[1]“後陷於虜”至“契丹命晞爲燕京留守”：兩“虜”字，《輯本舊史》因忌清諱篡改爲“契丹”，今據《通鑑》卷二八六天福十二年（947）正月癸丑條胡注引《薛史》回改。“契丹命晞爲

燕京留守”，《輯本舊史》卷九四《潘環傳》：“（開運三年）冬，戎王犯闕，僞署劉晞爲西京留守，環乞罷巡警，閑居洛陽。遇河陽軍亂，晞出奔，未幾，蕃將高牟翰以兵援晞入於洛，慮環有變，乃害之，盡取其家財。”

［2］知貢舉：官名。唐宋時特派主持進士考試的大臣。一般以朝中名望大臣擔任。　歷官至同平章事、兼侍中：《通鑑》卷二八六天福十二年正月乙卯條：“趙在禮至洛陽，謂人曰：‘契丹主嘗言莊宗之亂由我所致。我此行良可憂。’契丹遣契丹將述軋、奚王拽剌、勃海將高謨翰戍洛陽，在禮入謁，拜於庭下，拽剌等皆踞坐受之。”又：“劉晞在契丹嘗爲樞密使、同平章事，至洛陽，詬奚王曰：‘趙在禮漢家大臣，爾北方一酋長耳，安得慢之如此！’立於庭下以挫之。由是洛人稍安。”

［3］許州：州名。治所在今河南許昌市。　“會河陽軍亂”至“蕭翰遣兵送晞至洛下”：《輯本舊史》卷九九《漢高祖紀上》天福十二年四月戊辰條：“僞命西京留守劉晞棄洛城，南走許州，遂奔東京。”同月：“汴州蕭翰遣蕃將高牟翰將兵援送劉晞復歸於洛。”《通鑑》卷二八六天福十二年四月條：“群盜攻洛陽，契丹留守劉晞棄城奔許州。”同月：“蕭翰遣高謨翰援送劉晞自許還洛陽，晞疑潘環構其衆逐己，使謨翰殺之。”

［4］晞自洛復至東京，隨蕭翰北歸：《通鑑》卷二八七天福十二年五月甲午條：“劉晞棄洛陽，奔大梁。”同月壬寅條：“翰及劉晞辭行。”

［5］漢初，與麻答同奔定州：《通鑑》卷二八七天福十二年八月壬午條：“契丹自北門入，勢復振，漢民死者二千餘人。前磁州刺史李穀恐事不濟，請馮道、李崧、和凝至戰所慰勉士卒，士卒見道等至，争自奮。會日暮，有村民數千譟於城外，欲奪契丹寶貨、婦女，契丹懼而北遁，麻答、劉晞、崔廷勳皆奔定州，與義武節度使邪律忠合。”亦見《輯本舊史》卷一〇〇《漢高祖紀下》天福十二年八月壬午條。

[6]《大典》卷九〇九九“劉”字韻“姓氏（二七）”事目。《舊五代史考異》：“《契丹國志》：劉珂，晞之子也，尚世宗妹燕國公主。”見《契丹國志》卷一五《劉珂傳》。

崔廷勳

崔廷勳，不知何許人也。[1]形貌魁偉，美鬚髯。幼陷虜庭，歷僞命雲州節度使，官至侍中。[2]虜主犯闕，遷晉帝於封禪寺，遣廷勳以兵防守，尋授河陽節度使，甚得民情。[3]虜主北行，武行德率軍趨河陽，廷勳爲行德所逐，乃與奚王拽剌保懷州，尋以兵反攻行德，行德出戰，爲廷勳所敗。[4]及虜主死，遂歸鎮州。漢初，與麻答同奔定州，後没於北蕃。[5]《永樂大典》卷二千七百四十。[6]

[1]不知何許人也：《舊五代史考異》：“《通鑑》注引宋白曰：廷勳本河内人。”見《通鑑》卷二八六天福十二年正月癸巳條注。

[2]幼陷虜庭：《輯本舊史》原作“契丹”。下文“虜主犯闕”“虜主北行”“及虜主死”，《輯本舊史》作“契丹入汴”“契丹北行”“及契丹主死”，皆因輯者忌清諱所改，今悉據《大典》回改。契丹入汴，中華書局本有校勘記：“《永樂大典》卷二七四〇引《五代史》作‘虜主犯闕’。”但未改。　歷僞命雲州節度使，官至侍中：《遼史》卷三《太宗紀上》天顯十二年（937）正月丙辰條：“唐大同軍節度判官吴巒閉城拒命，遣崔廷勳圍其城。”天顯十二年即後晉天福二年。《宋本册府》卷九八〇《外臣部·通好門》晉高祖條天福四年十月：“契丹使近臣崔廷勳領兵交戍於雲州之北，帝遣中官李威以吴赴上酎遣而勞之。”

［3］封禪寺：寺名。初建於北齊天保十年（559），名獨居寺。唐玄宗開元十七年（729），詔改爲封禪寺。宋太祖開寶三年（970）改爲開寶寺。今爲河南開封市鐵塔公園。　“虜主犯闕”至“遣廷勳以兵防守”：“晋帝”，《輯本舊史》原作“少帝”，今據《大典》回改。《輯本舊史》卷八五《晋少帝紀五》開運四年（947）正月癸巳條：“遷帝於封禪寺，遣蕃大將崔廷勳將兵守之。”開運四年即天福十二年。亦見《通鑑》卷二八六天福十二年正月癸巳條。　尋授河陽節度使：《宋本册府》卷八《帝王部·創業門四》漢高祖條開運四年正月：“邪律氏亦以帝觀望不動，生猜貳焉，即以虜通事高唐英領安陽，耿崇美領上黨，僞侍中崔廷勳赴河橋，且欲扼太原之衝也。”《輯本舊史》卷九九《漢高祖紀上》天福十二年二月甲戌條：“契丹聞帝建號，僞制削奪帝官爵，以通事耿崇美爲潞州節度使，高唐英爲相州節度使，崔廷勳爲河陽節度使，以扼要害之地。”亦見《通鑑》卷二八六天福十二年二月甲戌條。

［4］武行德：人名。并州榆次（今山西晋中市榆次區）人。五代、宋初將領。傳見《宋史》卷二五二。　拽剌：初爲官吏名，後爲職役名。契丹語音譯，義爲壯士、勇士，或作“曳刺”。遼有拽刺軍，直隸於朝廷。亦用作官名，有旗鼓拽刺，掌護衛皇帝儀仗旗鼓；軍中拽刺，司邊防偵候，傳報軍情；祗候郎君拽刺屬祗候郎君班詳穩司，掌御前祗應之事。　“虜主北行”至“爲廷勳所敗”：《通鑑》卷二八七天福十二年五月丁酉條：“崔廷勳、耿崇美、奚王拽剌合兵逼河陽，張遇帥衆數千救之，戰於南阪，敗死。武行德出戰，亦敗，閉城自守。拽剌欲攻之，廷勳曰：‘今北軍已去，得此城何用！且殺一夫猶可惜，況一城乎！’聞弘肇已得澤州，乃釋河陽，還保懷州。弘肇將至，廷勳等擁衆北遁，過衛州，大掠而去。”《輯本舊史》卷九九《漢高祖紀上》繫此事於天福十二年四月。參見《宋史》卷二五二《武行德傳》。

［5］漢初，與麻荅同奔定州：《通鑑》卷二八七天福十二年六月甲寅條：“崔廷勳見麻荅，趨走拜起，跪而獻酒，麻荅踞而受

之。”同年八月壬午條：“契丹自北門入，勢復振，漢民死者二千餘人。前磁州刺史李穀恐事不濟，請馮道、李崧、和凝至戰所慰勉士卒，士卒見道等至，争自奮。會日暮，有村民數千譟於城外，欲奪契丹寶貨、婦女，契丹懼而北遁，麻荅、劉晞、崔廷勳皆奔定州，與義武節度使邪律忠合。”

[6]《大典》卷二七四〇“崔”字韻“姓氏”事目，此卷現存。《大典》卷二七四〇於本傳後云：“《通鑑綱目》：漢高祖天福十二年，晋史弘肇克澤州，契丹將崔廷勳等遁去。《通鑑續編》：漢天福十二年夏四月，晋主知遠自太原南下，遼崔廷勳耿崇美等皆棄城北走，河南州縣悉復爲晋。”《遼史》卷六《穆宗紀上》應曆十三年（963）正月丙寅條：“宋欲城益津關，命南京留守高勳、統軍使崔廷勳以兵擾之。”

史臣曰：帝王之尊，必由天命，雖韓信、彭越之勇，吴濞、淮南之勢，猶不可以妄冀，而况二安之庸昧，相輔爲亂，固宜其自取滅亡也。[1]後之擁强兵涖重鎮者，得不以爲鑒乎！彦澤狼子野心，盈貫而死，晚矣！德鈞諸人，與晋事相終始，故附見于兹焉。[2]

[1]韓信：人名。淮陰（今江蘇淮安市淮陰區）人。西漢開國功臣、軍事統帥。後爲吕后所殺。傳見《史記》卷九二。　彭越：人名。碭郡昌邑（今山東巨野縣）人。西漢開國功臣。後爲吕后所殺。傳見《史記》卷九〇。　吴濞：吴王劉濞的簡稱。沛郡豐縣（今江蘇徐州市）人，西漢宗室，漢高祖劉邦之侄，西漢諸侯王，“吴楚七國之亂”的發起者之一，後爲周亞夫所平。傳見《漢書》卷三五。

[2]“史臣曰”至“故附見于兹焉”：中華書局本有校勘記：“以上九十二字原闕，據殿本補。影庫本批校：此後尚有史臣曰一段，校刊本補入。”但闕《大典》卷數。

舊五代史　卷九九

漢書一

高祖紀上

高祖睿文聖武昭肅孝皇帝，姓劉氏，諱暠，本名知遠，及即位改今諱。其先本沙陀部人也。[1]四代祖諱湍，[2]帝有天下，追尊爲明元皇帝，廟號文祖，陵曰懿陵；高祖母隴西郡夫人李氏，[3]追謚明貞皇后。曾祖諱昂，[4]晉贈太保，追尊爲恭僖皇帝，廟號德祖，陵曰沛陵；曾祖母虢國太夫人楊氏，[5]追謚恭惠皇后。祖諱僎，[6]晉贈太傅，[7]追尊爲昭獻皇帝，[8]廟號翼祖，陵曰威陵；祖母魯國太夫人李氏，[9]追謚爲昭穆皇后。皇考諱琠，[10]事後唐武皇帝爲列校，[11]晉贈太師，[12]追尊爲章聖皇帝，廟號顯祖，陵曰肅陵；皇妣吴國太夫人安氏，[13]追謚章懿皇后。后以唐乾寧二年歲在乙卯二月四日，[14]生帝於太原。[15]

[1]沙陀部：唐、五代時部族名。西突厥别部，即沙陀突厥。

五代李克用、石敬瑭、劉知遠均爲沙陀部人。

［2］湍：人名。即劉湍。沙陀部人。劉知遠的高祖（四代祖）。事見本書本卷。《舊五代史考異》："案《五代會要》：湍爲東漢顯宗第八子，淮陽王昞之後。"見《會要》卷一追謚皇帝條。

［3］隴西郡夫人李氏：即劉知遠祖母。曾追贈魯國太夫人。事見本書本卷。"隴西郡夫人李氏"，中華書局本沿《輯本舊史》作"隴西李氏"，據明本《册府》卷三一《帝王部·奉先門四》及本段下文曾祖母、祖母、皇妣體例補。《舊五代史考異》："案《五代會要》：懿陵、沛陵皆無陵所，遥申朝拜。"見《會要》卷一追謚皇帝條。

［4］昂：人名。即劉昂。沙陀部人。劉知遠曾祖，五代後晋時追贈太保。事見本書本卷。

［5］楊氏：即劉知遠曾祖劉昂的夫人。事見本書本卷。

［6］僎：人名。即劉僎。沙陀部人。劉知遠祖父。事見本書本卷。

［7］太傅：官名。與太師、太保合稱三師，唐後期、五代多爲大臣、勳貴加官。正一品。

［8］昭獻：《新五代史》卷一〇《漢高祖紀》天福十二年（947）閏七月庚辰條作"昭憲"。

［9］李氏：即劉知遠祖母。曾追贈魯國太夫人。事見本書本卷。

［10］琠：人名。即劉琠。沙陀部人。劉知遠父。事李克用爲列校，五代後晋時追贈太師。事見本書本卷。

［11］武皇帝：五代後唐太祖李克用謚號。後唐莊宗即位，追謚其爲武皇帝，廟號太祖，陵在雁門。李克用，沙陀部人，生於神武川新城（一説今山西朔州市朔城區之梵王寺村，一説今山西應縣縣城，一説今山西懷仁縣之日中城）。五代後唐實際奠基者。紀見本書卷二五至卷二六。

［12］太師：官名。與太傅、太保合稱三師，唐後期、五代多爲大臣、勳貴加官。正一品。

[13]安氏：即劉知遠母。曾追封吴國太夫人。事見本書本卷。

[14]乾寧：唐昭宗李曄年號（894—898）。

[15]太原：府名。治所在今山西太原市。

帝弱不好弄，嚴重寡言，及長，面紫色，目睛多白。初事唐明宗，[1]列於麾下。明宗與梁人對栅於德勝，[2]時晋高祖爲梁人所襲，[3]馬甲連革斷，帝輟騎以授之，取斷革者自跨之，徐殿其後，晋高祖感而壯之。明宗踐阼，晋高祖爲北京留守，[4]以帝前有護援之力，奏移麾下，署爲牙門都校。[5]應順初，[6]晋高祖鎮常山，[7]唐閔帝召赴闕，[8]會閔帝出奔，與晋高祖相遇於途，遂俱入衛州，[9]泊於郵舍。閔帝左右謀害晋高祖，帝密遣御士石敢袖鎚立於晋高祖後，[10]及有變，敢擁晋高祖入一室，以巨木塞門，敢尋死焉。帝率衆盡殺閔帝左右，遂免晋高祖於難。[11]

[1]唐明宗：即五代後唐明宗李嗣源。沙陀部人。原名邈佶烈，李克用養子。926年至933年在位。紀見本書卷三五至卷四四、《新五代史》卷六。

[2]德勝：地名。位於今河南濮陽縣。原爲黄河渡口，五代後晋軍築德勝南、北二城於此，遂爲城名。

[3]晋高祖：即石敬瑭。沙陀部人，太原（今山西太原市）人。五代後晋開國君主。936年至941年在位。在位期間割華北北部幽、雲諸州予契丹。紀見本書卷七五至卷八〇、《新五代史》卷八。

[4]北京：即太原府。治所在今山西太原市。　留守：官名。在都城、陪都或軍事重鎮所設留守，由地方行政長官兼任。

［5］牙門：即營門。　都校：唐末、五代統兵官。

［6］應順：五代後唐閔帝李從厚年號（934）。

［7］常山：即鎮州，治所在今河北正定縣。

［8］唐閔帝：即後唐閔帝李從厚。明宗李嗣源第三子。933 年至 934 年在位。紀見本書卷四五、《新五代史》卷七。中華書局本有校勘記：“‘唐閔帝’，原作‘唐明宗’，據《通曆》卷一四改。孔本作‘唐明帝’。按應順爲唐閔帝年號，本書卷七五《晋高祖紀一》：‘閔帝急詔帝赴闕，欲以社稷爲託。’”見《通曆》卷一四《漢高祖》。又，《輯本舊史》卷四四《唐明宗紀十》，唐明宗於長興四年（933）十一月戊戌崩，閔帝即位改元應順。本句稱“應順初”，時唐閔帝在位。

［9］衛州：州名。治所在今河南衛輝市。

［10］石敢：人名。五代衛兵。有勇力。事見《通鑑》卷二七九。

［11］“閔帝左右謀害晋高祖”至“遂免晋高祖於難”：《舊五代史考異》：“案《通鑑考異》引《漢高祖實録》云：是夜，偵知少帝伏甲，欲與從臣謀害晋高祖，詐屏人對語，方坐庭廡。帝密遣御士石敢袖鎚立於後，俄頃伏甲者起，敢有勇力，擁晋高祖入一室，以巨木塞門，敢力當其鋒，死之。帝解佩刀，遇夜晦，以在地葦炬未然者奮擊之。衆謂短兵也，遂散走。帝乃匿身長垣下，聞帝親將李洪信謂人曰：‘石太尉死矣。’帝隔垣呼洪信曰：‘太尉無恙。’乃踰垣出就洪信，共護晋高祖，殺建謀者，以少主授王弘贄。”見《通鑑》卷二七九清泰元年（934）四月庚午條《考異》引《漢高祖實録》。“乃踰垣出就洪信兵”，中華書局本有校勘記：“‘兵’字原闕，據殿本、劉本、孔本、《通鑑》卷二七九《考異》引《漢高祖實録》補。”中華書局本引孔本之案語：“考《漢實録》多增飾之詞，時閔帝方倚賴晋祖，何至伏甲謀害乎哉！《薛史》止載石敢事，餘不及。”

清泰元年，[1]晋高祖復鎮河東。[2]

[1]清泰：五代後唐廢帝李從珂年號（934—936）。

[2]河東：方鎮名。治所在太原（今山西太原市）。

三年夏，移鎮汶陽。[1]帝勸晋高祖舉義，贊成密計，經綸之始，中外賴之。晋高祖以帝爲北京馬步軍都指揮使。[2]及契丹以全軍赴難，[3]大破張敬達之衆於晋陽城下，[4]有降軍千餘人，晋高祖將置之於親衛，帝盡殺之。[5]

[1]汶陽：古地名。位於今山東泰安市一帶。

[2]馬步軍都指揮使：官名。五代時藩鎮馬步軍之長官。五代軍隊編制，五百人爲一指揮，設指揮使、副指揮使；十指揮爲一軍，設都指揮使、副都指揮使。《通鑑》卷二八〇天福元年（936）八月癸亥條作“馬步都指揮使”。

[3]契丹：古部族、政權名。公元4世紀中葉宇文部爲前燕攻破，始分離而成單獨的部落，自號契丹。唐貞觀中，置松漠都督府，以其首領爲都督。唐末强盛，916年迭剌部耶律阿保機建立契丹國（遼）。先後與五代、北宋並立，保大五年（1125）爲金所滅。參見張正明《契丹史略》，中華書局1979年版。

[4]張敬達：人名。代州（今山西代縣）人。五代後唐將領。傳見本書卷七〇、《新五代史》卷三三。　晋陽：縣名。治所在今山西太原市。

[5]“及契丹以全軍赴難”至“帝盡殺之”：《通鑑》卷二八〇天福元年九月辛丑條載：“（張）敬達等收餘衆保晋安，契丹亦引兵歸虎北口。敬瑭得唐降兵千餘人，劉知遠勸敬瑭盡殺之。”與《輯

本舊史》異。

晉國初建，加檢校司空，[1]充侍衛馬軍都指揮使，[2]權點檢隨駕六軍諸衛事。尋改陝州節度使，[3]充侍衛親軍馬步軍都虞候。[4]契丹主送晉高祖至上黨，[5]指帝謂高祖曰："此都軍甚操剌，無大故不可棄之。"晉高祖入洛，[6]委帝巡警，都邑肅然，無敢犯令。

[1]檢校司空：官名。爲散官或加官，以示恩寵，無實際執掌。

[2]充侍衛馬軍都指揮使：中華書局本有校勘記："'馬軍'，原作'馬步'，據本書卷七六《晉高祖紀二》、《册府》卷八改。按《册府》卷八及本卷下文，天福三年（938）十月方授侍衛親軍馬步軍都指揮使。"見《輯本舊史》卷七六《晉高祖紀二》天福元年十一月己亥條、《宋本册府》卷八《帝王部·創業門四》。

[3]陝州：州名。治所在今河南三門峽市陝州區。

[4]馬步軍："軍"字原闕，中華書局本未補，今據《輯本舊史》卷七六《晉高祖紀二》天福二年八月辛巳條、《宋本册府》卷八《帝王部·創業門四》補。

[5]契丹主：即遼太宗耶律德光。927年至947年在位。紀見《遼史》卷三至卷四。　上黨：即潞州。治所在今山西長治市。

[6]洛：即河南府，治所在今河南洛陽市。

天福二年夏四月，[1]加檢校太保。[2]八月，改許州節度使，[3]典軍如故。

[1]天福：五代後晉高祖石敬瑭年號（936—942）。出帝石重貴沿用至九年（944）。後漢高祖劉知遠繼位後沿用一年，稱天福十

二年（947）。

［2］檢校太保：官名。爲散官或加官，以示恩寵加此官，無實際執掌。

［3］許州：州名。治所在今河南許昌市。

三年夏四月，加檢校太傅。[1]冬十月，授侍衛親軍馬步軍都指揮使。十一月，移授宋州，[2]加檢校太尉。[3]

［1］檢校太傅：官名。爲散官或加官，以示恩寵，無實際執掌。

［2］宋州：州名。治所在今河南商丘市睢陽區。

［3］檢校太尉：官名。爲散官或加官，以示恩寵加此官，無實際執掌。

四年三月，加同平章事。[1]時帝與杜重威同制加恩，[2]帝憤然不樂，懇讓不受，杜門不出者數日。晋高祖怒，召宰相趙瑩等議落帝兵權，[3]任歸私第。瑩等以爲不可，乃遣端明殿學士和凝就第宣諭，[4]帝乃承命。[5]

［1］同平章事：官名。唐高宗以後，凡實際任宰相之職者，常在其本官後加同平章事的職銜。後成爲宰相專稱。

［2］杜重威：人名。其先朔州（今山西朔州市朔城區）人，後徙居太原（今山西太原市）。五代後晋、後漢將領。傳見本書卷一〇九、《新五代史》卷五二。

［3］趙瑩：人名。華州華陰（今陝西華陰市）人。五代後晋宰相。傳見本書卷八九、《新五代史》卷五六。

［4］端明殿學士：官名。五代後唐明宗始置，以翰林學士充任，負責誦讀四方書奏。　和凝：人名。鄆州須昌（今山東東平縣）

人。五代後晉宰相。傳見本書卷一二七、《新五代史》卷五六。

[5]“四年三月”至“帝乃受命”：此條《輯本舊史》原記載於天福三年（938）十二月，中華書局本沿之，但《輯本舊史》卷七八《晉高祖紀四》、《通鑑》卷二八二均記於天福四年三月己未，據改。《舊五代史考異》：“案《通鑑》云：知遠自以有佐命功，重威起于外戚，無大功，恥與之同制。制下數日，杜門四表辭不受。”見《通鑑》卷二八二天福四年三月己未條。

五年三月，改鄴都留守兼侍衛親軍馬步軍都指揮使。[1]九月，奉詔赴闕，晉高祖幸其第。

[1]鄴都：地名。治所在今河北大名縣。五代後唐同光元年（923）改魏州爲興唐府，建號東京。三年，改東京爲鄴都。《輯本舊史》卷七九《晉高祖紀五》天福五年（940）三月，“辛未，宋州歸德軍節度使、侍衛親軍馬步軍都指揮使劉知遠加特進，改鄴都留守、廣晋尹，典軍如故”。

六年七月，授太原尹，[1]充北京留守、河東節度使。[2]

[1]太原尹：官名。唐開元十一年（723）改并州爲太原府，治所在今山西太原市。太原尹總其政務。從三品。

[2]授太原尹，充北京留守、河東節度使：《輯本舊史》卷八〇《晉高祖紀六》天福六年（941）七月，“己巳，以鄴都留守兼侍衛親軍馬步軍都指揮使、廣晋尹劉知遠爲太原尹，充北京留守、河東節度使，仍割遼、沁二州却隸河東”。“太原尹，充”四字原闕，據此補。

七年正月，加侍中。[1]時天下大蝗，惟不入河東界。六月，晋高祖崩於鄴宫，少帝即位。[2]七月，[3]加帝檢校太師。[4]

[1]侍中：官名。秦始置。隋、唐前期爲門下省長官。唐後期多爲大臣加銜，不參與政務，實際職務由門下侍郎執行。正二品。

[2]少帝：即五代後晋出帝石重貴。石敬瑭從子。942年至947年在位。紀見本書卷八一至卷八五、《新五代史》卷九。

[3]七月：中華書局本沿《輯本舊史》闕，據《輯本舊史》卷八一《晋少帝紀一》補。

[4]檢校太師：官名。爲散官或加官，以示恩寵，無實際執掌。太師，與太傅、太保並爲三師。

八年三月，進位中書令。[1]

[1]中書令：官名。漢代始置，隋、唐前期爲中書省長官，屬宰相之職；唐後期多爲授予元勳大臣的虚銜。正二品。

開運元年正月，[1]契丹南下，虜主以大軍直抵澶州，[2]遣蕃將偉王率兵入雁門。[3]朝廷以帝爲幽州道行營招討使，[4]帝大破偉王於忻口。[5]尋奉詔起兵至土門，[6]軍至樂平，[7]會契丹退，乃還。三月，封太原王。七月，兼北面行營都統。[8]

[1]開運：五代後晋出帝石重貴年號（944—946）。《舊五代史考異》："案：漢祖破偉王，《薛史》作開運元年正月。《歐陽史·漢本紀》作三年五月，《晋本紀》又載開運元年正月辛丑，劉知遠及

契丹偉王戰于秀容，敗之。兩《紀》年月互異，應以《薛史》爲據。”《宋本册府》卷八《帝王部·創業門四》、明本《册府》卷一一八《帝王部·親征門三》、《通鑑》卷二八三開運元年（944）正月辛丑條、《新五代史》卷九《晋出帝紀》均與本卷記載同，《新五代史》卷一〇《漢高祖紀》誤。

[2]虜主：中華書局本沿《輯本舊史》忌清諱改作“契丹主”，據《宋本册府》卷八《帝王部·創業門四》改。　澶州：州名。唐、五代初，治所在今河南清豐縣。後晋天福四年（939）移治於今河南濮陽縣。

[3]偉王：即遼朝皇室耶律安端。又作耶律阿敦。遼太祖阿保機弟。遼大同元年（947）四月，太宗耶律德光卒，耶律安端擁耶律阮繼位，與淳欽皇太后兵戰泰德泉，大勝。九月，封“明王”，或作“偉王”，主政東丹國。事見《遼史》卷五《世宗紀》。　雁門：關隘名。位於今山西代縣。

[4]幽州：州名。治所在今北京市。　行營招討使：官名。唐始置。戰時任命，兵罷則省。常以大臣、將帥或地方軍政長官兼任。掌招撫、討伐等事務。

[5]忻口：地名。位於今山西忻州市北四十五里忻口村，兩山相夾，滹沱河流經其間。

[6]至：中華書局本有校勘記：“‘至’，見《通曆》卷一四作‘出’。”《通曆》卷一四《漢高祖》。　土門：關隘名。即井陘關。位於今河北井陘縣北井陘山上。

[7]樂平：縣名。治所在今山西昔陽縣。

[8]七月，兼北面行營都統：《輯本舊史》卷八三《少帝紀第三》開運元年八月辛丑，“北京留守劉知遠充北面行營都統”。

二年四月，封北平王。

三年五月，加守太尉。[1]八月，帝誅吐渾白承福等五族，[2]凡四百人，以别部王義宗統其餘衆。[3]九月，契丹犯塞，帝親率牙兵至朔州南陽武谷，[4]大破之。[5]十一月，虜主率蕃漢大軍由易、定抵鎮州，[6]杜重威等駐軍於中渡橋以禦之。[7]十二月十日，杜重威等以全軍降於契丹。十七日，相州節度使張彦澤受契丹命，[8]陷京城，遷少帝於開封府。[9]帝聞之大駭，分兵守境，以備寇患。

[1]太尉：官名。與司徒、司空並爲三公，唐後期、五代多爲大臣、勳貴加官。正一品。《新五代史》卷一〇《漢高祖紀》同，《輯本舊史》卷八四《晋少帝紀四》載加守太尉事於七月丙申。

[2]八月，帝誅吐渾白承福等五族："八月"，中華書局本沿《輯本舊史》作"是月"，蒙上文即爲五月。《舊五代史考異》："案：《歐陽史》作八月，殺吐渾白承福等族。"《輯本舊史》卷八四《晋少帝紀四》亦載於八月癸酉，《通鑑》卷二八五、《新五代史》卷一〇《漢高祖紀》亦載於八月，據改。吐渾，部族名。吐谷渾的省稱。源出鮮卑，後游牧於今甘肅、青海一帶。參見周偉洲《吐谷渾資料輯録》（增訂本），商務印書館2017年版。白承福，人名。吐谷渾族。五代時北吐谷渾首領。後唐同光元年（923），被莊宗任爲寧朔、奉化兩府都督，賜姓名爲李紹魯。事見《新五代史》卷七四。

[3]王義宗：人名。五代吐谷渾别部首領。後晋開運三年（946），官吐谷渾節度使。後漢天福十二年（947），加封檢校太尉、沁州刺史。事見本書本卷及卷一〇〇。

[4]朔州：州名。治所在今山西朔州市朔城區。　陽武谷：又作"揚武谷""羊武谷"。位於今山西原平市西北三十五里。

[5]"九月"至"大破之"："九月契丹犯塞"，中華書局本沿《輯本舊史》作"九月犯塞"，其後有《輯本舊史》之案語："案：

以下疑有脱文。”中華書局本有校勘記：“‘犯塞’，册府卷八作‘契丹犯塞’。按《通鑑》卷二八五：‘九月，契丹三萬寇河東。’”今從《宋本册府》卷八《帝王部·創業門四》、《通鑑》卷二八五。《舊五代史考異》：“案《東都事略·郭進傳》：契丹屠安陽，高祖遣進拒戰，契丹敗走，以功除刺史。”見《東都事略》卷二九《郭進傳》。

[6]虜主：原作“契丹主”，據《宋本册府》卷八《帝王部·創業門四》改。　易：州名。治所在今河北易縣。　定：州名。治所在今河北定州市。　鎮州：州名。治所在今河北正定縣。

[7]中渡：地名。滹沱河渡口。位於今河北正定縣。

[8]相州：州名。治所在今河南安陽市。　張彦澤：人名。突厥人，徙居太原。五代後晋將領，後投降於契丹。傳見本書卷九八、《新五代史》卷五二。

[9]開封府：府名。五代後梁都城。治所在今河南開封市。

天福十二年春正月丁亥朔，[1]契丹主入東京。癸巳，晋少帝蒙塵於封禪寺。[2]癸卯，少帝北遷。

[1]天福：五代後晋高祖石敬瑭年號（936—942）。出帝石重貴沿用至九年（944）。後漢高祖劉知遠繼位後沿用一年，稱天福十二年（947）。

[2]封禪寺：寺名。位於今河南開封市鐵塔公園。初建於北齊天寶十年（559），名獨居寺。唐玄宗開元十七年（729），詔改爲封禪寺。

二月丁巳朔，契丹主具漢法服，[1]御崇元殿受朝，[2]制改晋國爲大遼國，大赦天下，號會同十年。[3]是月，帝遣牙將王峻奉表於契丹，[4]契丹主賜詔褒美，呼帝爲兒。又賜木柺一，蕃法，貴重大臣方得此賜，亦猶漢儀賜几杖之比也。王峻持柺而歸，契丹望之皆避路。及峻至太原，帝知契丹政亂，乃議建號焉。是月，秦州節度使何建以其地入於蜀。[5]戊辰，[6]河東行軍司馬張彦威與文武將吏等，[7]以中原無主，帝威望日隆，群情所屬，上牋勸進，帝謙讓不允。自是群官三上牋，諸軍將吏、緇黄耆耋，相次迫請，教答允之。庚午，陝府屯駐奉國指揮使趙暉、侯章、都頭王晏殺契丹監軍及副使劉愿，[8]暉自稱留後。契丹因授暉陝州兵馬留後，[9]侯章爲本州馬步軍都指揮使，王晏爲副都指揮使，暉等不受僞命。[10]辛未，帝於太原宫受册，[11]即皇帝位，制改晋開運四年爲天福十二年。[12]甲戌，帝以晋帝舉族北遷，憤惋久之。是日，率親兵趨土門路，邀迎晋帝至壽陽，[13]聞其已過，乃還。[14]契丹聞帝建號，僞制削奪帝官爵。以通事耿崇美爲潞州節度使，[15]高唐英爲相州節度使，[16]崔廷勳爲河陽節度使，[17]以扼要害之地。丁丑，磁州賊帥梁暉據相州。[18]己卯，帝遣都將史弘肇率兵討代州，[19]平之。初，代州刺史王暉叛歸契丹，弘肇一鼓而拔之，斬暉以徇。庚辰，權晋州兵馬留後張晏洪奏，[20]軍亂，殺知州副使駱從朗及括錢使、諫議大夫趙熙，[21]以城歸順。時晋州留後劉在明赴東京，[22]朝於契丹，從朗知軍州事，帝方遣使張晏洪、辛處明等告諭登極，[23]從朗囚之本城。大將藥可儔殺從朗於理所，[24]州民相率害趙熙，三軍請晏洪爲留後、處明爲都監。[25]辛巳，權陝州留後趙暉、權潞州留後王守恩，[26]並上表歸順。癸未，澶州賊帥王瓊與其衆斷本州浮橋，[27]瓊敗，死之。時契丹以族人朗五爲澶州節度使，[28]契丹性貪虐，吏民苦之。瓊爲水運什長，[29]乃搆夏津賊帥張乙，[30]得千餘人，沿河而上，中夜竊發，自南城殺守將，絶浮航，入北城，朗五據牙城以拒之。[31]數日，會契丹救至，瓊敗死焉。契丹主初聞其變也，懼甚，由是大河之南無久留之意，[32]尋遣天雄軍節度使杜重威歸鎮。[33]

[1]法服：即“禮服”，亦稱“正服”。帝王、官員按禮法規定所穿的服飾。

[2]崇元殿：五代後梁開平元年（907）改汴京正殿爲崇元殿。位於今河南開封市。

[3]會同：遼太宗耶律德光年號（938—947）。

[4]牙將：官名。古代軍隊中的掌兵將官。　王峻：人名。相州安陽（今河南安陽市）人。五代將領，後周時任樞密使兼宰相。傳見本書卷一三〇、《新五代史》卷五〇。

[5]秦州：州名。治所在今甘肅天水市。　何建：人名。五代後晋將領。晋亡後歸附後蜀。傳見本書卷九四。

[6]戊辰：《新五代史》卷一〇《漢高祖紀》與此同，《通鑑》卷二八六記於後一日“己巳”。

[7]行軍司馬：官名。出征將領及節度使的屬官。掌軍籍符伍、號令印信，是藩鎮重要的軍政官員。　張彦威：人名。又名張彦成。潞州潞城（今山西潞城市）人。五代將領。本書卷一二三《張彦成傳》有附傳。

[8]陝府：地名。陝州别稱。陝州治所在今河南三門峽市陝州區。　奉國：方鎮名。治所在蔡州（今河南汝南縣）。　指揮使：

官名。唐末、五代藩鎮皆置都指揮使、指揮使，爲領兵將領。　趙暉：人名。澶州（今河南濮陽市）人。五代將領。傳見本書卷一二五。　侯章：人名。并州榆次（今山西晋中市榆次區）人。五代、宋初將領。傳見《宋史》卷二五二。　都頭：官名。唐末五代時，“都”爲指揮以下的軍事編制。《武經總要》卷二：“凡五百人爲一指揮，其别有五都，都一百人，統以一營居之。”都的長官稱爲都頭。　王晏：人名。徐州滕（今山東滕州市）人。五代、宋初將領。傳見《宋史》卷二五二。　監軍：官名。爲臨時差遣，代表朝廷協理軍務、督察將帥。唐、五代時常以宦官爲監軍。　劉愿：人名。契丹將領。本書僅此一見。

[9]兵馬留後：官名。唐、五代時，代行方鎮長官之職者稱留後。代行州兵馬使之職者，即爲兵馬留後。掌本州兵馬。

[10]“庚午”至“暉等不受僞命”：《舊五代史考異》：“案《宋史·王晏傳》：開運末，與本軍都校趙暉、忠衛都校侯章等戍陝州。會契丹至汴，遣其將劉愿據陝，恣行暴虐。晏與暉等謀曰：‘今契丹南侵，天下洶洶，英雄豪傑固當乘時自奮。且聞太原劉公，威德遠被，人心歸服，若殺愿送款河東，爲天下倡首，則取富貴如反掌耳！’暉等然之。晏乃率敢死士數人，夜踰城入府署，劫庫兵給其徒。遲明，斬愿首懸府門外。衆請暉爲帥，章爲本城副指揮使、内外巡檢使兼都虞候，乃遣其子漢倫奉表晋陽。”見《宋史》卷二五二《王晏傳》。

[11]太原宫：宫殿名。位於今山西太原市。

[12]“辛未”至“制改晋開運四年爲天福十二年”：《舊五代史考異》：“案《契丹國志》云：漢祖仍稱天福年號，曰：‘予未忍忘晋也。’”見《契丹國志》卷四《世宗天授皇帝》。

[13]壽陽：縣名。治所在今山西壽陽縣。

[14]“是日”至“乃還”：中華書局本引孔本案語：“案《契丹國志》：時留兵戍承天軍而還。”見《契丹國志》卷三《太宗嗣聖皇帝下》會同十一年（按，實爲會同十年，即公元947年）二月

條。明本《册府》卷一二五《帝王部·料敵門》記載略詳。

［15］通事：官名。契丹（遼）建國後，置通事一職以處理漢人事務。《通鑑》卷二八一胡三省注："契丹置通事以主中國人，以知華俗、通華言者爲之。"　耿崇美：人名。籍貫不詳。契丹大將，時爲昭義節度使。事見《通鑑》卷二八六。　潞州：州名。治所在今山西長治市。

［16］高唐英：人名。籍貫不詳。遼官員，後曾任相州節度使。事見本書本卷。

［17］崔廷勳：人名。籍貫不詳。五代後晋將領。傳見本書卷九八。　河陽：縣名。治所在今河南孟州市。

［18］磁州：州名。治所在今河北磁縣。　梁暉：人名。磁州滏陽（今河北磁縣）人。五代河朔地區酋豪。曾率兵奪相州，後爲契丹主耶律德光攻滅。事見本書本卷。

［19］史弘肇：人名。鄭州滎澤（今河南鄭州市）人。五代時後漢將領。傳見本書卷一〇七、《新五代史》卷三〇。　代州：州名。治所在今山西代縣。

［20］晋州：州名。治所在今山西臨汾市。　張晏洪：人名。籍貫不詳。五代後漢將領。事見本書本卷。

［21］駱從朗：人名。籍貫不詳。五代將領。時建雄軍留後劉在明朝於契丹，以節度副使駱從朗知晋州事。事見本書本卷、《通鑑》卷二八六。　括錢使：官名。契丹派往州縣徵調錢物的官員。　諫議大夫：官名。秦始置，掌朝政議論。隋唐仍置，有左、右諫議大夫四人，分屬門下、中書二省。掌諫諭得失，侍從贊相。唐後期、五代多以本官領他職。唐初爲正五品上，會昌二年（842）升爲正四品下。後晋天福五年（940）爲正四品，後周顯德五年（958）復改爲正五品上。　趙熙：人名。京兆奉天（今陝西乾縣）人。五代後梁、後唐宰相趙光遠侄。於晋州爲契丹搜刮錢財嚴急，爲百姓所殺。傳見本書卷九三。

［22］劉在明：幽州（今北京市）人。五代將領。傳見本書卷

一〇六。

[23]辛處明：人名。籍貫不詳。五代後漢將領。事見本書本卷。

[24]藥可儔：人名。籍貫不詳。五代將領。事見本書本卷。 理所：審理刑獄之處所。

[25]都監：官名。唐代中葉命將出征，常以宦官爲監軍、都監。後爲臨時委任的統兵官，稱都監、兵馬都監。掌屯戍、邊防、訓練之政令。

[26]王守恩：人名。太原（今山西太原市）人。五代後晉潞州節度使王建立子，後漢時曾任宰相。傳見本書卷一二五。

[27]王瓊：人名。籍貫不詳。事見本書本卷。

[28]朗五：人名。契丹將領。事見本書本卷。中華書局本有校勘記："'朗五'，原作'朗悟'，注云：'舊作朗五，今改正。'按此係輯録《舊五代史》時所改，今恢復原文。"

[29]什長：軍隊基層編制十卒之長。

[30]夏津：縣名。治所在今山東夏津縣。 張乙：人名。籍貫不詳。五代將領。事見本書本卷、《宋史》卷二七三。

[31]牙城：唐、五代藩鎮主帥所居之城。

[32]大河：即黄河。

[33]天雄軍：方鎮名。治所在魏州（今河北大名縣）。

三月丙戌朔，詔河東管内，自前税外，雜色徵配一切除放。是日，契丹主坐崇元殿行入閤之禮，[1]契丹主以舅蕭翰爲宣武軍節度使。[2]辛卯，權延州留後高允權遣判官李彬奏：[3]本道節度使周密爲三軍所逐，[4]以允權知留後事，上表歸順。未幾，帝召密赴行在。壬辰，丹州都指揮使高彦珣殺僞命刺史，[5]據城歸命。壬寅，契丹主發自東京還本國。[6]是日，宿於赤崗，[7]至晡，有大聲如雷，起於敵帳之下。契丹自黎陽濟河，[8]遂趨相州。[9]庚戌，帝以北京馬步軍都指揮使、泗州防禦使、檢校太保劉崇爲太原尹、檢校太尉，[10]以北京馬步軍都虞候郭從義爲鄭州防禦使、檢校太保，[11]以北京興捷左廂都指揮使李洪信爲陳州刺史、檢校司徒，[12]以興捷右廂都指揮使尚洪遷爲單州刺史、檢校司徒，[13]以北京武節左廂都指揮使蓋萬爲蔡州刺史，[14]以武節右廂都指揮使周暉爲濮州刺史，[15]以保寧都指揮使朱奉千爲隨州刺史。[16]辛亥，吐渾節度使王義宗加檢校太尉，[17]以前忻州刺史秦習爲耀州團練使。[18]癸丑，以北京副留守、檢校司徒白文珂爲河中節度使、檢校太尉。[19]

[1]入閤：即朔望入閤。“自正衙唤仗，由閤門而入”，故稱。唐代時，入閤於大明宫紫宸殿舉行。五代後唐時，於文明殿舉行。

[2]蕭翰：人名。契丹人。遼朝宰相蕭敵魯之子，述律太后之侄，太宗皇后之兄。遼初將領。傳見本書卷九八、《遼史》卷一一三。　宣武軍：方鎮名。唐舊鎮，治所在汴州（今河南開封市）。五代後梁開平元年（907）升汴州爲東京開封府。開平三年置宣武軍於宋州（今河南商丘市睢陽區）。後唐同光元年（923）改宋州宣武軍爲歸德軍。廢東京開封府，重建宣武軍於汴州。後晋天福三年（938），改爲東京開封府。除天福十二年、十三年短暫改爲宣武軍外，汴京均爲東京開封府。

[3]延州：州名。治所在今陝西延安市。　高允權：人名。延州（今陝西延安市）人。五代將領。傳見本書卷一二五。　李彬：人名。籍貫不詳。五代軍閥高允權僚佐。事見本書本卷、卷一二五。

[4]周密：人名。應州神武川（今山西山陰縣）人。五代將領。傳見本書卷一二四。

[5]丹州：州名。治所在今陝西宜川縣。　都指揮使：官名。唐末、五代軍隊多置都指揮使、指揮使，爲統兵將領。　高彦珣：人名。一作“高彦詢”。籍貫不詳。五代將領。事見本書本卷。

[6]壬寅，契丹主發自東京還本國：《舊五代史考異》：“案：《遼史·太宗紀》作四月丙辰朔，發自汴州，與《薛史》異。《歐陽史》及《通鑑》俱從《薛史》作壬寅。”見《新五代史》卷一〇《漢高祖紀》、《通鑑》卷二八六、《遼史》卷四《太宗紀下》。

[7]赤崗：地名。亦作“赤岡”。今名霍赤岡。位於今河南開封市東北。

[8]黎陽：縣名。治所在今河南浚縣。

[9]契丹自黎陽濟河，遂趨相州：《舊五代史考異》：“案：《通鑑》作丙午，契丹自白馬渡河。《遼史》作乙丑，濟黎陽渡，與《通鑑》異。”見《通鑑》卷二八六、《遼史》卷四。

[10]泗州：州名。治所在今江蘇泗洪縣東南。　防禦使：官名。唐代始置，設有都防禦使、州防禦使兩種。常由刺史或觀察使兼任，實際上爲唐代後期州或方鎮的軍政長官。　劉崇：人名。五代後漢高祖從弟。後周代漢，稱帝於太原，國號“漢”，史稱“北漢”。傳見本書卷一三五、《新五代史》卷七〇。

[11]郭從義：人名。沙陀部人。五代、宋初大臣。傳見《宋史》卷二五二。　鄭州：州名。治所在今河南鄭州市。

[12]興捷左厢都指揮使：所部統兵將領。“興捷”爲軍隊番號。　李洪信：人名。并州晋陽（今山西太原市）人。五代、宋初將領。傳見《宋史》卷二五二。　陳州：州名。治所在今河南淮陽縣。　檢校司徒：官名。爲散官或加官，以示恩寵加此官，無實際執掌。

[13]尚洪遷：人名。籍貫不詳。五代將領。事見本書本卷、卷一〇〇、卷一〇一。　單州：州名。治所在今山東單縣。

[14]蓋萬：人名。籍貫不詳。五代、宋初將領。事見本書本卷。　蔡州：州名。治所在今河南汝南縣。

［15］周暉：人名。籍貫不詳。五代將領。本書僅此一見。　濮州：州名。治所在今山東鄄城縣。

［16］朱奉千：人名。籍貫不詳。五代將領。本書僅此一見。　隨州：州名。治所在今湖北隨州市。"隨州刺史"，中華書局本有校勘記："'史'原作'使'，據殿本、劉本改。"

［17］吐渾：部族名。"吐谷渾"的省稱。源出鮮卑，後游牧於今甘肅、青海一帶。參見周偉洲《吐谷渾資料輯録》（增訂本），商務印書館2017年版。

［18］忻州：州名。治所在今山西忻州市。　秦習：人名。籍貫不詳。五代將領。本書僅此一見。　耀州：州名。治所在今陝西銅川市耀州區。

［19］白文珂：人名。太原（今山西太原市）人。五代後唐至後周將領。傳見本書卷一二四。　河中：方鎮名。治所在河中府（今山西永濟市）。

夏四月己未，以北京馬軍都指揮使、集州刺史劉信爲滑州節度使，[1]充侍衛馬軍都指揮使、檢校太傅，以北京隨使、右都押衙楊邠爲權樞密使、檢校太保，[2]以北京武節都指揮使、雷州刺史史弘肇爲許州節度使，[3]充侍衛步軍都指揮使、檢校太傅，以北京牢城都指揮使、壁州刺史常思爲鄧州節度使、檢校太傅、兼權北京馬步軍都指揮使、三城巡檢使，[4]以河東行軍司馬張彦威爲同州節度使、檢校太保，[5]以蕃漢兵馬都孔目官郭威爲權樞密副使、檢校司徒，[6]以河東左都押衙扈彦珂爲宣徽南院使、檢校司徒，[7]以右都押衙王浩爲宣徽北院使、檢校司徒，[8]以兩使都孔目官王章爲權三司使、檢校太保。[9]是日，契丹主取相州，殺留後梁暉。[10]暉，磁州滏陽人，[11]少爲盜，會契丹犯闕，[12]暉收集徒黨，先入磁州，無所侵犯，遣使送款於帝。暉偵知相州頗積兵仗，[13]且無守備，遂以二月二十一日夜與其徒踰垣而入，[14]殺契丹數十人，[15]奪器甲數萬計，遂據其城。虜主先遣僞命相州節度使高唐英率兵討之。[16]未幾，虜主至城下，是月四日攻拔之，遂屠其城。翌日，虜主北去，命高唐英鎮之，唐英閱城中遺民，得男女七百人而已。乾祐中，[17]王繼弘鎮相州，[18]奏於城中得髑髏十餘萬，[19]殺人之數，從可知也。庚申，以石州刺史易全章爲洺州團練使，[20]以前遼州刺史安真爲宿州團練使，[21]以嵐州刺史孟行超爲潁州團練使，[22]以汾州刺史武彦弘爲曹州防禦使，[23]以前憲州刺史慕容信爲齊州防禦使，[24]以遼州刺史薛瓊爲亳州防禦使，[25]以沁州刺史李漢韜爲汝州防禦使。[26]癸亥，册魏國夫人李氏爲皇后。[27]甲子，以皇長子承訓爲左衛上將軍，[28]第二子承祐爲左衛大將軍，[29]第三子承勳爲右衛大將軍，[30]皇女彭城郡君宋氏封永寧公主，[31]皇姪承贇爲右衛上將軍。[32]以河東節度判官蘇逢吉爲中書侍郎、同平章事、集賢殿大學士，[33]以河東觀察判官蘇禹珪爲中書侍郎、同平章事。[34]升府州爲節鎮，[35]加永安軍額，[36]以振武節度使、府州團練使折從阮爲永安軍節度使、行府州刺史、檢校太尉。[37]以北京隨使、左都押衙劉銖爲河陽節度使。[38]以河東支使韓祚爲左諫議大夫，[39]充樞密直學士。[40]乙丑，遣史弘肇率兵一萬人趨潞州。丙寅，以權知潞州軍州事、左驍衛大將軍王守恩爲潞州節度使、檢校太保；[41]以權點檢延州軍州事高允權爲延州節度使、檢校太保；以岢嵐軍使鄭謙爲忻州刺史、遥領應州節度使，[42]充忻、代二州義軍都部署。[43]丁卯，以河東都巡館驛、沿河巡檢使閻萬進爲嵐州刺史、領朔州節度使，[44]充嵐、憲二州義軍都制置。[45]戊辰，權河陽留後武行德以城來歸。[46]初，虜主將發東京，船載武庫兵仗，自汴浮河，欲置之於北地，遣奉國都虞候武行德部送，[47]與軍士千餘人并家屬俱行。至河陰，[48]軍亂，奪兵仗，殺契丹監吏，衆推行德爲帥，與河陰屯駐軍士合，乃自汜水抵河陽。[49]河陽僞命節度使崔廷勳率兵拒之，[50]兵敗，行德等追躡之，廷勳棄城而遁，行德因據其城。[51]僞命西京留守劉晞棄洛城，[52]南走許州，遂奔東京，洛京巡檢使方太自署知留守事。[53]未幾，太爲武行德所害。庚午，[54]蕃將耿崇美屯澤州，[55]史弘肇遣先鋒將馬誨率兵擊之，[56]崇美退保懷州。[57]崔廷勳以契丹衆攻武行德於河陽，行德出戰，爲廷勳所敗。汴州蕭翰遣蕃將高牟翰將兵援送劉晞復歸於洛，[58]牟翰至，殺前澶州節度使潘環於洛陽。[59]辛未，以河陽都部署武行德爲河陽節度使、檢校太尉，充一行馬步軍都部署。甲戌，潞州節度使王守恩加檢校太尉，以前棣州刺史慕容彦超爲澶州節度使、檢校太保。[60]丙子，虜主耶律德光卒於鎮之欒城。[61]趙延壽於鎮州自稱權知國事。[62]辛巳，陝州節度使趙暉加檢校太尉，華州節度使兼陝州馬步軍都指揮使侯章加檢校太傅，[63]以陝府馬步軍副都指揮使兼絳州防禦使王晏爲晋州節度使、檢校太傅，[64]以丹州都指揮使、權知軍州事高彦珣爲丹州刺史。《永樂大典》卷一萬六千一百九十八。[65]

[1]集州：州名。治所在今四川南江縣。　劉信：人名。籍貫不詳。唐末、五代軍閥。事見本書卷一〇〇至卷一〇三。　滑州：州名。治所在今河南滑縣。

[2]右都押衙：官名。"押衙"即"押牙"。唐、五代時期節度使辟署的屬官，有稱左、右都押衙或都押衙者。掌領方鎮儀仗侍衛，統率軍隊。　楊邠：人名。魏州冠氏（今山東冠縣）人。五代後漢時任樞密使、宰相。傳見本書卷一〇七、《新五代史》卷三〇。　樞密使：官名。樞密院長官。唐代宗時始以宦官掌機密，至昭宗時借朱温之力盡誅宦官，始改以士人任樞密使。備顧問，參謀議，出納詔奏，權侔宰相。參見李全德《唐宋變革期樞密院研究》，國家圖書館出版社2009年版。　以北京隨使、右都押衙楊邠爲權樞密使、檢校太保：《舊五代史考異》："案《歐陽史》：四月己未，右都押衙楊邠爲樞密使。據《薛史》，邠于閏七月辛未始真授樞密使，四月中乃權職也。"見《輯本舊史》卷一〇〇《漢高祖紀下》天福十二年（947）閏七月辛未"以權樞密使楊邠爲樞密使，加檢校太傅"；卷一〇七《楊邠傳》"漢國建，遷檢校太保、權樞密使。汴、洛平，正拜樞密使、檢校太傅"；及《新五代史》卷一〇《漢高祖紀》。

[3]武節都指揮使：所部統兵將領。"武節"爲軍隊蕃號。　雷州：州名。治所在今廣東雷州市。　許州：州名。治所在今河南許昌市。

[4]牢城都指揮使：所部統兵將領。"牢城"爲軍隊蕃號。　壁州：州名。治所在今四川通江縣。　常思：人名。太原（今山西太原市）人。五代將領。傳見本書卷一二九、《新五代史》卷四九。　鄧州：州名。治所在今河南鄧州市。　巡檢使：官名。五代

始設巡檢，設於京師、陪都、重要的州及邊防重鎮。

［5］同州：州名。治所在今陝西大荔縣。

［6］蕃漢兵馬都孔目官：官名。五代藩鎮幕府僚佐，掌蕃漢兵馬、軍機要事。　郭威：人名。邢州堯山（今河北隆堯縣）人。五代後周開國皇帝，廟號太祖。951 年至 954 年在位。紀見本書卷一一〇至卷一一三、《新五代史》卷一一。　樞密副使：官名。樞密院副長官。中華書局本有校勘記："'樞密副使'，原作"樞密使"，據本書卷一〇〇《漢高祖紀下》、卷一一〇《周太祖紀一》、《通曆》卷一五改。按本卷上文記以楊邠權樞密使。"見《輯本舊史》卷一〇〇《漢高祖紀下》天福十二年閏七月辛未，《通曆》卷一五《周太祖》，《新五代史》卷一〇、卷一一《周太祖紀》。

［7］扈彥珂：人名。代州雁門（今山西代縣）人。五代後晉至宋朝將領。傳見《宋史》卷二五四。　宣徽南院使：官名。唐始置。宣徽南院長官。初用宦官，五代以後改用士人。與宣徽北院使通掌内諸司及三班内侍之名籍，郊祀、朝會、宴享供帳之儀，檢視内外進奉名物。參見王永平《論唐代宣徽使》，《中國史研究》1995 年第 1 期；王孫盈政《再論唐代的宣徽使》，《中華文史論叢》2018 年第 3 期。

［8］王浩：人名。籍貫不詳。五代將領。本書僅此一見。

［9］王章：人名。大名南樂（今河南南樂縣）人。五代後漢三司使、同平章事，以聚斂刻急著稱。傳見本書卷一〇七、《新五代史》卷三〇。　三司使：官名。五代後唐明宗天成元年（926）將晚唐以來的户部、度支、鹽鐵三部合爲一職，設三司使統之。主管國家財政。

［10］是日，契丹主取相州，殺留後梁暉：《舊五代史考異》："案《宋史·李穀傳》：潛遣河朔酋豪梁暉入據安陽，契丹主患之，即謀北旋。會有告契丹以城中虛弱者，契丹還攻安陽，陷其城。"見《宋史》卷二六二《李穀傳》。

［11］滏陽：縣名。治所在今河北磁縣。

［12］會契丹犯闕：原作“契丹入汴”，據明本《册府》卷七五九《總録部·忠門二》改。

［13］積兵仗：明本《册府》卷七五九作“積餉”。

［14］遂以二月二十一日夜與其徒踰垣而入：中華書局本有校勘記：“‘二月’，原作‘三月’。本卷上文：‘（天福十二年二月丁丑）磁州賊帥梁暉據相州。’《通鑑》卷二八六：‘（天福十二年二月）丁丑夜，遣壯士踰城入。’按丁丑爲二十一日，據改。”

［15］殺契丹數十人：《舊五代史考異》：“案：《契丹國志》作殺遼兵數百。”見《契丹國志》卷三《太宗下》。

［16］虜主：原作“契丹主”，據明本《册府》卷七五九改，下文之“虜主”皆由“契丹主”所改。

［17］乾祐：後漢高祖劉知遠、隱帝劉承祐年號（948—950）。北漢亦用此年號。

［18］王繼弘：人名。南宫（今河北南宫市）人。五代將領。傳見本書卷一二五。

［19］十餘萬：《新五代史》卷七二《四夷附録一》、《通鑑》卷二八六均同，《宋本册府》卷九九七《外臣部·殘忍門》作“十五萬”。

［20］石州：州名。治所在今山西吕梁市離石區。　易全章：人名。籍貫不詳。五代將領。本書僅此一見。　洺州：州名。治所在今河北邯鄲市永年區。

［21］遼州：州名。治所在今山西左權縣。　安真：人名。籍貫不詳。五代將領。本書僅此一見。　宿州：州名。治所在今安徽宿州市。

［22］嵐州：州名。治所在今山西嵐縣。　孟行超：人名。籍貫不詳。五代將領。本書僅此一見。　潁州：州名。治所在今安徽阜陽市。

［23］汾州：州名。治所在今山西汾陽市。　武彦弘：人名。籍貫不詳。五代將領。本書僅此一見。　曹州：州名。治所在今山東

曹縣西北。

［24］憲州：州名。治所在今山西婁煩縣。　慕容信：人名。籍貫不詳。五代將領。本書僅此一見。　齊州：州名。治所在今山東濟南市。

［25］薛瓊：人名。籍貫不詳。五代將領。本書僅此一見。　亳州：州名。治所在今安徽亳州市。

［26］沁州：州名。治所在今山西沁源縣。　李漢韜：人名。籍貫不詳。五代將領。本書僅此一見。　汝州：州名。治所在今河南汝州市。

［27］李氏：即五代後漢高祖劉知遠皇后。晉陽（今山西太原市）人。傳見本書卷一〇四、《新五代史》卷一八。

［28］承訓：人名。即劉承訓。劉知遠長子，死後追封魏王。傳見本書卷一〇五、《新五代史》卷一八。　左衛上將軍：官名。唐置，掌宫禁宿衛。唐代置十六衛之一。從二品。

［29］承祐：人名。即五代後漢隱帝劉承祐。後漢高祖劉知遠次子。948 年至 950 年在位。紀見本書卷一〇一至卷一〇三、《新五代史》卷一〇。　左衛大將軍：官名。唐置，掌宫禁宿衛。唐代置十六衛之一。正三品。

［30］承勳：人名。即劉承勳。五代後漢高祖劉知遠三子。傳見本書卷一〇五、《新五代史》卷一八。　右衛大將軍：官名。唐置，掌宫禁宿衛。唐代置十六衛之一。正三品。

［31］宋氏：五代後漢高祖劉知遠册封的皇女。

［32］承贇：人名。即劉承贇。五代後漢高祖劉知遠之侄。事見本書卷一〇一。

［33］中書侍郎：官名。中書省副長官。唐後期三省長官漸爲榮銜，中書侍郎、門下侍郎却因參議朝政而職位漸重，常常用爲以“同三品”或“同平章事”任宰相者的本官。正三品。　集賢殿大學士：官名。唐中葉置，位在學士之上，以宰相兼。掌修書之事。

［34］觀察判官：官名。唐肅宗以後置，五代沿置。觀察使屬

官，參理田賦事，用觀察使印、署狀。　蘇禹珪：人名。高密（今山東高密市）人。劉知遠爲河東節度時的屬官，五代後漢初任宰相。傳見本書卷一二七。

[35]府州：州名。治所在今陝西府谷縣。

[36]永安軍：方鎮名。治所在府州（今陝西府谷縣）。

[37]振武：方鎮名。五代後梁貞明二年（916）以前，治所位於單于都護府城（今内蒙古和林格爾縣）。貞明二年，單于都護府城爲契丹占據。此後至後唐清泰三年（936），治所位於朔州（今山西朔州市朔城區）。後晋隨燕雲十六州割予契丹，改名順義軍。　折從阮：人名。雲中（今山西大同市）人，羌族折掘氏。五代後唐至後周將領。傳見本書卷一二五、《新五代史》卷五〇。

[38]劉銖：人名。陝州（今河南三門峽市陝州區）人。時權知開封府事。傳見本書卷一〇七、《新五代史》卷三〇。　河陽：方鎮名。全稱"河陽三城"。治所在孟州（今河南孟州市）。

[39]支使：官名。唐五代節度使、觀察使等下屬官員中有支使，其職與掌書記同。位在副使、判官之下，推官之上。掌表奏書檄等。　韓祚：人名。籍貫不詳。五代後漢大臣。事見本書本卷、卷一〇〇。　左諫議大夫：官名。隸門下省。唐代置左、右諫議大夫各四人，分隸門下省、中書省。掌諫諭得失、侍從贊相。正四品下。

[40]樞密直學士：官名。五代後唐莊宗同光元年（923）改直崇政院置，選有政術文學者充任。備顧問應對。

[41]左驍衛大將軍：官名。唐置，掌宫禁宿衛。唐代置十六衛之一。正三品。　王守恩：人名。太原（今山西太原市）人。五代後晋潞州節度使王建立子，後漢時曾任宰相。傳見本書卷一二五。

[42]岢嵐軍：軍（政區單位）名。治所在今山西岢嵐縣。　鄭謙：人名。籍貫不詳。五代將領。本書僅此一見。　忻州：州名。治所在今山西忻州市。　應州：州名。治所在今山西應縣。

[43]都部署：官名。五代後唐始置，爲臨時委任的大軍區統

帥。掌管屯戍、攻防等事務。

［44］都巡館驛：官名。館驛即供郵傳行旅食宿的旅舍驛站，都巡館驛當爲負巡視、監察之職。　閻萬進：人名。并州（今山西太原市）人。五代將領。事見《通鑑》卷二八六。　嵐州：州名。治所在今山西嵐縣。　朔州：州名。治所在今山西朔州市朔城區。

［45］都制置：官名。唐末、五代臨時軍事長官，鎮撫地方。

［46］武行德：人名。并州榆次（今山西晋中市榆次區）人。五代、宋初將領。傳見《宋史》卷二五二。

［47］奉國都虞候：官名。五代時期部隊統兵官。"奉國"爲五代軍隊番號。

［48］河陰：縣名。治所在今河南滎陽市。

［49］汜水：縣名。治所在今河南滎陽市汜水鎮。

［50］崔廷勳：人名。籍貫不詳。五代後晋將領。傳見本書卷九八。

［51］"戊辰"至"行德因據其城"：《舊五代史考異》："案《東都事略·武行德傳》：行德陷于契丹，僞請自效，因遣送將校數十人護所取尚方鎧甲還北方。至河陰，行德謂衆曰：'我與若等能爲異域鬼耶？'衆素伏其威名，皆曰：'惟命。'遂攻孟州，走其節度使崔廷勳，悉以府庫分諸校，而權領州事。遣其弟行友詣太原勸進。"《輯本舊史》引孔本："《薛史》作軍亂，衆擁行德爲帥，與《東都事略》異。"見《東都事略》卷一九《武行德傳》。

［52］劉晞：人名。涿州（今河北涿州市）人。初爲周德威的從事，後爲遼國將領。傳見本書卷九八。　洛城：地名。即洛陽。位於今河南洛陽市。

［53］洛京：即洛陽。　方太：人名。青州千乘（今山東廣饒縣）人。五代將領。傳見本書卷九四。

［54］庚午：原作"是月"，此條《輯本舊史》繫於戊辰（十三）條後、辛未（十六）條前。如作"是月"而不繫日，應置於該月條末。如作"是日"，則蒙前爲戊辰（十三）。《通鑑》卷二八

六繫於“庚午”，爲十五日。如是三段次序爲戊辰、庚午、辛未，據改。

［55］耿崇美：人名。籍貫不詳。契丹大將，時爲昭義節度使。事見《通鑑》卷二八六。　澤州：州名。治所在今山西澤州縣。

［56］馬誨：人名。籍貫不詳。五代將領。本書僅此一見。

［57］懷州：州名。治所在今河南沁陽市。

［58］高牟翰：人名。《遼史》作“高模翰”。渤海族人。遼朝將領。傳見《遼史》卷七六。

［59］潘環：人名。洛陽（今河南洛陽市）人。五代將領。傳見本書卷九四。

［60］棣州：州名。治所在今山東惠民縣。　慕容彦超：人名。沙陀部人（一説“吐谷渾部人”）。五代後漢將領，後漢高祖劉知遠同母弟。傳見本書卷一三〇、《新五代史》卷五三。　澶州：州名。唐、五代初，治所在今河南清豐縣。後晋天福四年（939），移治於今河南濮陽縣。

［61］耶律德光：人名。契丹族，遼太祖耶律阿保機次子。遼朝皇帝，謚號太宗。927 年至 947 年在位。紀見《遼史》卷三至卷四。　欒城：縣名。治所在今河北石家莊市欒城區。　虜主耶律德光卒於鎮之欒城：《舊五代史考異》：“案《遼史·太宗紀》：四月丁丑，崩於欒城。與《薛史》異。《歐陽史》及《通鑑》俱從《薛史》作丙子。”見《新五代史》卷一〇《漢高祖紀》、《通鑑》卷二八六、《遼史》卷四《太宗紀下》。

［62］趙延壽：人名。常山（今河北正定縣）人。本姓劉，爲五代後唐將領趙德鈞養子。仕至後唐樞密使，遼朝幽州節度使、燕王。傳見本書卷九八。

［63］華州：州名。治所在今陝西渭南市華州區。　侯章：人名。并州榆次（今山西晋中市榆次區）人。五代、宋初將領。傳見《宋史》卷二五二。

［64］絳州：州名。治所在今山西新絳縣。　王晏：人名。徐州

滕（今山東滕州市）人。五代、宋初將領。傳見《宋史》卷二五二。　晉州：州名。治所在今山西臨汾市。　以陝府馬步軍副都指揮使兼絳州防禦使王晏爲晉州節度使、檢校太傅：《舊五代史考異》："案《隆平集·王晏傳》云：漢祖威名未振，而晏等歸之，甚喜，即授以節度使。"見《隆平集》卷一七《王晏傳》。

[65]原作"《永樂大典》卷一萬六千九十八"，中華書局本有校勘記："檢《永樂大典目録》，卷一六〇九八爲'漢'字韻'宣帝九'，與本則内容不符，恐有誤記。陳垣《舊五代史輯本引書卷數多誤例》謂應作卷一六一九八'漢'字韻'五代漢高祖一'。"今據改。

舊五代史　卷一〇〇

漢書二

高祖紀下

天福十二年夏五月乙酉朔,[1]契丹所署大丞相、政事令、東京留守、燕王趙延壽爲永康王兀欲所縶,[2]既而兀欲召蕃漢臣僚於鎮州牙署,[3]矯戎王遺詔,命兀欲嗣位,[4]於是發哀成服。辛卯,詔取五月十二日車駕南幸。甲午,以判太原府事劉崇爲北京留守,[5]命皇子承訓、武德使李暉大内巡檢。[6]丙申,帝發河東,[7]取陰地關路幸東京。[8]時星官言,太歲在午,[9]不利南巡,故路出陰地。丁酉,史弘肇奏,[10]澤州刺史翟令奇以郡來降。[11]是日,契丹所署汴州節度使蕭翰迎郇國公李從益至東京,[12]請從益知南朝軍國事。己亥,蕭翰發離東京北去。乙巳,契丹永康王兀欲自鎮州還蕃,行次定州,[13]以定州節度副使耶律忠爲定州節度使,[14]孫方簡爲雲州節度使。[15]方簡不受命,遂歸狼山。[16]戊申,車駕至絳州,[17]本州刺史李從朗以郡降。[18]初,契丹遣偏校成霸卿、曹可璠等守其郡，[19]帝建義之始，不時歸命。及車駕至，帝耀兵於城下，不令攻擊，從朗等遂降。

［1］天福：五代後晋高祖石敬瑭年號（936—942）。出帝石重貴沿用至九年（944）。後漢高祖劉知遠繼位後沿用一年，稱天福十二年（947）。

［2］契丹：古部族、政權名。公元4世紀中葉宇文部爲前燕攻破，始分離而成單獨的部落，自號契丹。唐貞觀中，置松漠都督府，以其首領爲都督。唐末强盛，916年迭剌部耶律阿保機建立契丹國（遼）。先後與五代、北宋並立，保大五年（1125）爲金所滅。参見張正明《契丹史略》，中華書局1979年版。　大丞相：官名。遼授予功勳卓著者，非定制。　政事令：官名。遼置，初屬漢兒司，後爲南面官最高行政機構政事省長官。掌参議大政。　東京：遼都城名。治所在今遼寧遼陽市。　留守：官名。在都城、陪都或軍事重鎮所設留守，由地方行政長官兼任。　趙延壽：人名。常山（今河北正定縣）人，本姓劉，爲五代後唐將領趙德鈞養子。仕至後唐樞密使，遼朝幽州節度使、燕王。傳見本書卷九八。　兀欲：人名。即遼世宗耶律阮。契丹族，遼太祖耶律阿保機孫，人皇王耶律倍長子，遼朝第三代皇帝。紀見《遼史》卷五。

［3］鎮州：州名。治所在今河北正定縣。

［4］“天福十二年夏五月乙酉朔”至“命兀欲嗣位”：《舊五代史考異》：“案：《遼史·世宗紀》作四月戊寅，即皇帝位。《歐陽史》《通鑑》《契丹國志》俱從《薛史》作五月，與《遼史》異。”見《新五代史》卷七三《四夷附録二·兀欲傳》、《通鑑》卷二八七天福十二年（947）五月乙酉條、《契丹國志》卷三《太宗嗣聖皇帝下》會同十一年（按，實爲會同十年，即公元947年）五月條、《遼史》卷五《世宗紀》大同元年（947）四月戊寅條。

［5］判太原府事：官名。太原府最高長官。太原府治所在今山西太原市。《新五代史》卷一〇《漢高祖紀》天福十二年五月甲午條、《通鑑》卷二八七天福十二年五月甲申條均作"太原尹"，然《通鑑》記於甲申，誤，應爲甲午。又《輯本舊史》卷一三五《劉崇傳》載："漢祖起義於河東，以崇爲特進、檢校太尉、行太原尹。是歲五月，漢祖南行，以崇爲北京留守，尋加同平章事。"所引史料均不載"判太原府事"。　劉崇：人名。即劉旻。太原（今山西太原市）人。五代後漢高祖劉知遠從弟。後漢時任太原尹，專制一方。後周代漢，劉崇稱帝於太原，國號漢，史稱北漢。傳見本書卷一三五、《新五代史》卷七〇。　北京：地名。五代後唐同光元年（923）十一月改西京太原府爲北京，亦稱北都。治所在今山西太原市。沿至後晉、後漢不改。

［6］承訓：人名。即劉承訓。劉知遠長子，死後追封魏王。傳見本書卷一〇五、《新五代史》卷一八。　武德使：官名。五代後唐置，爲武德司長官，亦帶職外任，權位極重。　李暉：人名。瀛州束城（今河北河間市）人。五代官員。傳見本書卷一二九。　大内：即皇宫。　巡檢：官名。又稱"巡檢使"。五代始設巡檢，設於京師、陪都、重要的州及邊防重鎮。

［7］河東：方鎮名。治所在太原（今山西太原市）。

［8］陰地關：關隘名。位於今山西靈石縣西南。

［9］太歲在午：即太歲運行至十二辰"午"時。太歲即古代天文學中假設的歲星（即木星）。

［10］史弘肇：人名。鄭州滎澤（今河南鄭州市）人。五代後漢將領。傳見本書卷一〇七、《新五代史》卷三〇。

［11］澤州：州名。治所在今山西澤州縣。　刺史：官名。州一級行政長官。西漢武帝時始置，總掌考核官吏、勸課農桑、地方教化等事。唐中期以後，節度使、觀察使轄州而設，刺史爲其屬官，職任漸輕。從三品至正四品下。　翟令奇：人名。籍貫不詳。時爲澤州刺史。事見本書本卷。　丁酉，史弘肇奏，澤州刺史翟令奇以

郡來降：《舊五代史考異》："案《宋史·李萬超傳》：史弘肇路經澤州，刺史翟令奇堅壁拒命。萬超馳至城下，諭之曰：'今契丹北遁，天下無主，并州劉公，仗大義，定中土，所向風靡，後服者族，盍早圖之。'令奇乃開門迎納，弘肇即留萬超權州事。"見《宋史》卷二六一《李萬超傳》。又，《新五代史》卷一〇《漢高祖紀》載史弘肇取澤州於四月。

［12］契丹所署：《宋本册府》卷八《帝王部·創業門》四作"僞署"。　汴州：州名。治所在今河南開封市。北周時改梁州置。五代後梁開平元年（907）升爲開封府。後唐復爲汴州，後晋復升爲開封府。　蕭翰：人名。契丹人。遼朝宰相蕭敵魯之子，述律太后之侄，太宗皇后之兄。遼初將領。傳見本書卷九八、《遼史》卷一一三。　李從益：人名。沙陀部人。五代後唐明宗李嗣源幼子。契丹蕭翰北歸，以其爲傀儡統治中原地區。傳見本書卷五一。

［13］定州：州名。治所在今河北定州市。　"乙巳"至"行次定州"：《舊五代史考異》："案：《遼史》作甲申，次定州，與《薛史》異。"見《遼史》卷五《世宗紀》大同元年四月甲申條。

［14］耶律忠：人名。即耶律郎五。契丹人。遼代將領。傳見《契丹國志》卷一七。

［15］孫方簡：人名。又名孫方諫。中山（今河北定州市）人，一説莫州清苑（今河北保定市清苑區）人。五代後晋至後周將領。傳見本書卷一二五、《新五代史》卷四九。　雲州：州名。治所在今山西大同市。

［16］狼山：地名。位於今河北易縣。

［17］絳州：州名。治所在今山西新絳縣。

［18］李從朗：人名。籍貫不詳。時爲絳州刺史。事見本書本卷。

［19］成霸卿、曹可璠：人名。籍貫不詳。皆契丹將領。本書僅此一見。

六月乙卯，契丹河中節度使趙贊起復河中節度使。[1]是日，契丹右僕射兼中書侍郎、平章事張礪卒於鎮州。[2]丙辰，車駕至洛，[3]兩京文武百僚自新安相次奉迎。[4]郇國公李從益、唐明宗淑妃王氏皆賜死於東京。[5]甲子，車駕至東京。丙寅，以濮州就糧歸捷指揮使張建雄爲濮州刺史，[6]以金州守禦指揮使康彦環爲金州防禦使。[7]建雄、彦環皆因亂害本州刺史，自知州事，故有是命。以北京知進奏王從璋爲内客省使。[8]戊辰，制："大赦天下。應天福十二年六月十五日昧爽已前，天下見禁罪人，已結正未結正，已發覺未發覺，除十惡五逆外，罪無輕重，咸赦除之。諸州去年殘税並放。東、西京一百里内，[9]放今年夏税；一百里外及京城，今年屋税並放一半。[10]契丹所授職任，不議改更。諸貶降官，未量移者與量移，[11]已量移者與敘録。徒流人並放還。應係欠省錢，[12]家業抵當外並放。宜以國號爲大漢，[13]年號依舊稱天福"云。己巳，詔青州、襄州、安州復爲節鎮，[14]曹、陳二州依舊爲郡。[15]壬申，北京留守劉崇加同平章事。[16]以中書舍人劉繼儒爲宗正卿；[17]翰林學士承旨、尚書兵部侍郎張允落職守本官；[18]以尚書左丞張昭爲吏部侍郎；[19]以左散騎常侍邊歸讜爲禮部侍郎；[20]以左散騎常侍王仁裕爲户部侍郎，[21]充翰林學士承旨；以右諫議大夫張沆爲左散騎常侍，[22]充翰林學士；以户部侍郎李式爲光禄卿；[23]以翰林學士、尚書禮部侍郎邊光範爲衛尉卿。[24]甲戌，詔："文武臣僚，每遇内殿起居，[25]輪次上封事。"丁丑，以湖南節度使馬希範卒輟視朝三日。[26]是月，契丹所命相州節度使高唐英爲屯駐指揮使王繼弘、樊暉所殺。[27]

[1]河中：方鎮名。治所在河中府（今山西永濟市）。　趙贊：人名。幽州薊（今天津市薊州區）人。五代後唐、遼朝將領趙延壽之子。五代後唐至宋初將領。傳見《宋史》卷二五四。　六月乙卯，契丹河中節度使趙贊起復河中節度使：《舊五代史考異》："案《通鑑》：起復趙匡贊在七月甲午以後，與《薛史》異。又匡贊，《薛史》作'趙贊'。考贊即延壽之子，仕宋，歷廬、延、邠、鄜四州，蓋入宋後，避諱去'匡'字也，今仍其舊。又案《遼史·世宗紀》：天祿二年十月壬午，南京留守、魏王趙延壽薨。考遼天祿二年即漢乾祐二年，此時天福十二年，延壽尚未死也。此必因延壽爲永康王所鎖，而漢人傳其已死，遂起復其子贊以絶其北向之心耳。"中華書局本有校勘記："又案《遼史·世宗紀》……以絶其北向之心耳，以上八十二字原闕，據《舊五代史考異》卷四補。"中華書局本又引孔本："又考《通鑑》，遣使弔祭河中，因起復移鎮，在七月甲午以後。《薛史》繫于六月，前後互異。"見《通鑑》卷二八七天福十二年（947）七月甲午條。

[2]右僕射：官名。秦始置。隋、唐前期，以左、右僕射佐尚書令總理六官，綱紀庶務；如不置尚書令，則總判省事，爲宰相之職。唐後期多爲大臣加銜。從二品。　中書侍郎：官名。中書省副長官。唐後期三省長官漸爲榮銜，中書、門下侍郎却因參議朝政而職位漸重，常常用爲以"同三品"或"同平章事"任宰相者的本官。正三品。　平章事：官名。"同中書門下平章事"之簡稱。唐高宗以後，凡實際任宰相之職者，常在其本官後加同平章事的職銜。後成爲宰相專稱。後晉天福五年（940），升中書門下平章事爲正二品。　張礪：人名。磁州滏陽（今河北磁縣）人。五代後唐翰林學士。後入契丹，爲翰林學士。傳見本書卷九八。

［3］洛：即洛陽。治所在今河南洛陽市。　丙辰，車駕至洛：《通鑑》卷二八七與本卷同，均載六月丙辰車駕至洛陽，而《新五代史》卷一〇《漢高祖紀》却載：“丙辰，次河陽。”

［4］新安：縣名。治所在今河南新安縣。

［5］王氏：即五代後唐明宗淑妃。事見本書卷五一、卷六六、卷七二、卷一二三，《新五代史》卷一五。

［6］濮州：州名。治所在今山東鄄城縣。中華書局本有校勘記：“上一‘濮州’，原作‘漢州’，據邵本校改。按本卷下文：‘建雄、彦環皆因亂害本州刺史，自知州事，故有是命。’”　指揮使：官名。唐末、五代軍隊多置都指揮使、指揮使，爲統兵將領。　張建雄：人名。籍貫不詳。五代將領。本書僅此一見。

［7］金州：州名。治所在今陝西安康市。　康彦環：人名。籍貫不詳。五代將領。事見《宋史》卷四八四。　防禦使：官名。唐代始置，設有都防禦使、州防禦使兩種。常由刺史或觀察使兼任，實際上爲唐代後期州或方鎮的軍政長官。

［8］知進奏：官名。即進奏官。唐、五代藩鎮皆置邸於京師，爲駐京城的辦事機構。唐肅宗、代宗時稱上都留後院，大曆十二年（777）改稱上都進奏院。五代時，州郡不隸藩鎮者，亦置邸京師。以進奏官主其事，掌傳送文書、情報，主持本鎮、州郡進奉。　王從璋：人名。籍貫不詳。五代大臣。本書僅此一見。　内客省使：官名。中書省所屬内客省長官。唐始置，五代沿置。

［9］東、西京一百里内：原作“東、西京一百里外”，據明本《册府》卷九五《帝王部·赦宥門十四》改。

［10］一百里外及京城，今年屋税並放一半：原作“一百里内及京城，今年屋税並放一半”，據明本《册府》卷九五改。

［11］未量移者與量移：中華書局本有校勘記：“‘者’字原闕，據彭校、《册府》卷九五補。”

［12］應係欠省錢：明本《册府》卷九五作“應係欠省司錢物”。

［13］宜以國號爲大漢：《舊五代史考異》："案《歐陽史》：六月戊辰，改國號漢，是戊辰以前猶未改國號也。《遼史·太宗紀》：二月辛未，河東節度使、北平王劉知遠自立爲帝，國號漢。蓋因其自立而牽連書之，疑未詳考。"見《新五代史》卷一〇《漢高祖紀》，《通鑑》卷二八七記載亦同；《遼史》卷四《太宗紀下》。

［14］青州：州名。治所在今山東青州市。　襄州：州名。治所在今湖北襄陽市。　安州：州名。治所在今湖北安陸市。　詔青州、襄州、安州復爲節鎮：《通鑑》卷二八七作"復青、襄、汝三節度"，胡注："汝州未嘗爲節鎮，恐是安州，以李金全反廢安遠軍也。"

［15］曹：州名。治所在今山東曹縣西北。　陳：州名。治所在今河南淮陽縣。

［16］同平章事：官名。"同中書門下平章事"之簡稱。唐高宗以後，凡實際任宰相之職者，常在其本官後加同平章事的職銜。後成爲宰相專稱。後晋天福五年（940），升中書門下平章事爲正二品。

［17］中書舍人：官名。中書省屬官。掌起草文書、呈遞奏章、傳宣詔命等。正五品上。　劉繼儒：人名。沙陀部人。五代後漢宗室、大臣。事見明本《册府》卷六九五《牧守部·屏盜門》、卷七〇一《令長部·褒異》。　宗正卿：官名。秦始置宗正，南朝梁始有宗正卿之官。由宗室充任。掌皇族外戚屬籍。正三品。

［18］翰林學士承旨：官名。爲翰林學士之首。掌拜免將相、號令征伐等詔令的起草。《舊唐書·職官志二·翰林院》："例置學士六人，内擇年深德重者一人爲承旨，所以獨承密命故也。"　尚書兵部侍郎：官名。尚書省兵部次官。協助兵部尚書掌武官銓選、勳階、考課之政。正四品下。　張允：人名。鎮州束鹿（今河北辛集市）人。五代後唐至後漢官員。傳見本書卷一〇八、《新五代史》卷五七。

［19］尚書左丞：官名。尚書省佐貳官。唐中期以後，與尚書右

丞實際主持尚書省日常政務，權任甚重。正四品上。後梁開平二年(908)改爲左司侍郎，後唐同光元年（923）復舊爲左丞。正四品。　張昭：人名。世居濮州范縣（今河南范縣）。五代、宋初大臣。傳見《宋史》卷二六三。《舊五代史考異》："案《東都事略·張昭傳》：昭舊名昭遠，避漢高祖諱，止稱昭。"見《東都事略》卷三〇《張昭傳》。　吏部侍郎：官名。尚書省吏部次官。協助吏部尚書掌文選、勳封、考課之政。正四品上。

[20]左散騎常侍：官名。門下省屬官。掌侍奉規諷，備顧問應對。《舊唐書》記從三品，《新唐書》記正三品下。　邊歸讜：人名。幽州薊（今天津市薊州區）人。傳見《宋史》卷二六二。　禮部侍郎：官名。尚書省禮部次官。協助禮部尚書掌禮儀、祭享、貢舉之政。正四品下。

[21]王仁裕：人名。天水（今甘肅天水市）人。五代大臣。傳見本書卷一二八、《新五代史》卷五七。　户部侍郎：官名。尚書省户部次官。協助户部尚書掌天下田户、均輸、錢穀之政令。正四品下。

[22]右諫議大夫：官名。唐置左右諫議大夫，左屬門下省，右屬中書省。掌諫諭得失、侍從贊相。正四品下。　張沆：人名。徐州（今江蘇徐州市）人。五代後唐、後晋、後周官員。傳見本書卷一三一。

[23]李式：人名。籍貫不詳。五代後晋官員。事見本書卷七七《晋高祖紀三》。　光禄卿：官名。南朝梁天監七年（508）改光禄勳置，隋、唐沿置。掌宫殿門户、帳幕器物、百官朝會膳食等。從三品。

[24]尚書禮部侍郎：官名。尚書省禮部次官。協助禮部尚書掌禮儀、祭享、貢舉之政。正四品下。　邊光範：人名。并州陽曲（今山西太原市）人。歷仕五代後唐、後晋至宋代。傳見《宋史》卷二六二。　衛尉卿：官名。東漢始置。唐代爲衛尉寺長官。掌器械文物，總武庫、武器、守宫三署之官屬。從三品。

[25]起居：指每五日臣子隨宰相入内殿朝見皇帝。

[26]湖南：方鎮名。又稱武安軍節度。治所在潭州（今湖南長沙市）。　馬希範：人名。許州鄢陵（今河南鄢陵縣）人，一説扶溝（今河南扶溝縣）人。五代十國南楚國主馬殷子。後唐明宗長興三年（932）至後晋開運四年（947）在位。傳見本書卷一三三、《新五代史》卷六六。

[27]相州：州名。治所在今河南安陽市。　高唐英：人名。籍貫不詳。遼官員，後曾任相州節度使。事見本書卷九九《漢高祖紀上》。　王繼弘：人名。南宫（今河南南宫市）人。五代將領。傳見本書卷一二五。　樊暉：人名。籍貫不詳。五代、宋初將領。事見《通鑑》卷二八七，《宋史》卷二《太祖紀二》、卷四八二《北漢劉氏世家》。中華書局本有校勘記："原作'楚暉'，據本書卷一二五《王繼弘傳》、《册府》卷九四三、《通鑑》卷二八七改。"見明本《册府》卷九四三《總録部·不誼門》。

秋七月己丑，以御史中丞趙上交爲太僕卿，[1]以户部侍郎邊蔚爲御史中丞。[2]甲午，武安軍節度副使、水陸諸軍副都指揮使、判内外諸司、江南西道觀察等使、檢校太尉馬希廣可檢校太師、兼中書令、行潭州大都督、天策上將軍，[3]充武安軍節度、湖南管内觀察使、江南諸道都統，[4]封楚王。丙申，以鄴都留守、天雄軍節度使、檢校太師、守太傅、兼中書令、衛國公杜重威爲宋州節度使，[5]加守太尉；[6]以宋州節度使、檢校太師、兼中書令高行周爲鄴都留守，[7]加守太傅；[8]以鄆州節度使、檢校太師、兼侍中李守貞爲河中節度使，[9]加兼中書令；以河中節度使、檢校太尉趙贇爲晋昌軍節度使；[10]以晋昌軍節度使張彦超爲鄜州節度使，[11]加檢校太師。[12]庚子，以徐州節度使、檢校太師、同平章事、岐國公符彦卿爲兖州節度使，[13]加兼侍中；[14]以鄧州節度使、檢校太師王周爲徐州節度使，[15]加同平章事；以許州節度使、檢校太保劉重進爲鄧州節度使，[16]加檢校太傅；[17]以兖州節度使、檢校太師、兼侍中安審琦爲襄州節度使；[18]檢校太師、莒國公李從敏爲西京留守，[19]加同平章事；以鳳翔節度使、檢校太師、同平章事侯益依前鳳翔節度使，[20]加兼侍中。辛丑，故守司空、兼門下侍郎、平章事、譙國公劉昫贈太保。[21]甲辰，華州節度使侯章、同州節度使張彦威、涇州節度使史威，[22]並加檢校太尉。以晋昌軍節度使、檢校太保劉銖爲青州節度使，[23]加檢校太尉、同平章事。以河中節度使、檢校太尉白文珂爲鄆州節度使，[24]加同平章事；以青州節度使楊承信爲安州節度，[25]加檢校太傅。滑州節度使兼侍衛馬軍都指揮使劉信、許州節度使兼侍衛步軍都指揮使史弘肇，[26]並加檢校太尉。庚戌，以司天監任延皓爲殿中監，[27]以司天少監杜昇爲司天監。[28]是月，契丹永康王兀欲囚祖母述律氏於木葉山。[29]

[1]御史中丞：官名。如不置御史大夫，則爲御史臺長官。掌司法監察。正四品下。　趙上交：人名。涿州范陽（今河北涿州市）人。五代、宋初大臣。本名遠，字上交，避漢高祖劉知遠諱，遂以字爲名。傳見《宋史》卷二六二。《舊五代史考異》：“案：上交本名遠，避漢祖諱，以字行，見《宋史》。”　太僕卿：官名。西漢置太僕，南朝梁始置太僕卿。爲太僕寺長官。掌管車馬及牲畜之政令。從三品。

[2]邊蔚：人名。長安（今陝西西安市）人。五代後唐至後周官員。傳見本書卷一二八。

[3]節度副使：官名。唐、五代方鎮屬官。位於行軍司馬之下、判官之上。　江南西道：方鎮名。治所在洪州（今江西南昌市）。　觀察：官名。即觀察使。唐代後期出現的地方軍政長官。唐玄宗開元二十一年（733）置十五道採訪使，唐肅宗乾元元年（758）改爲觀察使。無旌節，故地位低於節度使。掌一道州縣官的考績及民政。　檢校太尉：官名。爲散官或加官，以示恩寵，無實際執掌。　馬希廣：人名。五代十國南楚君主，南楚武穆王馬殷之子。南楚文昭王馬希範去世後被擁立爲王，後爲馬希萼篡位所殺。傳見本書卷一三三、《新五代史》卷六六。　檢校太師：官名。爲散官或加官，以示恩寵，無實際執掌。　中書令：官名。漢代始置，隋、唐前期爲中書省長官，屬宰相之職，唐後期多爲授予元勳大臣的虛銜。正二品。　潭州：州名。治所在今湖南長沙市。　大都督：官名。三國時始設，戰時統領地方軍政大權，後漸成常設，位高而權重。正二品。　天策上將軍：官名。唐武德四年（621）置，掌國之征討，總判府事。正一品。

[4]都統：官名。南北朝時期前秦始設之武官，掌領兵作戰。

[5]鄴都：地名。位於今河北大名縣。五代後唐同光元年（923），改魏州爲興唐府，建號東京，三年改東京爲鄴都。　天雄軍：方鎮名。治所在魏州（今河北大名縣）。　檢校太師：官名。爲散官或加官，以示恩寵，無實際執掌。太師，與太傅、太保並爲三師。　太傅：官名。與太師、太保合稱三師，唐後期、五代多爲大臣、勳貴加官。正一品。　杜重威：人名。其先朔州（今山西朔州市朔城區）人，後徙居太原（今山西太原市）。五代後晉、後漢將領。傳見本書卷一〇九、《新五代史》卷五二。　宋州：州名。治所在今河南商丘市睢陽區。

[6]太尉：官名。與司徒、司空並爲三公，唐後期、五代多爲大臣、勳貴加官。正一品。

[7]高行周：人名。幽州（今北京市）人。五代名將。仕多朝。傳見本書卷一二三、《新五代史》卷四八。

[8]太傅：官名。與太師、太保合稱三師，唐後期、五代多爲大臣、勳貴加官。正一品。

[9]鄆州：州名。治所在今山東東平縣。　侍中：官名。秦始置。隋、唐前期爲門下省長官。唐後期多爲大臣加銜，不參與政務，實際職務由門下侍郎執行。正二品。　李守貞：人名。河陽（今河南孟州市）人。五代將領。傳見本書卷一〇九、《新五代史》卷五二。

[10]檢校太尉：官名。爲散官或加官，以示恩寵，無實際執掌。太尉，與司徒、司空並爲三公。　晋昌軍：方鎮名。治所在京兆府（今陝西西安市）。五代後晋改永平軍置晋昌軍，後漢改爲永興軍。　以河中節度使、檢校太尉趙贊爲晋昌軍節度使：《舊五代史考異》："案《宋史·趙贊傳》：贊懼漢疑己，潛遣親吏趙僊奉表歸蜀。判官李恕者，趙延壽賓佐，深所委賴，至家事亦參之，及贊出鎮，從爲上介。至是，恕語贊曰：'燕王入遼，非所願也，漢方建國，必務懷柔。公若泥首歸朝，必保富貴，狼狽入蜀，理難萬全，儻若不容，後悔無及。公能聽納，請先入朝爲公申理。'贊即遣恕詣闕。漢祖見恕，問贊何以附蜀。恕曰：'贊家在燕薊，身受契丹之命，自懷憂恐，謂陛下終不能容，招引西軍，蓋圖苟免。臣意國家甫定，務安臣民，所以令臣乞哀求覲。'漢祖曰：'贊之父子，亦吾人也，事契丹出於不幸。今聞延壽落于陷阱，吾忍不容贊耶！'恕未還，贊已離鎮入朝，即命爲左驍衛將軍。"見《宋史》卷二五四《趙贊傳》。

[11]張彦超：人名。沙陀部人。五代將領，後唐明宗養子。傳見本書卷一二九。　鄜州：州名。治所在今陝西富縣。

[12]檢校太師：官名。爲散官或加官，以示恩寵加此官，無實際執掌。

[13]徐州：州名。治所在今江蘇徐州市。　符彦卿：人名。陳

州宛丘（今河南淮陽縣）人。五代後周、宋初將領。周世宗宣懿皇后、宋太宗懿德皇后皆符彦卿之女。傳見《宋史》卷二五一。　兖州：州名。治所在今山東濟寧市兖州區。

［14］侍中：官名。秦始置。隋、唐前期爲門下省長官。唐後期多爲大臣加銜，不參與政務，實際職務由門下侍郎執行。正二品。

［15］鄧州：州名。治所在今河南鄧州市。　王周：人名。魏州（今河北大名縣）人。五代後唐、後晋、後漢將領。傳見本書卷一〇六、《新五代史》卷四八。　徐州：州名。治所在今江蘇徐州市。

［16］許州：州名。治所在今河南許昌市。　檢校太保：官名。爲散官或加官，以示恩寵，無實際執掌。太保，與太師、太傅合稱三師。　劉重進：人名。本名晏僧。幽州（今北京市）人。五代、宋初將領。傳見《宋史》卷二六一。

［17］檢校太傅：官名。爲散官或加官，以示恩寵，無實際執掌。

［18］安審琦：人名。沙陀部人。五代將領。歷仕後唐、後晋、後漢、後周。傳見本書卷一二三。　襄州：州名。治所在今湖北襄陽市。

［19］李從敏：人名。五代後唐明宗之侄。傳見本書卷八八、《新五代史》卷一五。　西京：指洛陽。

［20］鳳翔：方鎮名。治所在鳳翔府（今陝西鳳翔縣）。　侯益：人名。汾州平遥（今山西平遥縣）人。五代後唐至宋初將領。傳見《宋史》卷二五四。

［21］司空：官名。與太尉、司徒並爲三公，唐後期、五代多爲大臣、勳貴加官。正一品。　門下侍郎：官名。門下省副長官。唐後期三省長官漸爲榮銜，中書侍郎、門下侍郎却因參議朝政而職位漸重，常常用爲以“同三品”或“同平章事”任宰相者的本官。正三品。　劉昫：人名。涿州歸義縣（今河北容城縣）人。五代大臣，曾任宰相、監修國史，領銜撰進《舊唐書》。傳見本書卷八九、

《新五代史》卷五五。　太保：官名。與太師、太傅並爲三師。唐後期、五代多爲大臣、勳貴加官。正一品。

［22］華州：州名。治所在今陝西渭南市華州區。　侯章：人名。并州榆次（今山西晋中市榆次區）人。五代、宋初將領。傳見《宋史》卷二五二。　同州：州名。治所在今陝西大荔縣。　張彦威：人名。又名“張彦成”。潞州潞城（今山西潞城市）人。五代將領。傳見本書卷一二三。　涇州：州名。治所在今甘肅涇川縣。　史威：人名。籍貫不詳。五代將領。事見本書卷八三、卷八四。

［23］劉銖：人名。陝州（今河南三門峽市陝州區）人。五代後漢將領。傳見本書卷一〇七、《新五代史》卷三〇。

［24］白文珂：人名。太原（今山西太原市）人。五代後唐至後周將領。傳見本書卷一二四。

［25］楊承信：人名。沙陀部人。五代將領楊光遠子。五代後晋至宋朝官員。傳見《宋史》卷二五二。　安州：州名。治所在今湖北安陸市。

［26］滑州：州名。治所在今河南滑縣。　侍衛馬軍都指揮使：官名。爲侍衛親軍馬軍司長官。五代後梁始置侍衛親軍，爲禁軍的一支，後唐沿置並成爲禁軍主力，下設馬軍、步軍。　劉信：人名。籍貫不詳。唐末、五代軍閥。事見本書本卷及卷一〇一、卷一〇三。

［27］司天監：官署名。其長官亦稱司天監，掌天文、曆法以及占候等事。參見趙貞《唐宋天文星占與帝王政治》，北京師範大學出版社 2016 年版。　任延皓：人名。并州（今山西太原市）人。五代官員，善術數相占。傳見本書卷一〇八。“任延皓”原作“任延浩”，據《輯本舊史》卷一〇八《任延皓傳》改。　殿中監：官名。殿中省長官。掌宫廷供奉之事。從三品。

［28］司天少監：官名。司天臺副長官，佐長官司天監掌天象觀測、曆法測繪相關事宜。正四品上。　杜昇：人名。五代官員，擅長天文曆法。事見本書本卷、卷一四〇《曆志》。

［29］述律氏：人名。遼太祖耶律阿保機皇后。傳見《遼史》卷七一。　木葉山：山名。關於木葉山的具體地址目前學界尚有争議。詳見劉浦江《契丹族的歷史記憶——以“青牛白馬”説爲中心》（原刊《漆俠先生紀念文集》，河北大學出版社 2002 年版）。迄今爲止，大致有以下四種觀點：（1）主張應在今西拉木倫河與老哈河匯流處去尋找木葉山；（2）認爲木葉山是西拉木倫河與少冷河匯流處的海金山（今屬内蒙古翁牛特旗白音他拉鄉）；（3）認爲木葉山即遼祖州祖陵所在之山；（4）認爲木葉山即内蒙古阿魯科爾沁旗南面的天山。

閏月辛酉，以左衛上將軍皇甫立爲太子太師致仕。[1]乙丑，禁造契丹樣鞍轡、器械、服裝。故開封尹桑維翰贈尚書令，[2]故西京留守景延廣贈中書令。[3]以前衛尉卿薛仁謙爲司農卿。[4]丙寅，唐故樞密使郭崇韜贈中書令，[5]故河中節度使安重誨贈尚書令，[6]故華州節度使毛璋贈侍中，[7]故汴州節度使朱守殷贈中書令。[8]丁卯，故青州節度使楊光遠贈尚書令，[9]追封齊王，仍令所司追謚立碑。唐故河中節度使、西平王朱友謙追封魏王，[10]故樞密使馮贇贈中書令，[11]故河陽節度使、判六軍康義誠贈中書令。[12]故西京留守京兆尹王思同、故邠州節度使藥彦稠、故襄州節度使安從進、故鎮州節度使安重榮，[13]並贈侍中。庚午，以前延州留後薛可言爲宣徽北院使，[14]以監察御史王度爲樞密直學士。[15]新授宋州節度使杜重威據鄴都叛，[16]詔削奪重威官爵，貶爲庶人。[17]以高行周爲行營都部署，[18]率兵進討。辛未，以權樞密使楊邠爲樞密使，[19]加檢校太傅；以權樞密副使郭威爲副樞密使，[20]加檢校太保；以權三司使王章爲三司使，[21]加檢校太傅。壬申，故晋昌軍節度使趙在禮贈中書令，[22]故曹州節度使石贇贈侍中，[23]故滑州節度使皇甫遇贈中書令，[24]故同州節度使劉繼勳、故貝州節度使梁漢璋皆贈太尉，[25]故宣徽使孟承誨贈太保。[26]丁丑，有彗出於張，旬日而滅。己卯，陝州節度使趙暉加階爵，[27]晋州節度使王晏加檢校太尉，[28]河陽節度使武行德加階爵，[29]延州節度使高允權加檢校太尉。[30]鄧州節度使常思加檢校太尉，[31]移鎮潞州。[32]庚辰，追尊六廟，以太祖高皇帝、世祖光武皇帝爲不祧之廟，[33]高曾已下四廟，追尊謚號，已載於前矣。是日，權太常卿張昭上六廟樂章舞名：[34]太祖高皇帝室酌獻，請依舊奏《武德之舞》；世祖光武皇帝室酌獻，請依舊奏《大武之舞》；文祖明元皇帝室酌獻，[35]請奏《靈長之舞》；德祖恭僖皇帝室酌獻，[36]請奏《積善之舞》；翼祖昭獻皇帝室酌獻，[37]請奏《顯仁之舞》；顯祖章聖皇帝室酌獻，[38]請奏《章慶之舞》。其六廟歌詞，文多不録。

[1]左衛上將軍：官名。唐置，掌宫禁宿衛。唐代十六衛之一。從二品。　皇甫立：人名。代北（今山西北部及河北西北部一帶）人。五代後唐、後晋、後漢官員。傳見本書卷一〇六。　太子太師：官名。與太子太傅、太子太保統稱太子三師。隋唐以後多作加官或贈官。從一品。　致仕：官員告老辭官。

[2]開封尹：官名。五代除後唐外均都汴州，升汴州爲開封府，置開封尹或知開封府事。執掌京師政務。從三品。　桑維翰：人名。洛陽（今河南洛陽市）人。五代後唐進士，後晋宰相、樞密

使。傳見本書卷八九、《新五代史》卷二九。　尚書令：官名。秦始置。隋、唐前期爲尚書省長官，與中書令、侍中並爲宰相。因以李世民爲之，後皆不授，唐高宗廢其職。唐後期以李適、郭子儀有功而特授此職，爲大臣榮銜，不參與政務。五代因之。唐時爲正二品，後梁開平三年（909）升爲正一品。

[3]景延廣：人名。陝州（今河南三門峽市陝州區）人。五代後晉將領。傳見本書卷八八、《新五代史》卷二九。　中書令：官名。漢代始置，隋、唐前期爲中書省長官，屬宰相之職；唐後期多爲授予元勳大臣的虚銜。正二品。

[4]衛尉卿：官名。東漢始置。唐代爲衛尉寺長官。掌器械文物，總武庫、武器、守宫三署之官屬。從三品。　薛仁謙：人名。開封浚儀（今河南開封市）人。五代大臣。傳見本書卷一二八。中華書局本有校勘記："原作'薛仁讓'，據殿本、邵本校、本書卷一二八《薛仁謙傳》改。"薛仁謙爲薛居正之父，殿本、邵本等《舊五代史》應爲避宋英宗生父允讓名諱改，應回改。　司農卿：官名。唐司農寺長官。掌國家之農耕、倉儲以及宫廷百官供應。從三品。

[5]樞密使：官名。樞密院長官。五代時以士人爲之，備顧問、參謀議，出納詔奏，權侔宰相。參見李全德《唐宋變革期樞密院研究》，國家圖書館出版社 2009 年版。　郭崇韜：人名。代州雁門（今山西代縣）人。五代後唐大臣。傳見本書卷五七、《新五代史》卷二四。

[6]安重誨：人名。應州（今山西應縣）人。五代後唐大臣。傳見本書卷六六、《新五代史》卷二四。

[7]毛璋：人名。滄州（今河北滄縣舊州鎮）人。五代後唐將領。傳見本書卷七三、《新五代史》卷二六。

[8]朱守殷：人名。籍貫不詳。後唐莊宗就學，以廝養之役給事左右。五代後唐將領。傳見本書卷七四、《新五代史》卷五一。

[9]楊光遠：人名。沙陀部人。五代後唐、後晉將領。傳見本

書卷九七、《新五代史》卷五一。　故青州節度使楊光遠贈尚書令：中華書局本有校勘記："'使'字原闕，據殿本、孔本、邵本校及本卷上下文補。"

［10］朱友謙：人名。許州（今河南許昌市）人。朱温養子，唐末、五代軍閥。傳見本書卷六三、《新五代史》卷四五。

［11］馮贇：人名。太原（今山西太原市）人。五代後唐明宗朝宰相、三司使。傳見本書附録、《新五代史》卷二七。

［12］河陽：方鎮名。全稱"河陽三城"。治所在孟州（今河南孟州市）。　康義誠：人名。沙陀部人。五代後唐將領。傳見本書卷六六、《新五代史》卷二七。

［13］京兆尹：官名。唐開元元年（713）改雍州置京兆府，治所在今陝西西安市。以京兆尹總其政務。從三品。　王思同：人名。幽州（今北京市）人。五代後唐將領。傳見本書卷六五、《新五代史》卷三三。　邠州：州名。治所在今陝西彬縣。　藥彦稠：人名。沙陀部人。五代後唐將領。傳見本書卷六六、《新五代史》卷二七。　襄州：州名。治所在今湖北襄陽市。　安從進：人名。索葛部人。五代後唐、後晋將領。傳見本書卷九八、《新五代史》卷五一。中華書局本有校勘記："原作'安重進'，據本書卷九八《安從進傳》、《新五代史》卷五一《安從進傳》改。"　鎮州：州名。治所在今河北正定縣。　安重榮：人名。朔州（今山西朔州市朔城區）人。五代後唐、後晋將領。傳見本書卷九八、《新五代史》卷五一。

［14］延州：州名。治所在今陝西延安市。　薛可言：人名。籍貫不詳。五代大臣。事見本書卷八四、卷一〇一、卷一一一。　宣徽北院使：官名。唐始置。宣徽北院的長官。初用宦官，五代以後改用士人。與宣徽南院使通掌内諸司及三班内侍之名籍，郊祀、朝會、宴享供帳之儀，檢視内外進奉名物。參見王永平《論唐代宣徽使》，《中國史研究》1995年第1期；王孫盈政《再論唐代的宣徽使》，《中華文史論叢》2018年第3期。

［15］監察御史：官名。唐代屬御史臺之察院，掌監察中央機構、州縣長官及祭祀、庫藏、軍旅等事。唐中期以後，亦作爲外官所帶之銜。正八品下。　王度：人名。籍貫不詳。五代後漢時曾任監察御史、樞密直學士等職。事見本書本卷。　樞密直學士：官名。五代後唐莊宗同光元年（923），改直崇政院置，選有政術文學者充任。備顧問應對。

［16］宋州：州名。治所在今河南商丘市睢陽區。　節度使：官名。唐時在重要地區所設掌握一州或數州軍、民、財政的長官。　杜重威：人名。其先朔州（今山西朔州市朔城區）人，後徙居太原（今山西太原市）。五代後晋、後漢將領。傳見本書卷一〇九、《新五代史》卷五二。

［17］"新授宋州節度使"至"貶爲庶人"：《舊五代史考異》："案《通鑑》：杜重威之叛在七月，至閏月庚午乃削奪官爵。《五代春秋》《歐陽史》作閏七月，杜重威拒命。與《通鑑》異。"見《新五代史》卷一〇《漢高祖紀》、《通鑑》卷二八七、《五代春秋》卷下《漢高祖》。

［18］高行周：人名。嬀州懷戎（今河北懷來縣）人。五代後唐至後周將領。傳見本書卷一二三、《新五代史》卷四八。　都部署：官名。五代後唐始置，爲臨時委任的大軍區統帥。掌管屯戍、攻防等事務。

［19］楊邠：人名。魏州冠氏（今山東冠縣）人。五代後漢大臣。傳見本書卷一〇七、《新五代史》卷三〇。

［20］樞密副使：官名。樞密院副長官。　郭威：人名。邢州堯山（今河北隆堯縣）人。五代後周的建立者，即後周太祖。951 年至 954 年在位。紀見本書卷一一〇至卷一一三、《新五代史》卷一一。

［21］三司使：官名。五代後唐明宗天成元年（926）將晚唐以來的户部、度支、鹽鐵三部合爲一職，設三司使統之。主管國家財政。　王章：人名。大名南樂（今河南南樂縣）人。五代後漢三司

使、同平章事，以聚斂刻急著稱。傳見本書卷一〇七、《新五代史》卷三〇。

[22]趙在禮：人名。涿州（今河北涿州市）人。五代後唐、後晋將領。傳見本書卷九〇、《新五代史》卷四六。

[23]曹州：州名。治所在今山東曹縣西北。　石贇：人名。沙陀部人。五代將領，後晋出帝石重貴堂叔。傳見本書卷八七。

[24]滑州：州名。治所在今河南滑縣。　皇甫遇：人名。常山（今河北正定縣）人。五代後唐、後晋將領。傳見本書卷九五、《新五代史》卷四七。

[25]同州：州名。治所在今陝西大荔縣。　劉繼勳：衛州（今河南衛輝市）人。五代將領。傳見本書卷九六。　貝州：州名。治所在今河北清河縣。　梁漢璋：人名。應州（今山西應縣）人。五代後唐、後晋將領。傳見本書卷九五。

[26]宣徽使：官名。唐始置。宣徽南院使、北院使通稱宣徽使。初用宦官，五代以後改用士人。通掌内諸司及三班内侍之名籍，郊祀、朝會、宴享供帳之儀，檢視内外進奉名物。參見王永平《論唐代宣徽使》，《中國史研究》1995年第1期；王孫盈政《再論唐代的宣徽使》，《中華文史論叢》2018年第3期。　孟承誨：人名。大名（今河北大名縣）人。五代後晋官員。傳見本書卷九六。

[27]陝州：州名。治所在今河南三門峽市陝州區。　趙暉：人名。澶州（今河南濮陽市）人。五代後唐至後周將領。傳見本書卷一二五。

[28]晋州：州名。治所在今山西臨汾市。　王晏：人名。徐州滕（今山東滕州市）人。五代、宋初將領。傳見《宋史》卷二五二。

[29]武行德：人名。并州榆次（今山西晋中市榆次區）人。五代、宋初將領。傳見《宋史》卷二五二。

[30]延州：州名。治所在今陝西延安市。　高允權：人名。延州（今陝西延安市）人。五代將領。傳見本書卷一二五。

[31]常思：人名。太原（今山西太原市）人。五代將領。傳見本書卷一二九、《新五代史》卷四九。

[32]潞州：州名。治所在今山西長治市。

[33]太祖高皇帝、世祖光武皇帝：分别爲五代後漢高祖劉知遠的第六代、五代祖。

[34]太常卿：官名。太常寺長官，掌宗廟禮儀。正三品。　張昭：人名。世居濮州范縣（今河南范縣）。五代、宋初大臣。傳見《宋史》卷二六三。

[35]文祖明元皇帝：即劉湍。五代後漢高祖劉知遠的四代祖。事見本書卷九九。

[36]德祖恭僖皇帝：即劉昂。五代後漢高祖劉知遠曾祖，後晋時追贈太保。事見本書卷九九。

[37]翼祖昭獻皇帝：即劉僎。五代後漢高祖劉知遠祖父。事見本書卷九九。

[38]顯祖章聖皇帝：即劉琠。五代後漢高祖劉知遠父。事李克用爲列校，後晋時追贈太師。事見本書卷九九。

八月壬午朔，鎮州駐屯護聖左厢都指揮使白再榮等逐契丹所命節度使麻答，[1]復其城。麻答與河陽節度使崔廷勳、洛京留守劉晞，[2]並奔定州。[3]馳驛以聞。庚寅，以洺州團練使薛懷讓爲邢州節度使。[4]辛卯，詔恒州復爲鎮州，順國軍復爲成德軍。[5]乙未，以護聖左厢都指揮使、恩州團練使白再榮爲鎮州留後。[6]丙申，詔天下凡關賊盜，不計贓物多少，案驗不虚，並處死。以兩浙節度使、守太師、兼中書令、吴越國王錢弘佐薨，[7]廢朝三日。丙午，以吐渾府節度使、檢校太尉王義宗爲沁州刺史，[8]依前吐渾節度使。己酉，以刑部尚書竇貞固爲吏部尚書。[9]是日，薛懷讓奏，收復邢州，殺僞命節度副使、知州事劉鐸。[10]初，懷讓爲洺州防禦使，契丹麻答發健步督洺州糧運，懷讓殺之以聞。帝遣郭從義與懷讓攻取邢州，[11]蕃將楊衮來援鐸，[12]懷讓拒之，不勝，退保洺州，敵騎掠其部，民大被其苦。會鎮州逐麻答，楊衮收兵而退，鐸乃上表請命。懷讓乘其無備，遣人紿鐸云："奉詔襲契丹，請置頓於郡。"[13]鐸開門迎之，即爲懷讓所害，時人冤之。鐸初受契丹命爲邢州都指揮使，及永康王以高奉明爲節度使，[14]麻答署鐸爲邢州副使兼都指揮使。帝至東京，奉明歸鎮州，令鐸知邢州事，至是遇害。庚戌，文武百僚上表，請以二月四日降誕日爲聖壽節，從之。前晋昌軍節度副使李肅可左驍衛上將軍致仕。[15]是月，遣使諸道和市戰馬。[16]

[1]白再榮：人名。蕃部（北方少數民族）人。五代將領。傳見本書卷一〇六、《新五代史》卷四八。　麻答：人名。即耶律拔里得。契丹人。遼初皇室，遼太宗耶律德光堂弟。傳見《遼史》卷七六。參見鄧廣銘（署名鄺又銘）《遼史兵衛志"御帳親軍""大首領部族軍"兩事目考源》，《北京大學學報》（人文科學）1956年第2期。

[2]崔廷勳：人名。籍貫不詳。五代後晋將領。傳見本書卷九八。　洛京：地名。位於今河南洛陽市。　劉晞：人名。涿州（今河北涿州市）人。初爲周德威的從事，後爲遼國將領。傳見本書卷九八。

[3]定州：州名。治所在今河北定州市。

[4]洺州：州名。治所在今河北邯鄲市永年區。　薛懷讓：人名。祖先爲戎人，徙居太原（今山西太原市）。五代將領。傳見

《宋史》卷二五四。　邢州：州名。治所在今河北邢臺市。

［5］順國軍：方鎮名。治所在鎮州（今河北正定縣）。據中華書局本有校勘記，《太平寰宇記》卷六一同，本書卷八〇《晋高祖本紀六》、《通鑑》卷二八三作“（天福七年正月癸亥）改鎮州爲恒州，成德軍爲順國軍”。《五代會要》卷二四亦云：“鎮州，天福七年正月改爲順國軍節度。”

［6］恩州：州名。治所在今廣東陽江市。

［7］錢弘佐：人名。錢元瓘第六子，五代十國吴越君主。傳見本書卷一三三、《新五代史》卷六七。

［8］吐渾府：即吐谷渾。部族名。源出鮮卑，後游牧於今甘肅、青海一帶。參見周偉洲《吐谷渾資料輯録》（增訂本），商務印書館2017年版。　王義宗：人名。五代吐谷渾别部首領。後晋開運三年（946），官吐谷渾節度使。後漢天福十二年（947），加封檢校太尉、沁州刺史。事見本書卷九九及本卷。　沁州：州名。治所在今山西沁源縣。

［9］刑部尚書：官名。尚書省刑部長官。掌天下刑法及徒隸、勾覆、關禁之政令。正三品。　竇貞固：人名。同州白水（今陝西白水縣）人。五代後唐至宋初大臣，後唐進士，後漢宰相。傳見《宋史》卷二六二。　吏部尚書：官名。尚書省吏部長官。與二侍郎分掌六品以下文官選授、勳封、考課之政令。正三品。

［10］“是日，薛懷讓奏”至“知州事劉鐸”：中華書局本引孔本：“案《歐陽史》：丙申，安國軍節度使薛懷讓殺契丹之將劉鐸，入于邢州。《薛史》祇載奏聞之期，不言收復爲何日，與《歐陽史》異。”見《新五代史》卷一〇《漢高祖紀》。劉鐸，人名。籍貫不詳。契丹將領，時爲安國軍節度副使、知邢州事。事見本書本卷。

［11］郭從義：人名。沙陀部人。五代後唐至北宋初將領。傳見《宋史》卷二五二。

［12］楊衮：人名。籍貫不詳。遼朝武將。事見本書卷一〇九、

卷一一四，《新五代史》卷七〇。

[13]“遣人紿鐸云”至“請置頓於郡”：《舊五代史考異》：“案《宋史·薛懷讓傳》：懷讓遣人紿鐸云：‘我奉詔爲邢州帥。’據《薛史》，則懷讓實紿鐸奉詔襲契丹，以庚寅授邢州節度使，非紿之也。特託言置頓于郡耳。”見《宋史》卷二五四《薛懷讓傳》。中華書局本有校勘記：“‘紿’原作‘詒’，據殿本、劉本、孔本、《舊五代史考異》卷四引文、《宋史》卷二五四《薛懷讓傳》改。”

[14]永康王：即遼世宗耶律阮。紀見《遼史》卷五。　高奉明：人名。籍貫不詳。契丹將領。事見《通鑑》卷二八七。

[15]李肅可：人名。籍貫不詳。五代後漢將領。本書僅此一見。

[16]和市：又稱“和買”。政府向百姓收購貨物。

九月甲子，宰臣蘇逢吉兼户部尚書，[1]蘇禹珪兼刑部尚書。[2]丁卯，以吏部侍郎、權判太常卿事張昭爲太常卿。戊辰，故易州刺史郭璘贈太傅。[3]甲戌，宰臣蘇逢吉加左僕射、監修國史，[4]蘇禹珪加右僕射、集賢殿大學士，[5]以吏部尚書竇貞固爲守司空、兼門下侍郎、平章事、弘文館大學士，[6]以翰林學士、行中書舍人李濤爲中書侍郎兼户部尚書、平章事。[7]是日，太常卿張昭上疏，[8]奏改一代樂名。戊寅，詔以杜重威叛命，取今月二十九日暫幸澶、魏。[9]己卯，以前樞密使李崧爲太子太傅，[10]以前左僕射和凝爲太子太保。[11]庚辰，車駕發京師。

[1]蘇逢吉：人名。長安（今陝西西安市）人。五代後漢宰相。傳見本書卷一〇八、《新五代史》卷三〇。

［2］蘇禹珪：人名。高密（今山東高密市）人。劉知遠爲河東節度時的屬官，五代後漢初任宰相。傳見本書卷一二七。

［3］易州：州名。治所在今河北易縣。　郭璘：邢州（今河北邢臺市）人。五代將領。傳見本書卷九五。

［4］監修國史：官名。北齊始置史館，以宰相爲之。唐史館沿置，爲宰相兼職。

［5］集賢殿大學士：官名。唐中葉置，位在學士之上，以宰相兼。掌修書之事。

［6］弘文館大學士：官名。弘文館爲唐代中央官學之一。設館主一人，總領館務；判館事一人，管理日常事務。學士無員限，掌校正圖籍，教授生徒，並參議政事。五品以上稱爲學士，六品以下稱爲直學士，又有文學直館學士，均以他官兼領。　“以吏部尚書竇貞固”至“弘文館大學士”：《舊五代史考異》：“案《宋史·竇貞固傳》：初，帝與貞固同事晋祖，甚相得。時蘇逢吉、蘇禹珪自霸府僚佐驟居相位，思得舊臣冠首，以貞固持重寡言，有時望，乃拜司空、門下侍郎、平章事。”見《宋史》卷二六二《竇貞固傳》。

［7］李濤：人名。籍貫不詳。唐末、五代藩鎮將領。傳見《宋史》卷二六二。《舊五代史考異》：“案《宋史·李濤傳》：杜重威叛，濤密疏請親征。高祖覽奏，以濤堪任宰輔，故有是命。”中華書局本引殿本：“《宋史·李濤傳》：杜重威據鄴叛，高祖命高行周、慕容彦超討之，二帥不協，濤密疏親征。高祖覽奏，以濤堪任宰輔，即拜中書侍郎兼户部侍郎、平章事。”

［8］太常卿：中華書局本作“權太常卿”，並有校勘記：“本書卷一四四《樂志》上同，本卷上文：‘（九月丁卯）權判太常卿事張昭爲太常卿。’按時張昭已爲太常卿。”本月丁卯，張昭已正授太常卿，故此處删去“權”字。

［9］澶：州名。唐、五代初，治所在今河南清豐縣。後晋天福四年（939），移治於今河南濮陽縣。　魏：州名。治所在今河北大名縣。

[10]李崧：人名。深州饒陽（今河北饒陽縣）人。五代後晋宰相，歷仕後唐至後漢。傳見本書卷一〇八、《新五代史》卷五七。　太子太傅：官名。與太子太師、太子太保統稱太子三師。隋唐以後多作加官或贈官。從一品。

[11]和凝：人名。鄆州須昌（今山東東平縣）人。歷仕五代後梁至後周，五代官員、詞人。傳見本書卷一二七、《新五代史》卷五六。　太子太保：官名。與太子太師、太子太傅統稱太子三師。隋唐以後多作加官或贈官。從一品。

冬十月癸未，以太子太保李鏻爲司徒，[1]以太子太傅盧文紀爲太子太師，[2]以前磁州刺史李穀爲左散騎常侍。[3]甲申，車駕次韋城。[4]詔："河北諸州見禁罪人，自十月五日昧爽以前，常赦所不原者，咸赦除之。"[5]壬辰，日有黑子如鷄卵。丙申，以相州留後王繼弘爲相州節度使，加檢校太傅。戊戌，至鄴都城下。[6]丙午，詔都部署高行周督衆攻城，[7]帝登高阜以觀之，時衆議未欲攻擊，副部署慕容彦超堅請攻之。[8]是日，王師傷夷者萬餘人，不克而退。

[1]李鏻：人名。唐朝宗室。五代大臣。傳見本書卷一〇八、《新五代史》卷五七。　司徒：官名。與太尉、司空並爲三公，唐後期、五代多爲大臣、勳貴加官。正一品。

[2]盧文紀：人名。京兆萬年（今陝西西安市長安區）人。唐末進士，五代宰相。傳見本書卷一二七、《新五代史》卷五五。　太子太師：官名。與太子太傅、太子太保統稱太子三師。隋唐以後多作加官或贈官。從一品。

[3]磁州：州名。治所在今河北磁縣。　李穀：人名。潁州汝

陰（今安徽阜陽市）人。五代後唐進士。歷仕後晋、後漢、後周、宋朝。傳見《宋史》卷二六二。　以前磁州刺史李穀爲左散騎常侍：中華書局本引殿本："《宋史·李穀傳》：舊制，罷外郡歸本官，至是進秩，獎之也。"見《宋史》卷二六二《李穀傳》。

[4]韋城：縣名。治所在今河南滑縣。

[5]"詔"至"咸赦除之"：明本《册府》卷九五《帝王部·赦宥門十四》所載較本紀詳細，作："應鄴都管内及邢、洺、慈、相、衛、鎮、深、趙、貝、冀、博、滄、景、德、易、定、祁、泰等州管内，應見禁罪人，取十月五日昧爽已前，已結正未結正，已發覺未發覺，常赦所不原者，咸赦除之。"

[6]戊戌，至鄴都城下："戊戌"二字原闕，《舊五代史考異》："案：《通鑑》作戊戌，至鄴都城下。與《薛史》異。"據明本《册府》卷一一四《帝王部·巡幸門三》、卷一一八《帝王部·親征門三》，《通鑑》卷二八七補。

[7]高行周：人名。幽州（今北京市）人。五代名將。傳見本書卷一二三、《新五代史》卷四八。

[8]慕容彦超：人名。沙陀部人（一説"吐谷渾部人"）。五代後漢將領，後漢高祖劉知遠同母弟。傳見本書卷一三〇、《新五代史》卷五三。

十一月壬子，雨木冰。癸丑，日南至，從官稱賀於行宮。己未，湖南奏，荆南節度使高從誨叛。[1]辛酉，雨木冰。壬申，杜重威上表請命。癸酉，雨木冰。[2]丁丑，杜重威素服出降，待罪於宫門，詔釋其罪。鄴都留守、天雄軍節度使高行周加守太尉，封臨清王。以杜重威爲檢校太師、守太傅、兼中書令、楚國公。己卯，以許州節度使兼侍衛步軍都指揮使史弘肇爲宋州節度使、同平章事，充侍衛親軍馬步軍都指揮使；以滑州節度使兼侍衛馬軍都指揮使劉信爲許州節度使、同平章事，充侍衛親軍馬步軍副都指揮使；以澶州節度使慕容彦超爲鄆州節度使、同平章事；以前定州節度使李殷爲貝州節度使；[3]以鄭州防禦使郭從義爲澶州節度使。[4]

[1]高從誨：人名。陝州硤石（今河南三門峽市陝州區）人，五代十國南平國主高季興長子。傳見本書卷一三三、《新五代史》卷六九。

[2]雨木冰：《輯本舊史》之影庫本粘籤："雨木冰，原本作'大冰'，今從《五代會要》改正。"見《會要》卷一一"木冰"條天福十二年十一月記事。

[3]李殷：人名。薊州（今天津市薊州區）人。五代後唐、後晋將領。傳見本書卷一〇六。　貝州：州名。治所在今河北清河縣。

[4]鄭州：州名。治所在今河南鄭州市。

十二月辛巳朔，以護聖左廂都指揮使、岳州防禦使李洪信爲遂州節度使，[1]充侍衛馬軍都指揮使；[2]以護聖右廂都指揮使、永州防禦使尚洪遷爲夔州節度使，[3]充侍衛步軍都指揮使。丙戌，車駕發鄴都歸京。癸巳，至自鄴都。甲午，以皇子開封尹承訓薨廢朝三日，追封魏王。[4]丁酉，帝舉哀於太平宫。[5]庚子，司徒李鏻薨。辛丑，以前鄜州節度使郭謹爲滑州節度使，[6]加檢校太尉。戊申，宿州奏，[7]部民餓死者八百六十有七人。

[1]岳州：州名。治所在今湖南岳陽市。　李洪信：人名。并

州晋陽（今山西太原市）人。五代、宋初將領。傳見《宋史》卷二五二。　遂州：州名。治所在今四川遂寧市。

[2]充侍衛馬軍都指揮使：中華書局本有校勘記："'馬軍'，原作'步軍'，據本書卷一〇一《漢隱帝紀上》、《宋史》卷二五二《李洪信傳》改。按本卷下文，時侍衛步軍都指揮使爲尚洪遷。"見《輯本舊史》卷一〇一《隱帝紀上》乾祐元年（948）七月戊辰。

[3]永州：州名。治所在今湖南永州市。　尚洪遷：人名。籍貫不詳。五代將領。事見本書卷九九、卷一〇一。中華書局本有校勘記："原作'尚洪千'，據殿本、劉本、《尚洪遷墓誌》（拓片刊《晋陽古刻選·隋唐五代墓誌卷》）改。影庫本批校：'"尚洪千"，"千"應作"遷"。'本書各處同。"尚洪遷之名，見《輯本舊史》卷九九《漢高祖紀上》天福十二年（947）三月庚戌、卷一〇一《漢隱帝紀上》乾祐元年四月，明本《册府》卷四四九《將帥部·專殺門》，《通鑑》卷二八八乾祐元年四月乙未。　夔州：州名。治所在今重慶市奉節縣。

[4]"甲午"至"追封魏王"：《舊五代史考異》："案《通鑑》云：辛卯，皇子開封尹承訓卒。乙未，追立爲魏王。與《薛史》紀日互異。"《輯本舊史》卷一〇五《魏王承訓傳》，載其死於天福十二年十二月辛卯。

[5]宫殿名。位於今河南開封市。

[6]郭謹：人名。晋陽（今山西太原市）人。五代後晋、後漢將領。傳見本書卷一〇六。

[7]宿州：州名。治所在今安徽宿州市。

乾祐元年春正月辛亥朔，[1]帝不受朝賀。乙卯，制："大赦天下。改天福十三年爲乾祐元年，自正月五日昧爽已前，犯罪人除十惡五逆外，罪無輕重，咸赦除之。"

己未，改御名爲暠。辛酉，詔：“諸道行軍副使、兩使判官並不得奏薦。[2]帶使相節度使許奏掌書記、支使、節度推官；[3]不帶使相節度使，只許奏掌書記、節度推官。其防禦團練判官、軍事判官等聽奏。[4]所薦州縣官，帶使相節度使許薦三人，不帶使相二人，防禦、團練、刺史一人”云。以前鄧州節度使、燕國公馮道爲守太師，[5]進封齊國公。甲子，帝不豫。庚午，以前宗正卿石光贇爲太子賓客，[6]以太僕卿趙上交爲秘書監。[7]丁丑，故尚書左丞韓祚贈司徒。[8]二十七日丁丑，帝崩於萬歲殿，[9]時年五十四，秘不發喪。庚辰，太傅杜重威伏誅。[10]

[1]乾祐：五代後漢高祖劉知遠年號（948）。隱帝劉承祐沿用至乾祐三年（950）。北漢亦用此年號。　元年春：“春”字中華書局本沿《輯本舊史》闕，據正史本紀計時規則補。

[2]行軍副使：官名。當爲執掌部隊調度、作戰之軍事副官。　兩使判官：節度判官與觀察判官。節度判官，唐、五代方鎮僚屬，位在行軍司馬下。分掌使衙内各曹事，並協助使職官員通判衙事。觀察判官，唐肅宗以後置，五代沿置。觀察使屬官，參理田賦事，用觀察使印、署狀。

[3]使相：官名。唐朝後期，宰相常兼節度使，節度使亦常加宰相銜，皆稱使相。五代時，節度使多帶宰相銜，但不預朝廷政事。　掌書記：官名。唐制，唐、五代節度、觀察等使所屬均有掌書記一職，位在副使、判官之下，掌表奏書檄。遼節度使亦置。　支使：官名。唐代節度使、觀察使等屬官，位副使、判官之下，推官之上。掌表奏書檄等。　節度推官：官名。唐末、五代爲藩鎮幕職官，多由藩鎮自辟置。

［4］軍事判官：官名。唐中期節度使、觀察使及設團練使、防禦使之州皆置爲幕職，由各使自行辟舉。五代後唐明宗時設刺史之州亦改防禦判官而置，不得兼録事參軍。

［5］馮道：人名。瀛州景城（今河北滄縣）人。五代時官拜宰相，歷仕後唐、後晋、後漢、後周，亦曾臣服於契丹。傳見本書卷一二六、《新五代史》卷五四。

［6］宗正卿：官名。秦始置宗正，南朝梁始有宗正卿之官。由宗室充任。掌皇族外戚屬籍。正三品。　石光贊：人名。籍貫不詳。五代官員歷任滑州節度判官、宗正卿、太子賓客。事見本書卷七六、卷八四、卷一一四。　太子賓客：官名。爲太子官屬。唐高宗顯慶元年（656）始置。掌侍從規諫、贊相禮儀。正三品。

［7］太僕卿：官名。漢代始置，太僕寺長官，掌御用車馬及國家畜牧事宜。從三品。　秘書監：官名。秘書省長官。東漢始置。掌圖書秘記等。從三品。

［8］韓祚：人名。籍貫不詳。五代後漢大臣。事見本書卷九九。

［9］萬歲殿：五代後梁、後漢東京開封城内宫殿。

［10］庚辰，太傅杜重威伏誅：《舊五代史考異》："案《契丹國志》云：漢祖召蘇逢吉、楊邠、史弘肇入受顧命，曰：'承祐幼弱，後事託在卿輩。'又曰：'善防杜重威。'是日殂。逢吉等秘不發喪，下詔稱：'重威父子，因朕小疾，謗議摇衆，皆斬之。'磔死于市，市人争啖其肉。"見《契丹國志》卷四《世宗天授皇帝》天禄元年正月條。

二月辛巳朔，内降遺制："皇子周王承祐可於柩前即皇帝位。"[1]是日發哀。其年三月，太常卿張昭上謚曰睿文聖武昭肅孝皇帝，廟號高祖。十一月壬申，葬於睿陵，[2]宰臣蘇禹珪撰謚册、哀册文云。[3]

［1］承祐：即五代後漢隱帝劉承祐。後漢高祖劉知遠次子。948年至950年在位。紀見本書卷一〇一至一〇三、《新五代史》卷一〇。

［2］睿陵：五代後漢高祖劉知遠之陵，位於今河南登封市告成鎮。

［3］“二月辛巳朔”至“哀册文云”：本條後中華書局本記有“《永樂大典》卷一萬六千九十八”，並有校勘記：“檢《永樂大典目録》，卷一六〇九八爲‘漢’字韻‘宣帝九’，與本則内容不符，恐有誤記。陳垣《舊五代史輯本引書卷數多誤例》謂應作卷一六一九八‘漢’字韻‘五代漢高祖一’。本卷下一則同。”《舊五代史考異》：“《五代史補》：高祖嘗在晋祖麾下，晋祖既起太原，因高祖遂有天下。先是，豫章有僧號上藍者，精於術數，自唐末著讖云：‘石榴花發石榴開。’議者以‘石榴’則晋、漢之謂也，再言‘石榴’者，明享祚俱不過二世矣。”見《五代史補》卷四《上藍寺石榴讖》。

史臣曰：在昔皇天降禍，諸夏無君，漢高祖肇起并汾，遄臨汴洛，乘虚而取神器，因亂而有帝圖，雖曰人謀，諒由天啓。然帝昔莅戎藩，素虧物望，洎登宸極，未厭人心，徒矜拯溺之功，莫契來蘇之望。良以急於止殺，不暇崇仁。燕薊降師，既連營而受戮；鄴臺叛帥，因閉壘以偷生。蓋撫御以乖方，俾征伐之不息。及回鑾輅，尋墮烏號，故雖有應運之名，而未覩爲君之德也。《永樂大典》卷一萬六千一百九十八。[1]

［1］《大典》卷一六一九八“漢”字韻“五代漢高祖（一）”事目。

舊五代史　卷一〇一

漢書三

隱帝紀上

隱皇帝，諱承祐，高祖第二子也。[1]母曰李太后，[2]以唐長興二年歲在辛卯三月九日，[3]生帝於鄴都之舊第。[4]高祖鎮太原，[5]署節院使，[6]累官至檢校尚書右僕射。[7]國初，授左衛大將軍、檢校司空，[8]遷大内都點檢、檢校太保。[9]

[1]高祖：即五代後漢高祖劉知遠。947 年至 948 年在位。紀見本書卷九九至卷一〇〇、《新五代史》卷一〇。

[2]李太后：晋陽（今山西太原市）人。五代後漢高祖劉知遠皇后，隱帝即位後册尊爲皇太后。傳見本書卷一〇四、《新五代史》卷一八。

[3]長興：五代後唐明宗李嗣源年號（930—933）。　以唐長興二年歲在辛卯三月九日：中華書局本有校勘記："'九日'，原作'七日'，據《册府》卷二、《五代會要》卷一改。按本卷下文：'群臣上表，請以三月九日誕聖日爲嘉慶節。'《册府》卷一一一

‘隱帝乾祐三年三月丙午嘉慶節’、《通鑑》卷二八九‘三月丙午嘉慶節’，是月戊戌朔，丙午爲初九。”見《輯本舊史》本卷十二月辛卯條，《會要》卷一“帝號”條，明本《册府》卷二《帝王部·誕聖門》、卷一一一《帝王部·宴享門三》。

[4]鄴都：都城名。五代後唐同光元年（923）初改魏州爲興唐府，建號東京，不久又改東京爲鄴都。後晋亦曾以此爲鄴都。治所在今河北大名縣。　生帝於鄴都之舊第：《會要》卷一“帝號”條作“生於太原”。

[5]太原：府名。治所在今山西太原市。

[6]節院使：官名。節度使府屬官。《輯本舊史》之影庫本粘籤：“節院，原本作‘即院’，《册府元龜》作‘節院’，今改正。”《册府》未見記載。

[7]檢校尚書右僕射：官名。秦始置。隋、唐前期以左、右僕射佐尚書令總理六官，綱紀庶務；如不置尚書令，則總判省事，爲宰相之職。唐後期多爲大臣加銜。從二品。

[8]左衛大將軍：官名。唐置，掌宮禁宿衛。唐代置十六衛，即左右衛、左右驍衛、左右武衛、左右威衛、左右領軍衛、左右金吾衛、左右監門衛、左右千牛衛。各置上將軍，從二品；大將軍，正三品；將軍，從三品。　檢校司空：官名。爲散官或加官，以示恩寵，無實際執掌。中華書局本有校勘記：“《册府》卷一一作‘檢校司徒’。”見明本《册府》卷一一《帝王部·繼統門三》。

[9]大内都點檢：官名。五代後唐置，凡車駕行幸及出征則置。後周世宗顯德中選驍勇之士充殿前諸班，改稱殿前都點檢。　檢校太保：官名。爲散官或加官，以示恩寵，無實際執掌。

乾祐元年正月二十七日，[1]高祖崩，秘不發喪。

[1]乾祐：五代後漢高祖劉知遠年號（948）。隱帝劉承祐沿用

至乾祐三年（950）。北漢亦用此年號。

二月辛巳朔，[1]授特進、檢校太尉、同平章事，[2]封周王。宣制畢，有頃，召文武百僚赴萬歲殿内，[3]降大行皇帝遺制，[4]云："周王承祐，可於柩前即皇帝位。服紀日月，一依舊制。"是日，内外發哀成服。初，高祖欲改年號，中書門下進擬"乾和"二字，[5]高祖改爲乾祐，至是與御名相符。甲申，群臣上表請聽政，詔答不允，凡四上表，從之。丁亥，帝於萬歲殿門東廡下見群臣，尊母后爲皇太后。己丑，徐州節度使王周卒。[6]庚寅，以前晋州留後劉在明爲鎮州留後、幽州馬步軍都部署，[7]加檢校太尉。[8]是日，工部尚書龍敏卒。[9]壬辰，右衛大將軍王景崇奏，[10]於大散關大敗蜀軍，[11]俘斬三千人。初，北虜犯京師，[12]侯益、趙贊皆受虜命。[13]節制岐、蒲，[14]聞高祖入洛，頗懷反仄。朝廷移贊於京兆，[15]侯益與贊皆求援於蜀，蜀遣何建率軍出大散關以應之。[16]至是，景崇糾合岐、雍、邠、涇之師以破之。[17]癸巳，制："大赦天下，自乾祐元年二月十三日昧爽已前，所犯罪人，已結正未結正，已發覺未發覺，常赦所不原者咸赦除之。中外文武臣僚並與加恩，馬步將士各賜優給。唐、晋兩朝求訪子孫，立爲二王後"云。丙午，鳳翔巡檢使王景崇遣人送所獲僞蜀將校軍士四百三十八人至闕下，[18]詔釋之，仍各賜衣服。以兵部侍郎張允爲吏部侍郎，[19]以工部侍郎司徒詡爲禮部侍郎。[20]丁未，以光禄卿李式爲尚書右丞，[21]以禮部侍郎邊歸讜爲刑部侍郎，[22]以刑部侍郎盧價爲兵部侍郎。[23]

[1]二月辛巳朔："朔"字原闕，據《通鑑》卷二八七補。

[2]特進：官名。西漢末期始置，授給列侯中地位較特殊者。隋唐時期，特進爲散官，授給有聲望的文武官員。正二品。　檢校太尉：官名。爲散官或加官，以示恩寵，無實際執掌。太尉，與司徒、司空並爲三公。　同平章事：官名。"同中書門下平章事"之簡稱。唐高宗以後，凡實際任宰相之職者，常在其本官後加同平章事的職銜。後成爲宰相專稱。後晋天福五年（940），升中書門下平章事爲正二品。

[3]萬歲殿：五代後梁、後漢開封城内宫殿。

[4]大行皇帝：古代對已逝而停棺未葬的皇帝的諱稱。

[5]中書門下：官署名。唐代以來爲宰相處理政務的機構。參見劉後濱《唐代中書門下體制研究——公文形態·政務運行與制度變遷》，齊魯書社 2004 年版。

[6]徐州：州名。治所在今江蘇徐州市。　節度使：官名。唐時在重要地區所設掌握一州或數州軍、民、財政的長官。　王周：人名。魏州（今河北大名縣）人。五代後唐、後晋、後漢將領。傳見本書卷一〇六、《新五代史》卷四八。

[7]晋州：州名。治所在今山西臨汾市。　留後：官名。原非正式命官，唐朝節度使入朝或宰相、親王遥領節度使不臨鎮則置。安史之亂後，節度使多以子弟或親信爲留後，以代行節度使職務，亦有軍士、叛將自立爲留後者。掌一州或數州軍政。北宋始爲朝廷正式命官。　劉在明：人名。幽州（今北京市）人。五代將領。傳見本書卷一〇六。　鎮州：州名。治所在今河北正定縣。　幽州：州名。治所在今北京市。　都部署：官名。五代後唐始置，爲臨時委任的大軍區統帥。掌管屯戍、攻防等事務。

[8]檢校太尉：官名。爲散官或加官，以示恩寵加此官，無實

際執掌。

[9]工部尚書：官名。尚書省工部長官。掌百工、屯田、山澤之政令。正三品。　龍敏：人名。幽州永清（今河北永清縣）人。五代大臣。傳見本書卷一〇八、《新五代史》卷五六。

[10]右衛大將軍：官名。唐置，掌宫禁宿衛。唐代十六衛之一。正三品。　王景崇：人名。邢州（今河北邢臺市）人。五代後漢時升任鳳翔節度使。傳見本書附録、《新五代史》卷五三。

[11]大散關：關隘名。位於今陝西寶鷄市秦嶺山脉。

[12]北虜犯京師：原作"契丹犯京師"，乃《輯本舊史》忌清諱所改。據明本《册府》卷四三五《將帥部·獻捷門二》回改。

[13]侯益：人名。汾州平遥（今山西平遥縣）人。五代後唐至宋初將領。傳見《宋史》卷二五四。　趙贇：人名。幽州薊（今北京市）人。五代後唐、遼朝將領趙延壽之子。五代後唐至宋初將領。傳見《宋史》卷二五四。　侯益、趙贇皆受虜命："虜"，原作"其"，乃《輯本舊史》忌清諱所改。據明本《册府》卷四三五《將帥部·獻捷門二》回改。

[14]岐：唐州名。治雍縣（今陝西鳳翔縣）。唐中後期稱鳳翔府，五代因之。此爲舊稱。　蒲：州名。即河中府。治所在今山西永濟市。

[15]京兆：府名。治所在今陝西西安市。　朝廷移贇於京兆：《輯本舊史》之影庫本粘籤："'移贇於京兆'下疑有脱文，考《册府元龜》所引《薛史》與《永樂大典》同，今仍其舊。"

[16]何建：人名。其先回鶻人。代居雲、朔間。五代後晋將領。晋亡後歸附後蜀。傳見本書卷九四。

[17]邠：州名。治所在今陝西彬縣。　涇：州名。治所在今甘肅涇川縣。

[18]鳳翔：方鎮名。治所在鳳翔府（今陝西鳳翔縣）。　巡檢使：官名。五代始設巡檢，設於京師、陪都、重要的州及邊防重鎮。

［19］兵部侍郎：官名。兵部副長官，與尚書分掌武官銓選、勳階、考課之政。正四品下。　張允：人名。鎮州束鹿（今河北辛集市）人。五代後唐至後漢官員。傳見本書卷一〇八、《新五代史》卷五七。　吏部侍郎：官名。尚書省吏部次官。協助吏部尚書掌文選、勳封、考課之政。正四品上。

［20］工部侍郎：官名。尚書省工部次官。協助尚書掌管百工、山澤、水土之政令，考其功以昭賞罰，總所統各司之事。正四品下。　司徒詡：人名。清河郡（今河北清河縣）人。五代後唐官員。傳見本書卷一二八。　禮部侍郎：官名。尚書省禮部次官。協助禮部尚書掌禮儀、祭享、貢舉之政。正四品下。

［21］光禄卿：官名。南朝梁天監七年（508）改光禄勳置，隋、唐沿置。掌宫殿門户、帳幕器物、百官朝會膳食等。從三品。　李式：人名。籍貫不詳。五代後晋官員。事見本書卷七七。　尚書右丞：官名。尚書省佐貳官。唐中期以後，與尚書左丞實際主持尚書省日常政務，權任甚重。後梁開平二年（908）改爲右司侍郎，後唐同光元年（923）復舊爲右丞。唐時爲正四品下，後唐長興元年（930）升爲正四品。

［22］禮部侍郎：官名。尚書省禮部次官。協助禮部尚書掌禮儀、祭享、貢舉之政。正四品下。　邊歸讜：人名。幽州薊（今天津市薊州區）人。傳見《宋史》卷二六二。　刑部侍郎：官名。尚書省刑部次官。協助刑部尚書掌天下刑法及徒隸、勾覆、關禁之政令。正四品下。

［23］盧價：人名。祖籍范陽（今河北涿州市），世居懷州河内（今河南沁陽市）。五代大臣。事見羅火金《五代時期盧價墓誌考》，《中國歷史文物》2009 年第 2 期。　兵部侍郎：官名。尚書省兵部次官。協助兵部尚書掌武官銓選、勳階、考課之政。正四品下。

三月甲寅，帝始御廣政殿，[1]群臣起居。殿中少監胡崧上言：[2]“請禁斫伐桑棗爲薪，城門所由，專加捉搦。”從之。丙辰，鄴都留守、太尉、中書令、臨清王高行周進封鄴王，[3]北京留守、檢校太尉、同平章事劉崇，[4]宋州節度使兼侍衛親軍馬步軍都指揮使、檢校太尉、同平章事史弘肇，[5]並加檢校太師、兼侍中，[6]前邢州節度使安叔千以太子太師致仕。[7]戊午，以右諫議大夫于德辰爲兵部侍郎。[8]庚申，河中節度使、檢校太師、兼中書令李守貞加守太傅，[9]進封魯國公；襄州節度使、檢校太師、兼中書令、虢國公安審琦加守太保，[10]進封齊國公；兖州節度使、檢校太師、兼侍中、岐國公符彦卿加兼中書令，[11]進封魏國公；許州節度使兼侍衛親軍副都指揮使、檢校太尉、同平章事劉信加檢校太師。[12]壬戌，以宰臣竇貞固爲山陵使，[13]吏部侍郎段希堯爲副使，[14]太常卿張昭爲禮儀使，[15]兵部侍郎盧價爲鹵簿使，[16]御史中丞邊蔚爲儀仗使。[17]丙寅，以前鳳翔節度使兼西南面兵馬都部署、檢校太師、兼侍中侯益爲開封尹、加兼中書令；[18]西京留守、檢校太師、平章事、莒國公李從敏，[19]夏州節度使、檢校太師、同平章事李彝殷，[20]並加兼侍中；青州節度使、檢校太尉、同平章事劉銖，[21]鄆州節度使、檢校太尉、同平章事慕容彦超，[22]並加檢校太師。詔改廣晋府爲大名府，[23]晋昌軍爲永興軍。[24]戊辰，靈州節度使、檢校太師、同平章事馮暉加兼侍中；[25]河陽節度使武行德、滄州節度使王景、華州節度使侯章、晋州節度使王晏，[26]並依前檢校太尉，加同平章事。庚午，涇州節度使史懿、潞州節度使常思、同州節度使張彦威、延州節度使高允權，[27]並依前檢校太尉，加同平章事；澶州節度使郭從義、邢州節度使薛懷讓，並自檢校太傅加檢校太尉；[28]以前奉國右廂都指揮使王饒爲鄜州留後。[29]甲戌，以邠州節度使、檢校太尉、同平章事王守恩爲永興軍節度使，[30]加檢校太師；以滑州節度使、檢校太尉郭謹爲邠州節度使；[31]以前鎮州留後、檢校太傅白再榮爲滑州節度使，[32]加檢校太尉；以陝州節度使、檢校太尉、同平章事趙暉爲鳳翔節度使；[33]以前河中節度使、檢校太尉、同平章事白文珂爲陝州節度使。[34]殿中監任延皓配流麟州，[35]坐爲劉崇所奏故也。丙子，鄧州節度使劉重進、相州節度使王繼弘、安州節度使楊信，[36]並自檢校太傅加檢校太尉。以鎮州留後兼幽州一行馬步軍都部署、檢校太傅劉在明爲鎮州節度使，加檢校太師，部署如故；[37]貝州節度使、檢校太傅李殷加檢校太尉；[38]定州節度使、檢校太尉孫方簡，[39]府州節度使、檢校太衛折從阮，[40]並加檢校太師。丁丑，中書侍郎兼户部尚書、平章事李濤罷免，[41]勒歸私第。時蘇逢吉等在中書，[42]樞密使楊邠、副樞密使郭威等權勢甚盛，[43]中書每有除授，多爲邠等所抑。濤不平之，因上疏請出邠等，以藩鎮授之，樞密之務，宜委逢吉、禹珪。[44]疏入，邠等知之，乃見太后泣訴其事，太后怒，濤由是獲譴。先是，中書厨釜鳴者數四，未幾，濤罷免。[45]西道諸州奏，[46]河中李守貞謀叛，發兵據潼關。[47]

［1］廣政殿：殿名。故址在今河南開封市。

［2］殿中少監：官名。殿中省副長官。掌天子服御，總領尚食、尚藥、尚衣、尚舍、尚乘、尚輦六局之官屬，備其禮物，供其職事。從四品。　胡崧：人名。籍貫不詳。五代後漢大臣。本書僅此一見。

［3］留守：官名。古代皇帝出巡或親征時指定親王或大臣留守京城，綜理國家軍事、行政、民事、財政等事務，稱京城留守。在陪都或軍事重鎮也常設留守，以地方長官兼任。　太尉：官名。與司徒、司空並爲三公，唐後期、五代多爲大臣、勳貴加官。正一品。　中書令：官名。漢代始置，隋、唐前期爲中書省長官，屬宰相之職；唐後期多爲授予元勳大臣的虛銜。正二品。　高行周：人名。嬀州懷戎（今河北懷來縣）人。五代後唐至後周將領。傳見本書卷一二三、《新五代史》卷四八。

［4］北京：即太原府。治所在今山西太原市。　劉崇：人名。即劉旻。太原（今山西太原市）人。五代後漢高祖劉知遠從弟。後漢時任太原尹，專制一方。後周代漢，劉崇稱帝於太原，國號漢，史稱北漢。傳見本書卷一三五、《新五代史》卷七〇。中華書局本有校勘記：“‘劉崇’下原有‘加’字，朱玉龍《方鎮表》：‘考五代無以節度使爲加官，原文疑有舛誤。’按本書卷一三五《劉崇傳》：‘隱帝嗣位，加檢校太師、兼侍中。’無加宋州節度使事。又據本書卷一〇〇《漢高祖紀下》：‘（天福十二年十一月）以許州節度使、侍衛步軍都指揮使史弘肇爲宋州節度使。’知爲宋州節度使者乃史弘肇，與劉崇無涉，‘加’字爲衍文，據删。”

［5］宋州：州名。治所在今河南商丘市睢陽區。　侍衛親軍馬步軍都指揮使：官名。五代時侍衛親軍最高長官，多由皇帝親信擔任。　史弘肇：人名。鄭州滎澤（今河南鄭州市）人。五代後漢將領。傳見本書卷一〇七、《新五代史》卷三〇。

［6］檢校太師：官名。爲散官或加官，以示恩寵，無實際執掌。太師，與太傅、太保並爲三師。　侍中：官名。秦始置。隋、唐前

期爲門下省長官。唐後期多爲大臣加銜，不參與政務，實際職務由門下侍郎執行。正二品。

[7]邢州：州名。治所在今河北邢臺市。　安叔千：人名。沙陀部人。五代後唐至後周將領。傳見本書卷一二三、《新五代史》卷四八。

[8]右諫議大夫：官名。唐置左右諫議大夫，左屬門下省，右屬中書省。掌諫諭得失、侍從贊相。正四品下。　于德辰：人名。元城（今河北大名縣東）人。五代大臣。傳見本書卷一三一。

[9]河中：方鎮名。治所在今山西永濟市蒲州鎮。　中書令：官名。漢代始置，隋、唐前期爲中書省長官，屬宰相之職；唐後期多爲授予元勳大臣的虛銜。正二品。　李守貞：人名。河陽（今河南孟州市）人。五代後晋、後漢將領。傳見本書卷一〇九、《新五代史》卷五二。　太傅：官名。與太師、太保合稱三師，唐後期、五代多爲大臣、勳貴加官。正一品。

[10]襄州：州名。治所在今湖北襄陽市。　安審琦：人名。沙陀部人。五代將領。歷仕後唐至後周。傳見本書卷一二三。　太保：官名。與太師、太傅並爲三師。唐後期、五代多爲大臣、勳貴加官。正一品。

[11]兖州：州名。治所在今山東濟寧市兖州區。　符彦卿：人名。陳州宛丘（今河南淮陽縣）人。五代後周、宋初將領。周世宗宣懿皇后、宋太宗懿德皇后皆符彦卿之女。傳見《宋史》卷二五一。

[12]許州：州名。治所在今河南許昌市。　劉信：人名。後漢宗室。唐末、五代軍閥。事見本書卷一〇〇至卷一〇三。

[13]竇貞固：人名。同州白水（今陝西白水縣）人。五代後唐至宋初大臣，後唐進士，後漢宰相。傳見《宋史》卷二六二。　山陵使：官名。亦稱“山陵儀仗使”。唐貞觀中始置。掌議帝后陵寢制度、監造帝后陵寢。

[14]吏部侍郎：官名。尚書省吏部次官。協助吏部尚書掌文

選、勳封、考課之政。正四品上。　段希堯：人名。河内（今河南沁陽市）人。五代大臣。傳見本書卷一二八、《新五代史》卷五七。

[15]太常卿：官名。西漢置太常，南朝梁始置太常卿。太常寺長官。掌宗廟祭祀禮樂及教育等。正三品。　張昭：人名。世居濮州范縣（今河南范縣）。五代、宋初大臣，時爲中書舍人。傳見《宋史》卷二六三。　禮儀使：官名。有重大禮儀事務則臨時置使，掌禮儀政令。事畢則罷。

[16]鹵簿使：官名。掌帝后車駕儀仗事。

[17]御史中丞：官名。如不置御史大夫，則爲御史臺長官。掌司法監察。正四品下。　邊蔚：人名。長安（今陝西西安市）人。五代後唐至後周官員。傳見本書卷一二八。　儀仗使：官名。皇帝大駕出行時設置。非常設官，均由他官兼代。掌總儀仗事務。

[18]開封尹：官名。即開封府尹。五代除後唐外均都汴州，升汴州爲開封府，置開封尹或知開封府事，執掌京師政務。從三品。　以前鳳翔節度使兼西南面兵馬都部署、檢校太師、兼侍中侯益爲開封尹、加兼中書令：《舊五代史考異》："案《宋史·侯益傳》：益率數十騎奔入朝，隱帝遣侍中問益連結蜀軍之由，益對曰：'臣欲誘之出關，掩殺之耳。'隱帝笑之。益厚賂史弘肇輩，言王景崇之横恣，諸權貴深庇護之，乃授以開封尹、兼中書令。""隱帝遣侍中問益連結蜀軍之由"，中華書局本有校勘記："'侍臣問'，原作'侍中聞'，據殿本、劉本、《宋史》卷二五四《侯益傳》改。"

[19]西京：地名。位於今河南洛陽市。　李從敏：人名。五代後唐明宗之侄。傳見本書卷八八、《新五代史》卷一五。

[20]夏州：州名。治所在今陝西靖邊縣。　李彝殷：人名。夏州（今陝西靖邊縣）人。避趙弘殷諱改名李彝興。五代宋初定難軍節度使。傳見《宋史》卷四八五。

[21]青州：州名。治所在今山東青州市。　劉銖：人名。陝州（今河南三門峽市陝州區）人。時權知開封府事。傳見本書卷一〇七、《新五代史》卷三〇。

［22］鄆州：州名。治所在今山東東平縣。　慕容彦超：人名。沙陀部人（一説吐谷渾部人）。五代後漢將領，後漢高祖劉知遠同母弟。傳見本書卷一三〇、《新五代史》卷五三。

［23］廣晋府：府名。五代後晋天福二年（937）改興唐府置廣晋府，治元城、廣晋二縣（今河北大名縣）。

［24］晋昌軍：方鎮名。治所在雍州、京兆府（今陝西西安市）。

［25］靈州：州名。治所在今寧夏吴忠市。　馮暉：人名。魏州（今河北大名縣）人。五代後唐至後周將領。傳見本書卷一二五、《新五代史》卷四九。

［26］河陽：方鎮名。全稱“河陽三城”。治所在孟州（今河南孟州市）。　武行德：人名。并州榆次（今山西晋中市榆次區）人。五代、宋初將領。傳見《宋史》卷二五二。　滄州：州名。治所在今河北滄縣舊州鎮。　王景：人名。萊州掖縣（今山東萊州市）人。五代、宋初將領。傳見《宋史》卷二五二。　華州：州名。治所在今陝西渭南市華州區。　侯章：人名。并州榆次（今山西晋中市榆次區）人。五代、宋初將領。傳見《宋史》卷二五二。　晋州：州名。治所在今山西臨汾市。　王晏：人名。徐州滕（今山東滕州市）人。五代、宋初將領。傳見《宋史》卷二五二。

［27］涇州：州名。治所在今甘肅涇川縣。　史懿：人名。代郡（今山西大同市）人。五代將領。傳見本書卷一二四。　潞州：州名。治所在今山西長治市。　常思：人名。太原（今山西太原市）人。五代將領。傳見本書卷一二九、《新五代史》卷四九。　同州：州名。治所在今陝西大荔縣。　張彦威：人名。又名張彦成。潞州潞城（今山西潞城市）人。五代將領。傳見本書卷一二三。　延州：州名。治所在今陝西延安市。　高允權：人名。延州（今陝西延安市）人。五代將領。傳見本書卷一二五。

［28］澶州：州名。唐、五代初，治所在今河南清豐縣。後晋天福四年（939），移治於今河南濮陽縣。　郭從義：人名。沙陀部人。曾名李從義。後唐莊宗李存勗養子。五代及宋初將領。傳見

《宋史》卷二五二。　邢州：州名。治所在今河北邢臺市。　薛懷讓：人名。祖先爲戎人，後徙居太原（今山西太原市）。五代將領。傳見《宋史》卷二五四。　檢校太傅：官名。爲散官或加官，以示恩寵，無實際執掌。

[29]奉國：方鎮名。治所在蔡州（今河南汝南縣）。　王饒：人名。慶州華池（今甘肅華池縣）人。五代將領。傳見本書卷一二五。　鄜州：州名。治所在今陝西富縣。

[30]邠州：州名。治所在今陝西彬縣。　王守恩：人名。太原（今山西太原市）人。五代後晋潞州節度使王建立子，後漢時曾任宰相。傳見本書卷一二五。

[31]滑州：州名。治所在今河南滑縣。　郭謹：人名。晋陽（今山西太原市）人。五代後晋、後漢將領。傳見本書卷一〇六。

[32]白再榮：人名。本蕃部人。五代節度使、將領。傳見本書卷一〇六、《新五代史》卷四八。

[33]陝州：州名。治所在今河南三門峽市陝州區。　趙暉：人名。澶州（今河南濮陽市）人。五代後唐至後周將領。傳見本書卷一二五。

[34]白文珂：人名。太原（今山西太原市）人。王章岳父，五代後漢隱帝時宰相。傳見本書卷一二四。

[35]殿中監：官名。殿中省長官。掌宫廷供奉之事。從三品。　任延皓：人名。并州（今山西太原市）人。五代官員，善術數相占。傳見本書卷一〇八。　麟州：州名。治所在今陝西神木縣。

[36]鄧州：州名。治所在今河南鄧州市。　劉重進：人名。本名晏僧。幽州（今北京市）人。五代、宋初將領。傳見《宋史》卷二六一。　相州：州名。治所在今河南安陽市。　王繼弘：人名。南宫（今河南南宫市）人。五代將領。傳見本書卷一二五。　安州：州名。治所在今湖北安陸市。　楊信：人名。又名楊承信。楊光遠之子。五代藩鎮將領。傳見《宋史》卷二五二。

[37]"以鎮州留後兼幽州一行馬步軍都部署"至"部署如

故”：中華書局本有校勘記：“‘太傅’，本卷上文作‘太尉’。”見《輯本舊史》本卷乾祐元年（948）二月庚寅，“以前晋州留後劉在明爲鎮州留後、幽州馬步軍都部署，加檢校太尉”。

［38］貝州：州名。治所在今河北清河縣。　李殷：人名。薊州（今天津市薊州區）人。五代後唐、後晋將領。傳見本書卷一〇六。

［39］定州：州名。治所在今河北定州市。　孫方簡：人名。避後周太祖之父諱改名方諫。中山（今河北定州市）人，一説莫州清苑（今河北保定市清苑區）人。五代後晋至後周將領。傳見本書卷一二五、《新五代史》卷四九。

［40］府州：州名。治所在今陝西府谷縣。　檢校太尉：原作“檢校太傅”，中華書局本有校勘記：“‘太傅’，本書卷九九《漢高祖紀上》作‘太尉’。按本書卷一二五《折從阮傳》：‘漢祖建號晋陽……授從阮光禄大夫、檢校太尉、永安軍節度使、府勝等州觀察處置等使’。”見《輯本舊史》卷九九《漢高祖紀上》天福十二年（947）四月甲子及卷一二五《折從阮傳》，據改。　折從阮：人名。雲中（今山西大同市）人，羌族折掘氏。五代後唐至後周將領。傳見本書卷一二五、《新五代史》卷五〇。

［41］中書侍郎：官名。中書省副長官。唐後期三省長官漸爲榮銜，中書侍郎、門下侍郎却因參議朝政而職位漸重，常常用爲以“同三品”或“同平章事”任宰相者的本官。正三品。　户部尚書：官名。即尚書省户部長官。掌管全國土地、户籍、賦税、財政收支諸事。正三品。　李濤：人名。京兆萬年（今陝西西安市長安區）人。唐敬宗子郇王瑋後裔，五代後漢宰相。傳見《宋史》卷二六二。

［42］蘇逢吉：人名。京兆長安（今陝西西安市）人。五代後漢初任宰相。傳見本書卷一〇八、《新五代史》卷三〇。

［43］樞密使：官名。樞密院長官。唐代宗時始以宦官掌機密，至昭宗時借朱温之力盡誅宦官，始改以士人任樞密使。備顧問，參謀議，出納詔奏，權侔宰相。參見李全德《唐宋變革期樞密院研

究》，國家圖書館出版社 2009 年版。　楊邠：人名。魏州冠氏（今山東冠縣）人。五代後漢時任樞密使、宰相。傳見本書卷一〇七、《新五代史》卷三〇。　副樞密使：官名。樞密院副長官。　郭威：人名。邢州堯山（今河北隆堯縣）人。五代後周建立者，即後周太祖。紀見本書卷一一〇至卷一一三、《新五代史》卷一一。

［44］禹珪：人名。即蘇禹珪。高密（今山東高密市）人。劉知遠爲河東節度時的屬官，五代後漢初任宰相。傳見本書卷一二七。

［45］濤罷免：《舊五代史考異》："案《宋史·李濤傳》：濤請出邠等藩鎮，以清朝政，隱帝不能決，白於太后。太后召邠等諭之，反爲所搆，免相歸第。與《薛史》異。"見《宋史》卷二六二《李濤傳》。

［46］西道諸州：《通鑑》卷二八八乾祐元年三月丁丑條作"邠、涇、同、華四鎮"。

［47］潼關：關隘名。位於今陝西潼關縣東北。

夏四月辛巳，陝州兵馬監押王玉奏，[1]收復潼關。定州孫方簡奏，三月二十七日，契丹棄定州遁去。[2]壬午，以樞密使楊邠爲中書侍郎兼吏部尚書、平章事，使如故；以副樞密使郭威爲樞密使，加檢校太尉；三司使王章加檢校太尉、同平章事。[3]郢州刺史尹實奏，[4]荆南起兵在境上，[5]欲攻城。是日，以澶州節度使郭從義爲永興軍一行兵馬都部署。時供奉官時知化、王益自鳳翔部署前永興節度使趙贊部下牙兵趙思綰等三百餘人赴闕，[6]三月二十四日，行次永興，思綰等作亂，突入府城，據城以叛，故命從義帥師以討之。[7]甲申，王景崇奏，趙思綰叛，見起兵攻討。丁亥，幸道宫、佛寺禱雨。戊子，東南面兵馬都元帥、兩浙節度使、檢校太師、兼中書令、吴越國王錢弘倧加諸道兵馬都元帥，[8]天策上將軍、湖南節度使、檢校太師、兼中書令、楚王馬希廣加守中書令。[9]以陝州節度使白文珂爲河中府城下一行都部署。庚寅，宰臣竇貞固、蘇逢吉、蘇禹珪並進封開國公。辛卯，削奪李守貞在身官爵。甲午，以翰林學士承旨、户部侍郎王仁裕爲户部尚書，[10]以翰林學士、左散騎常侍張沆爲工部尚書，[11]以翰林學士、中書舍人范質爲户部侍郎，[12]以樞密直學士、尚書比部員外郎王度爲祠部郎中，[13]並依前充職。乙未，[14]以侍衛步軍都指揮使尚洪遷充西南面行營都虞候，[15]以内客省使王峻爲西南面行營兵馬都監。[16]戊戌，以宣徽南院使扈彦珂爲左金吾上將軍。[17]庚子，以左金吾大將軍、充兩街使、檢校太傅劉承贇爲徐州節度使。[18]甲辰，以宣徽北院使薛可言爲右金吾上將軍，[19]以皇城使李暉爲宣徽南院使。[20]乙巳，定州節度使孫方簡奏，復入於本州。初，方簡爲狼山寨主，[21]叛晋歸契丹，及契丹降中渡之師，[22]乃以方簡爲定州節度使。契丹主死，永康王嗣位，[23]即以蕃將耶律忠代之，[24]移方簡爲雲州節度使，[25]方簡不受命，遂歸狼山。高祖至闕，方簡歸款，復以中山命之。[26]是歲三月二十七日，契丹棄定州，隳城壁，焚室廬，盡驅人民入蕃，惟餘空城瓦礫而已。至是，方簡自狼山回保定州。是月，河決原武縣，[27]河北諸州旱，徐州餓死民九百三十有七。

[1]監押：官名。行營等軍隊中統兵官。《新五代史》卷一〇《漢隱帝紀》作“都監”。　王玉：人名。籍貫不詳。五代時期統兵官。事見《新五代史》卷一〇。

[2]契丹：古部族、政權名。公元 4 世紀中葉宇文部爲前燕攻破，始分離而成單獨的部落，自號契丹。唐貞觀中，置松漠都督府，以其首領爲都督。唐末强盛，916 年迭剌部耶律阿保機建立契丹國（遼）。先後與五代、北宋並立，保大五年（1125）爲金所滅。參見張正明《契丹史略》，中華書局 1979 年版。

[3]三司使：官名。五代後唐明宗天成元年（926）將晚唐以來的户部、度支、鹽鐵三部合爲一職，設三司使統之。主管國家財政。　王章：人名。大名南樂（今河南南樂縣）人。五代後漢三司使、同平章事，以聚斂刻急著稱。傳見本書卷一〇七、《新五代史》卷三〇。

[4]郢州：州名。治所在今湖北鐘祥市。　尹實：人名。籍貫不詳。唐末、五代藩鎮軍閥。事見本書本卷、卷一三三。

[5]荆南：方鎮名。治所在荆州（今湖北荆州市）。

[6]供奉官：泛指侍奉皇帝左右的臣僚，亦爲東、西頭供奉官通稱。　時知化、王益：人名。籍貫不詳。皆五代後漢供奉官。事見本書本卷、卷一〇二。　牙兵：五代時期藩鎮親兵。參見來可泓《五代十國牙兵制度初探》，《學術月刊》1995 年第 11 期。　趙思綰：人名。魏州（今河北大名縣）人。五代將領。傳見本書卷一〇九、《新五代史》卷五三。

[7]故命從義帥師以討之：《舊五代史考異》：“案《歐陽史》云：四月壬午，永興軍將趙思綰叛附于李守貞。案《薛史》，趙思綰據城叛，自在三月，非四月事。又思綰先據城叛，後附于李守貞。《歐陽史》先書李守貞反，後書思綰叛，亦誤也。《通鑑》從《薛史》。”見《新五代史》卷一〇、《通鑑》卷二八八。

[8]錢弘倧：人名。即錢倧。錢元瓘第七子，五代十國吴越君主。傳見本書卷一三三、《新五代史》卷六七。　都元帥：官名。

唐、五代朝廷有重大軍事行動則置，統率天下軍隊。

[9]天策上將軍：官名。唐武德四年（621）置，掌國之征討，總判府事。正一品。　馬希廣：人名。五代十國南楚君主，南楚武穆王馬殷之子。南楚文昭王馬希範去世後被擁立爲王，後爲馬希萼篡位所殺。傳見本書卷一三三、《新五代史》卷六六。

[10]翰林學士承旨：官名。爲翰林學士之首。掌拜免將相、號令征伐等詔令的起草。《舊唐書・職官志二・翰林院》："例置學士六人，内擇年深德重者一人爲承旨，所以獨承密命故也。"　户部侍郎：官名。尚書省户部次官。協助户部尚書掌天下田户、均輸、錢穀之政令。正四品下。　王仁裕：人名。天水（今甘肅天水市）人。五代大臣。傳見本書卷一二八、《新五代史》卷五七。

[11]翰林學士：官名。由南北朝始設之學士發展而來，唐玄宗改翰林供奉爲翰林學士，備顧問、代王言。掌拜免將相、號令征伐等詔令的起草。　左散騎常侍：官名。門下省屬官。掌侍奉規諷，備顧問應對。正三品下。　張沆：人名。徐州（今江蘇徐州市）人。五代後唐、後晋、後周官員。傳見本書卷一三一。

[12]中書舍人：官名。中書省屬官。掌起草文書、呈遞奏章、傳宣詔命等。正五品上。　范質：人名。大名宗城（今河北威縣）人。五代後周、宋初宰相。傳見《宋史》卷二四九。

[13]樞密直學士：官名。五代後唐莊宗同光元年（923），改直崇政院置，選有政術文學者充任。備顧問應對。　尚書比部員外郎：官名。比部屬官。佐理勾會内外賦斂、經費、俸禄、公廨、勳賜、贓贖、徒役課程、逋欠之物，及軍資、械器、和糴、屯收所入。從六品。　王度：人名。籍貫不詳。五代後漢時曾任監察御史、樞密直學士等職。事見本書卷一〇〇、卷一〇五、卷一二六。　祠部郎中：官名。尚書省禮部祠部司主官。掌祠祀祭享、天文漏刻、巫術醫藥及僧尼道士等事。從五品上。

[14]乙未：原闕，據《通鑑》卷二八八補。

[15]侍衛步軍都指揮使：官名。五代時皇帝親軍侍衛步軍司之

最高長官。　尚洪遷：人名。籍貫不詳。五代將領。事見本書卷九九、卷一〇〇。　西南面行營都虞候：官名。唐、五代方鎮高級軍官。中華書局本有校勘記："'西南面'，《通鑑》卷二八八、《尚洪遷墓誌》（拓片刊《晋陽古刻選隋唐五代墓誌卷》）作'西面'。孔本注："案《通鑑》作西面行營都虞候。"

[16]内客省使：官名。中書省内客省長官。"内"字，據《輯本舊史》卷一〇一六月庚辰條、卷一三〇《王峻傳》，《通鑑》卷二八八補。中華書局本作"客省使"，並有校勘記："'使'字原闕，據殿本、劉本、孔本補。"　王峻：人名。相州安陽（今河南安陽市）人。五代將領，後周時任樞密使兼宰相。傳見本書卷一三〇、《新五代史》卷五〇。　兵馬都監：官名。唐代中葉命將出征，常以宦官爲監軍、都監。後爲臨時委任的統兵官，稱都監、兵馬都監。掌屯戍、邊防、訓練之政令。

[17]宣徽南院使：官名。唐始置。宣徽南院長官。初用宦官，五代以後改用士人。與宣徽北院使通掌内諸司及三班内侍之名籍，郊祀、朝會、宴享供帳之儀，檢視内外進奉名物。參見王永平《論唐代宣徽使》，《中國史研究》1995年第1期；王孫盈政《再論唐代的宣徽使》，《中華文史論叢》2018年第3期。　扈彦珂：人名。代州雁門（今山西代縣）人。五代後晋至宋朝將領。傳見《宋史》卷二五四。　左金吾上將軍：官名。唐置，掌宫禁宿衛。唐代十六衛之一。從二品。

[18]左金吾大將軍：官名。唐置，掌宫禁宿衛。唐代十六衛之一。正三品。　兩街使：官名。掌巡查京城六街。　劉承贇：人名。五代後漢高祖劉知遠之侄。事見本書本卷及卷九九。

[19]宣徽北院使：官名。唐始置。宣徽北院的長官。初用宦官，五代以後改用士人。與宣徽南院使通掌内諸司及三班内侍之名籍，郊祀、朝會、宴享供帳之儀，檢視内外進奉名物。參見王永平《論唐代宣徽使》，《中國史研究》1995年第1期；王孫盈政《再論唐代的宣徽使》，《中華文史論叢》2018年第3期。　薛可言：人

名。籍貫不詳。五代大臣。事見本書卷八四、卷一〇〇、卷一一一。　右金吾上將軍：官名。唐置，掌宫禁宿衛。唐代十六衛之一。從二品。

[20]皇城使：官名。唐末始置，爲皇城司長官，一般由君主的親信充任，以拱衛皇城。　李暉：人名。瀛州束城（今河北河間市）人。五代官員。傳見本書卷一二九。

[21]狼山寨：地名。位於今河北易縣。

[22]中渡：地名。滹沱河渡口。位於今河北正定縣。

[23]永康王：即遼世宗耶律阮。紀見《遼史》卷五。

[24]耶律忠：人名。即耶律郎五。契丹人。遼代將領。傳見《契丹國志》卷一七。

[25]雲州：州名。治所在今山西大同市。

[26]中山：地名。位於今河北定州市。

[27]原武縣：縣名。治所在今河南原陽縣。

五月己酉朔，國子監奏：[1]"《周禮》《儀禮》《公羊》《穀梁》四經未有印板，欲集學官考校雕造。"從之。[2]己未，回鶻遣使朝貢。[3]丁卯，前翰林學士徐台符自幽州逃歸。[4]乙亥，河決滑州魚池。

[1]國子監：官署名。掌邦國儒學訓導之政令。

[2]"五月己酉朔"至"從之"：《宋本册府》卷六〇八《學校部·刊校門》載此事於四月，《會要》卷八《經籍》條記於閏五月。

[3]回鶻：古部族名。原係突厥鐵勒部的一支。唐天寶三載（744）建立回紇汗國，9世紀中葉，回鶻汗國瓦解。其中一支爲甘州回鶻。11世紀初，甘州回鶻爲西夏所滅。参見楊蕤《回鶻時代：10—13世紀陸上絲綢之路貿易研究》，中國社會科學出版社2015

年版。

[4]徐台符：人名。鎮州獲鹿（今河北石家莊市鹿泉區）人。五代大臣。傳見本書附録。　丁卯，前翰林學士徐台符自幽州逃歸：《通鑑》卷二八八記徐台符逃歸事於四月。

六月戊寅朔，日有食之。庚辰，以内客省使王峻爲宣徽北院使，依前永興城下兵馬都監。以冀州牢城指揮使張廷翰爲冀州刺史，[1]時廷翰殺本州刺史何行通，[2]自知州事，故有是命。甲申，以皇弟右衛大將軍承勳爲興元節度使、檢校太尉、同平章事，[3]豐州節度使郭勳加檢校太師。[4]辛卯，永興兵馬都部署郭從義奏，得王景崇報，有兵自隴州來，[5]欲投河中，追襲至鄜城。[6]荆南節度使高從誨上表歸命，[7]從誨嘗拒朝命，至是方遣牙將劉扶詣闕請罪。[8]丙申，鎮州奏，節度使劉在明卒。戊戌，以河陽節度使武行德爲鎮州節度使，以宣徽南院使李暉爲河陽節度使，以相州節度使王繼弘爲貝州節度使。壬寅，荆南高從誨貢奉謝恩，釋罪。丙午，以前永興軍節度使王守恩爲西京留守。是月，河北旱，青州蝗。

[1]冀州：州名。治所在今河北衡水市冀州區。　張廷翰：人名。冀州（今河北衡水市冀州區）人。五代將領。符習之甥。事見本書卷一一六、《通鑑》卷二八六。

[2]何行通：人名。籍貫不詳。契丹將領。事見《通鑑》卷二八六。

[3]興元：府名。治所在今陝西漢中市。

[4]豐州：州名。治所在今内蒙古五原縣。　郭勳：人名。籍

貫不詳。五代將領。事見本書本卷及卷一〇二、卷一一一、卷一一四。

[5]隴州：州名。治所在今陝西隴縣。

[6]鄜城：縣名。治所在今陝西洛川縣東南鄜城。

[7]高從誨：人名。陝州硤石（今河南三門峽市陝州區）人，五代十國南平國主高季興長子。傳見本書卷一三三、《新五代史》卷六九。

[8]劉扶：人名。籍貫不詳。五代藩鎮將領。本書僅此一見。

秋七月戊申朔，相州節度使王繼弘殺節度判官張易，[1]以訛言聞。是時，法尚深刻，藩郡凡奏刑殺，不究其實，即順其請，故當時從事鮮賓客之禮，重足累迹而事之，猶不能免其禍焉。壬子，以工部侍郎李穀充西南面行營都轉運使。[2]乙卯，禮儀使張昭上高祖廟尊號，獻舞名并歌辭，舞曲請以"觀德"爲名，歌辭不録。丙辰，[3]以久旱，幸道宫、佛寺禱雨，是日大澍。開封府言，陽武、雍丘、襄邑三縣，[4]蝗爲鸜鵒聚食，詔禁捕鸜鵒。庚申，樞密使郭威加同平章事。辛酉，滄州上言，自今年七月後，幽州界投來人口凡五千一百四十七，北土饑故也。乙丑，以宣徽北院使王峻爲宣徽南院使，以内客省使吴虔裕爲宣徽北院使。[5]戊辰，以遂州節度使兼侍衛親軍馬軍都指揮使李洪信爲澶州節度使，[6]以澶州節度使郭從義爲永興軍節度使兼行營都部署。庚午，故兵部尚書李懌贈尚書左僕射。[7]鎮州奏，準詔處斬節度副使張鵬訖。[8]鵬以一言之失，爲鄴帥高行周所奏，故命誅之。乙亥，新授鳳翔節度使趙暉奏，與八作使王繼濤領部下兵同赴鳳翔，[9]時王景崇拒命故也。

[1]張易：人名。籍貫不詳。時爲彰德軍節度判官，因切諫節度使王繼弘被殺。事見本書本卷、卷一二五。

[2]李穀：人名。潁州汝陰（今安徽阜陽市）人。五代後唐進士。歷仕後晋、後漢、後周、宋朝。傳見《宋史》卷二六二。

[3]丙辰：《宋本册府》卷一四五《帝王部·弭災門三》記於乙卯（八日），本卷記於丙辰（九日）。

[4]陽武：縣名。治所在今河南原陽縣。　雍丘：縣名。治所在今河南杞縣。　襄邑：縣名。治所在今河南睢縣。

[5]内客省使：中華書局本有校勘記："'使'字原闕，據殿本、劉本、孔本補。"　吴虔裕：人名。許州許田（今河南許昌市）人。五代、宋初將領。傳見《宋史》卷二七一。

[6]遂州：州名。治所在今四川遂寧市。　李洪信：人名。并州晋陽（今山西太原市）人。五代、宋初將領。傳見《宋史》卷二五二。

[7]李懌：人名。京兆（今陝西西安市）人。五代大臣。傳見本書卷九二、《新五代史》卷五五。

[8]張鵬：人名。鎮州鼓城（今河北晋州市晋州鎮鼓城村）人。時爲成德軍節度副使，因言論失當爲節度使高行周奏殺。傳見本書卷一〇六。

[9]八作使：官名。掌八作司之修繕營建工匠。　王繼濤：人名。河朔（今河北地區）人。五代、宋初武官。傳見《宋史》卷二五五。

八月己卯，以華州節度使侯章爲邠州節度使，以左金吾上將軍扈彦珂爲華州節度使。壬午，命樞密使郭威赴河中府軍前，詔河府、永興、鳳翔行營諸軍一稟威節制。時李守貞、王景崇、趙思綰連衡作叛，朝廷雖命白文珂、常思攻討河中，物議以二帥非守貞之敵，中外憂之，及是命之降，人情大愜。[1]癸巳，以奉國左廂都指揮使、閬州防禦使劉詞爲夔州節度使，[2]充侍衛步軍都指揮使兼河中行營都虞候；以護聖左廂都指揮使、岳州防禦使李洪義爲遂州節度使，[3]充侍衛馬軍都指揮使。乙未，兩浙節度使、檢校太尉、兼侍中、吴越國王錢弘俶加檢校太師、兼中書令、東南面兵馬都元帥。[4]弘俶，故吴越王元瓘之子也。[5]先是，其兄弘倧襲父位，[6]尋爲部下所廢，以弘俶代之，故特加是命焉。新授鳳翔節度使趙暉奏，部署兵士赴鳳翔城下。癸卯，郭威奏，今月二十三日，大軍已抵河府賊城，[7]至二十六日，開長連塹畢，築長連城次。

［1］“壬午”至“人情大愜”：《舊五代史考異》：“案《通鑑》云：自河中、永興、鳳翔三鎮拒命以來，朝廷繼遣諸將討之。昭義節度使常思屯潼關，白文珂屯同州，趙暉屯咸陽，惟郭從義、王峻置柵近長安，而二人相惡如水火，自春徂秋，皆相仗莫肯攻戰。帝患之，欲遣重臣臨督。壬午，以郭威爲西面軍前招慰安撫使，諸軍皆受威節度。與《薛史》所載詳略互異。又案《薛史·周太祖紀》云：七月，西面師徒大集，未果進取，其月十三日，制授帝同平章事，即遣西征。據此《紀》，則周太祖以七月庚申加同平章事，八月壬午命赴河中府軍前，非一時事也。二《紀》前後自相矛盾。《歐陽史·漢、周本紀》，亦各仍《薛史》之舊，未能參考劃一。《通鑑》定從《薛史·漢紀》。”中華書局本有三條校勘記：“‘河中’，原作‘河東’，據《通鑑》卷二八八改。”“‘以郭威爲西面軍

前招慰安撫使’，‘西面’二字原闕，據《通鑑》卷二八八補。”“‘又案《薛史》……《通鑑》定從《薛史·漢紀》’，以上一〇六字原闕，據《舊五代史考異》卷四補。”見《輯本舊史》卷一一〇《周太祖紀》一，《新五代史》卷一〇《漢隱帝紀》、卷一一《周太祖紀》，《通鑑》卷二八八。

[2]閬州：州名。治所在今四川閬中市。　劉詞：人名。元城（今河北大名縣）人。五代將領。傳見本書卷一二四、《新五代史》卷五〇。　夔州：州名。治所在今重慶市奉節縣。

[3]岳州：州名。治所在今湖南岳陽市。　李洪義：人名。一作“李弘義”。并州晉陽（今山西太原市）人。李洪信弟，五代、宋初將領。《宋史》卷二五二《李洪信傳》有附傳。

[4]錢弘俶：人名。即錢俶。錢元瓘第九子，五代十國吴越末代君主。傳見本書卷一三三、《新五代史》卷六七。

[5]元瓘：人名。即錢元瓘。錢鏐第五子，五代十國吴越君主。傳見本書卷一三三、《新五代史》卷六七。

[6]弘倧：人名。即錢倧。錢元瓘第七子，五代十國吴越君主。傳見本書卷一三三、《新五代史》卷六七。

[7]河府：方鎮名。即河中府。治所在今山西永濟市。

九月戊申，侯益部曲王守筠自鳳翔來奔，[1]言益家屬盡爲王景崇所害。壬子，郭威奏，破河府賊軍於城下。甲寅，故夔州節度使兼侍衛步軍都指揮使尚洪遷贈太尉。乙丑，雪，書不時也。戊辰，鳳翔都部署趙暉奏，大破川軍於大散關，殺三千餘人，其餘棄甲而遁。[2]壬申，郭威奏，得郭從義報，今月十四日，鳳翔王景崇兵士離本城，尋遣監軍李彦從率兵襲至法門寺西，[3]殺戮二千餘人。詔升河中府解縣爲解州。[4]

[1]王守筠：人名。籍貫、事跡不詳。本書僅此一見。

[2]"戊辰"至"其餘棄甲而遁"：《舊五代史考異》："案《隆平集》：藥元福從趙暉進討，兵衆寡數倍，他將皆爲却，元福擁數百騎獨出，令曰：'敢回頭者斬。'衆效死以戰，遂有成功。"見《隆平集》卷一六《藥元福傳》。

[3]監軍：官名。爲臨時差遣，代表朝廷協理軍務，督察將帥。五代時常以宦官爲監軍。　李彦從：人名。汾州孝義（今山西孝義市）人。五代後漢將領。傳見本書卷一〇六。　法門寺：佛寺名。位於今陝西扶風縣北二十里法門鎮。

[4]解縣：縣名。治所在今山西運城市解州鎮。

冬十月丙子朔，山陵使竇貞固上大行皇帝陵名曰睿陵，[1]從之。丁丑夕，歲星入太微。戊寅，趙暉奏，破王景崇賊軍於鳳翔城下。甲申，吐番遣使獻方物。[2]丙戌，右羽林將軍張播停任，[3]坐檢田受請託也。丁亥，中書舍人張誼責授房州司户，[4]兵部郎中馬承翰責授慶州司户，[5]並員外置，所在馳驛發遣。先是，誼與承翰俱銜命于兩浙，覩其驕僭之失，形於譏誚，兼乘醉有輕肆之言，錢弘俶耻之，摭其過以奏之，朝廷以方務懷柔，故有是命。甲辰，延州奏，夏州李彝殷先出兵臨州境，[6]欲應接李守貞，今却抽退。

[1]睿陵：五代後漢高祖劉知遠之陵，位於今河南登封市告成鎮。

[2]吐番：部族、政權名。即吐蕃。唐朝時藏族先民在青藏高原建立吐蕃政權。自7世紀至9世紀，共歷九主，二百餘年。參見才讓《吐蕃史稿》，人民出版社2010年版。

[3]右羽林將軍：官名。唐置左右羽林軍，掌統北衙禁兵，督攝左右厢飛騎儀仗。大朝會，則周衛階陛；巡幸，則來馳道爲内仗。大將軍各一人，正三品；將軍，各三人，從三品。　張播：人名。籍貫不詳。本書僅此一見。

[4]張誼：人名。籍貫不詳。本書僅此一見。　房州：州名。治所在今湖北房縣。　司户：官名。州級政府僚佐。掌本州屬縣之户籍、賦税、倉庫受納等事。上州從七品下，中州正八品下，下州從八品下。

[5]兵部郎中：官名。唐高祖改兵曹郎置，二人，一掌武官階品、衛府名數、校考、給告身之事，一掌軍籍、軍隊調遣名數、朝集、録賜、告假等事。高宗、武則天、玄宗時，一度隨本部改名司戎大夫、夏官郎中、武部郎中。五代因之。從五品上。　馬承翰：人名。籍貫不詳。五代大臣，官至刑部、兵部郎中。事見明本《册府》卷四八一《臺省部·輕躁門》、卷六一三《刑法部·定律令》、卷六六四《奉使部·辱命門》，此事亦見於《宋史》卷三〇六《張去華傳》。　慶州：州名。治所在今甘肅慶城縣。

[6]夏州：《輯本舊史》之影庫本粘籤："夏州，原本作'雅州'，今從《歐陽史》改正。"不見《新五代史》記載，可參見《輯本舊史》卷八二《晋少帝紀二》天福八年九月條、明本《册府》卷一一八《帝王部·親征門三》晋天福九年條。　臨州：州名。治所在今甘肅臨洮縣。

十一月甲寅，誅太子太傅李崧及其弟司封員外郎嶼、國子博士嶬，[1]夷其族，爲部曲誣告故也。詔曰："稔惡圖危，難逃天網；虧忠負義，必速神誅。李崧頃在前朝，最居重位，略無裨益，遂至滅亡。及事契丹，又爲親密，士民俱憤，險佞可知。先皇帝含垢掩瑕，推恩念舊，擢居一品，俾列三師。不謂潛有苞藏，謀危社稷，散差人使，潛結奸兇，俯近山陵，擬爲叛亂。按其所告，咸已伏辜，宜正典章，用懲奸逆。其李崧、李嶼、李㠩一家骨肉，及同謀作亂人，並從極法”云。庚申，大行皇帝靈駕進發。辛酉，荆南奏，節度使高從誨卒。壬申，葬高祖皇帝於睿陵。

[1]太子太傅：官名。與太子太師、太子太保統稱太子三師。隋唐以後多作加官或贈官。從一品。　李崧：人名。深州饒陽（今河北饒陽縣）人。五代大臣。傳見本書卷一〇八、《新五代史》卷五七。　司封員外郎：官名。尚書省吏部司封司次官。掌封爵、命婦、朝會及賜予等事。從六品上。　嶼：人名。即李嶼。深州饒陽（今河北饒陽縣）人。李崧之弟。五代後漢司封員外郎。事見本書卷一〇八《李崧傳》。　國子博士：官名。國子監屬官。掌教文武官三品已上、國公子孫，二品已上曾孫爲生者。正五品上。　㠩：人名。即李㠩。深州饒陽（今河北饒陽縣）人。李崧之弟。五代後漢國子博士。事見本書卷一〇八《李崧傳》。

十二月丁丑，[1]荆南節度副使、檢校太傅、行峽州刺史高保融起復，[2]授荆南節度使、檢校太尉、同平章事、渤海郡侯。壬午，帝被衮冕御崇元殿，[3]授六廟寶册，正使宰臣蘇禹珪及副使太府卿劉皞赴西京行禮。[4]兖州奏，淮賊先於沂州界立栅，[5]前月十七日已歸海州，[6]爲李守貞牽制也。[7]庚寅，奉高祖神主於西京太廟。淮南僞主李璟奉書於帝，[8]云：“先因河府李守貞求援，又聞大國沿淮屯軍，當國亦於境上防備。昨聞大朝收軍，當國尋已徹備，其商旅請依舊日通行。”朝廷不報。辛卯，群臣上表，請以三月九日誕聖日爲嘉慶節，從之。延州節度使高允權奏，得都頭李彥、李遇等告：[9]“太子太師致仕劉景巖與鄉軍指揮使高志，[10]結集草寇，欲取臘辰竊圖州城。尋請使臣與指揮使李勳，[11]聊將兵士巡檢偵邏，劉景巖果出兵鬭敵，時即殺敗，其劉景巖尋獲斬之。”詔曰：“劉景巖年已衰暮，身處退閑，曾無止足之心，輒肆苞藏之毒，結集徒黨，窺伺藩垣。所賴上將輸忠，三軍協力，盡除醜類，克殄渠魁。其劉景巖次男前德州刺史行琮已行極法，[12]長男渭州刺史行謙、孫男邢州馬軍指揮使崇勳特放。”[13]是冬，多昏霧，日晏方解。《永樂大典》卷一萬六千二百二。[14]

[1]十二月丁丑：中華書局本有校勘記：“‘月’字原闕，據殿本、劉本、孔本、邵本校補。”

[2]峽州：州名。即硤州。治所在今湖北宜昌市夷陵區。 高保融：人名。陝州硤石（今河南三門峽市）人。五代十國南平（荆南）君主。傳見本書卷一三三、《新五代史》卷六九。

[3]崇元殿：五代後梁開平元年（907）改汴京正殿爲崇元殿。位於今河南開封市。

[4]太府卿：官名。南朝梁始置。太府寺長官。掌國家財帛庫藏出納、關市税收等務。從三品。 劉皞：人名。涿州歸義（今河北容城縣）人。五代十國時期大臣。後晋宰相劉昫之弟。傳見本書卷一三一。

[5]沂州：州名。治所在今山東臨沂市。

[6]海州：州名。治所在今江蘇連雲港市海州區。

[7]爲李守貞牽制也：《舊五代史考異》：“案《南唐書》：嗣主六年，李守貞遣從事朱元、李平奉表來乞師，以潤州李金全爲西面

行營招撫使，壽州劉彦貞爲副，諫議大夫查文徽爲監軍使，兵部侍郎魏岑爲沿淮巡撫使，聞河中平，遽班師。又《李金全傳》云：出師沭陽，諸將鋭于進取，金全獨以爲遠不相及，乃止。”見《南唐書》卷三《中主書》、卷一二《李金全傳》。

[8]李璟：人名。即五代十國南唐元宗。又名李景。徐州彭城（今江蘇徐州市）人。南唐烈祖李昪長子，南唐第二位皇帝。後因受後周威脅，削去帝號，改稱國主。傳見本書卷一三四、《新五代史》卷六二。

[9]都頭：官名。唐末五代時，“都”爲指揮以下的軍事編制。《武經總要》卷二：“凡五百人爲一指揮，其别有五都，都一百人，統以一營居之。”都的長官稱爲都頭。　李彦：人名。籍貫不詳。本書僅此一見。　李遇：人名。籍貫不詳。本書僅此一見。

[10]太子太師：官名。與太子太傅、太子太保統稱太子三師。隋唐以後多作加官或贈官。從一品。　劉景巖：人名。延州（今陝西延安市）人。高允權妻之祖父，家富於財，爲高允權誣殺。傳見《新五代史》卷四七。　高志：人名。籍貫不詳。本書僅此一見。

[11]李勳：人名。籍貫不詳。本書僅此一見。

[12]行琮：人名。即劉行琮。延州（今陝西延安市）人。五代將領。劉景巖之子。事見《新五代史》卷四七。

[13]渭州：州名。治所在今甘肅隴西縣。　行謙：人名。即劉行謙。延州（今陝西延安市）人。劉景巖之子。高允權婦翁。　崇勳：人名。即劉崇勳。延州（今陝西延安市）人。劉景巖之孫。本書僅此一見。

[14]《大典》卷一六二〇二爲“漢”字韻“漢隱帝（一）”事目。

舊五代史　卷一〇二

漢書四

隱帝紀中

乾祐二年春正月乙巳朔，[1]制曰："朕以眇躬，獲纘洪緒，念守器承祧之重，懷臨深履薄之憂。屬以玄道猶艱，王室多故，天降重戾，國有大喪，奸臣樂禍以圖危，群寇幸災而伺隙，力役未息，兵革方殷。朕所以嘗膽履冰，廢飧輟寐，雖居億兆之上，不以九五爲尊，漸冀承平，永安遐邇。内則稟太后之慈訓，外則仗多士之忠勳，股肱叶謀，爪牙宣力。西摧三叛，撫其背而扼其喉；北挫諸蕃，[2]斷其臂而折其脊。次則巴邛嘯聚，淮海猖狂，纔聞矢接鋒交，已見山摧岸沮，寇難少息，師徒無虧。兼以修奉園陵，崇建宗廟，右賢左戚，同寅協恭，多事之中，大禮無闕，負荷斯重，哀感良深。今以三陽布和，四序更始，宜申兑澤，允答天休，恤獄緩刑，捨過宥罪，當萬物之莩甲，開三面之網羅，順彼發生，以召和氣。應乾祐二年正月一日昧爽已前，天下見禁罪人，除十惡五逆、官典犯贓、合造毒藥、劫家殺人正身外，其餘並放。河府李守貞、鳳翔王景崇、永興趙思綰等，[3]比與國家素無讎釁，偶因疑懼，遂至叛違。然以彼之生靈，朕之赤子，久陷孤壘，可念非辜，易子析骸，填溝委壑，爲人父母，寧不軫傷！但以屈己愛人，先王厚德，包垢含辱，列聖美談，宜推濟物之恩，用廣好生之道。其李守貞等，[4]宜令逐處都部署分明曉諭，[5]若能翻然歸順，朕即待之如初，當保始終，享其富貴，明申信誓，固無改移。其或不順推誠，堅欲拒命，便可應時攻擊，剋日盪平，候收復城池，罪止元惡，其餘詿誤，一切不問。重念征討已來，勞役滋甚，兵猶在野，民未息肩，急賦繁徵，財殫力匱。矜恤之澤，未被於疲羸；愁歎之聲，幾盈於道路。即俟邊鋒少弭，國難漸除，當議優饒，冀獲蘇息。諸道藩侯郡守等，咸分寄任，共體憂勞，更宜念彼瘡痍，倍加勤恤，究鄉閭之疾苦，去州縣之煩苛，勸課耕桑，省察冤濫，共恢庶政，用副憂勞。凡百臣僚，當體朕意。”壬子，賜前昭義軍節度使張從恩衣一襲，[6]金帶、鞍馬、綵帛等。時有投無名文字誣告從恩者，故特有是賜，以安其心。乙卯，河府軍前奏，今月四日夜，賊軍偷斫河西寨，捕斬七百餘級。時蜀軍自大散關來援王景崇，[7]郭威自將兵赴岐下，[8]將行，戒白文珂、劉詞等曰：[9]“賊之驍勇，並在城西，慎爲儆備。”既行，至華州，[10]聞川軍敗退，且憂文珂等爲賊奔突，遂兼程而迴。賊城内偵知郭威西行，於正月四日夜，遣賊將王三鐵等，[11]率驍勇千餘人，沿流南行，坎岸而登，爲三道來攻。賊軍已入王師砦中，劉詞極力拒之，短兵既接，遂敗之。

[1]乾祐：五代後漢高祖劉知遠年號（948）。隱帝劉承祐沿用至乾祐三年（950）。北漢亦用此年號。

[2]諸蕃：明本《册府》卷九五《帝王部·赦宥門十四》作“群胡”。

[3]河府：方鎮名。即河中府。治所在今山西永濟市。《輯本舊史》之影庫本粘籤：“河府，原本作‘何府’，《册府元龜》作‘河中’，考《薛史》多稱‘河中府’爲‘河府’，今改正。”見明本《册府》卷九五《帝王部·赦宥十四》；又見《輯本舊史》卷六八《李保殷傳》，卷一〇一《漢隱帝紀》上乾祐元年八月癸卯、九月壬子，卷一一三《周太祖紀》四顯德元年（954）正月。　李守貞：人名。河陽（今河南孟州市）人。五代後晋、後漢將領。傳見本書卷一〇九、《新五代史》卷五二。　鳳翔：方鎮名。治所在鳳翔府（今陝西鳳翔縣）。　王景崇：人名。邢州（今河北邢臺市）人。五代後漢時升任鳳翔節度使。傳見本書附録、《新五代史》卷五三。　永興：方鎮名。治所在京兆府（今陝西西安市）。　趙思綰：人名。魏州（今河北大名縣）人。五代將領。傳見本書卷一〇九、《新五代史》卷五三。

[4]其李守貞等：明本《册府》卷九五《帝王部·赦宥十四》、《宋本册府》卷一六六《帝王部·招懷門四》作“李守貞、王景崇、趙思綰等”。

[5]都部署：官名。五代後唐始置，爲臨時委任的大軍區統帥。掌管屯戍、攻防等事務。

[6]昭義軍：方鎮名。治所在潞州（今山西長治市）。　節度使：官名。唐時在重要地區所設掌握一州或數州軍事、民事、財政的長官。　張從恩：人名。太原（今山西太原市）人。五代後晋外

戚、將領。仕至宋初。傳見《宋史》卷二五四。

［7］大散關：關隘名。位於今陝西寶鷄市大散嶺上。

［8］郭威：人名。邢州堯山（今河北隆堯縣）人。五代後周開國皇帝。951年至954年在位。紀見本書卷一一〇至卷一一三、《新五代史》卷一一。　岐下：地名。此指鳳翔。治所在今陝西鳳翔縣。

［9］白文珂：人名。太原（今山西太原市）人。五代後唐至後周將領。傳見本書卷一二四。　劉詞：人名。元城（今河北大名縣）人。五代將領。傳見本書卷一二四、《新五代史》卷五〇。

［10］華州：州名。治所在今陝西渭南市華州區。

［11］王三鐵：人名。即王繼勳。五代、宋初將領。《舊五代史考異》："案：《通鑑》作王繼勳。《宋史·王繼勳傳》：繼勳有武勇，在軍陣常用鐵鞭、鐵槊、鐵檛，軍中目爲'王三鐵'。"《舊五代史考異》所引"《宋史·王繼勳傳》……軍中目爲王三鐵"，中華書局本有校勘記："以上二十九字原闕，據《舊五代史考異》卷四補。"見《通鑑》卷二八八、《宋史》卷三七四《王繼勳傳》。

二月丙子，詔："諸道州府，所征乾祐元年夏秋苗畝上紐征白米稈草已納外，並放。"是日旦，黑霧四塞。丁丑夕，大風。乙酉，以前房州刺史李筠夫爲鴻臚卿。[1]戊子，前右監門將軍喬達，[2]及其兄契丹僞命客省使榮等皆棄市。[3]達，李守貞之妹壻也，故皆誅之。庚寅，徐州巡檢使成德欽奏，[4]至峒峿鎮遇淮賊，[5]破之，殺五百人，生擒一百二十人。戊戌，大雨霖。庚子，詔左諫議大夫賈緯等修撰《高祖實録》。[6]

［1］房州：州名。治所在今湖北房縣。　刺史：官名。州一級

行政長官。西漢武帝時始置，總掌考核官吏、勸課農桑、地方教化等事。唐中期以後，節度使、觀察使轄州而設，刺史爲其屬官，職任漸輕。從三品至正四品下。　李筠夫：人名。籍貫不詳。本書僅此一見。　鴻臚卿：官名。秦稱典客，漢初改大行令，漢武帝時改大鴻臚，北齊置鴻臚寺，以鴻臚寺卿爲長官，後代沿置。掌四夷朝貢、宴飲賞賜、送迎外使等禮儀活動。從三品。

［2］右監門將軍：官名。唐置，掌宮禁宿衛。唐代十六衛之一。從三品。　喬達：人名。籍貫不詳。本書僅此一見。

［3］契丹：部族、政權名。公元4世紀中葉宇文部爲前燕攻破，始分離而成單獨的部落，自號契丹。唐貞觀中，置松漠都督府，以其首領爲都督。唐末强盛，916年迭刺部耶律阿保機建立契丹國（遼）。先後與五代、北宋並立，保大五年（1125）爲金所滅。參見張正明《契丹史略》，中華書局1979年版。　客省使：官名。唐代宗時始置，五代沿置。客省長官，掌接待四方奏計及外族使者。　榮：人名。即喬榮。喬達之弟。本書僅此一見。

［4］徐州：方鎮名。即武寧軍。治所在徐州（今江蘇徐州市）。　巡檢使：官名。五代始置，設於京師、陪都、重要的州及邊防重鎮。　成德欽：人名。籍貫不詳。五代將領。事見《通鑑》卷二八八。

［5］峒峿鎮：地名。位於今江蘇宿遷市北峒峿鎮。中華書局本有校勘記："《册府》卷四三五、《通鑑》卷二八八同，劉本、邵本校、彭校作'峒峿鎮'。按錢大昕《潛研堂集》卷二八：'徐州之峒峿鎮，古書本作"司吾"，後人增加"山"旁，刊本訛"峒"爲"峒"，遂讀爲"崆峒"之"峒"，失其義矣。'"見明本《册府》卷四三五《將帥部·獻捷門二》。《漢書·地理志上》、《後漢書·郡國志三》、《晋書·地理志下》、《水經注》卷二六"沭水"條、《宋書·州郡志一》、《梁書》卷三《武帝紀下》、《南齊書·州郡志上》均作"司吾"。

［6］左諫議大夫：官名。隸門下省。唐代置左、右諫議大夫各

四人，分隸門下省、中書省。掌諫諭得失，侍從贊相。正四品下。　賈緯：人名。真定獲鹿（今河北石家莊市鹿泉區）人。五代史官。傳見本書卷一三一、《新五代史》卷五七。

三月丙辰，以北京衙内指揮使劉鈞爲汾州防禦使。[1]

[1]北京：即太原府。治所在今山西太原市。　衙内指揮使：官名。唐、五代時衙内指揮使爲節度使府衙内之牙將，統最親近衛兵。　劉鈞：人名。原名劉承鈞，太原（今山西太原市）人。沙陀族。五代十國北漢世祖劉旻次子，北漢第二任君主。傳見《新五代史》卷七〇。　汾州：州名。治所在今山西汾陽市。　防禦使：官名。唐代始置，設有都防禦使、州防禦使兩種。常由刺史或觀察使兼任，實際上爲唐代後期州或方鎮的軍政長官。

夏四月丙子，以荆南節度行軍司馬、武泰軍節度留後王保義爲檢校太尉，[1]領武泰軍節度使，行軍如故。丁丑，潁州獻紫兔、白兔。[2]幽、定、滄、貝、深、冀等州地震。[3]壬午，太白經天。[4]辛丑，幸道宫禱雨。

[1]荆南：方鎮名。治所在荆州（今湖北荆州市）。　行軍司馬：官名。出征將領及節度使的屬官。掌軍籍符伍，號令印信，是藩鎮重要的軍政官員。　武泰軍：方鎮名。治所在黔州（今重慶市彭水苗族土家族自治縣）。　節度留後：官名。唐、五代節度使多以子弟或親信爲留後，以代行節度使職務，亦有軍士、叛將自立爲留後者。掌一州或數州軍政。　王保義：人名。本名劉去非。幽州（今北京市）人。南平高季興部下。事見本書卷一三三。　檢校太

尉：官名。爲散官或加官，以示恩寵，無實際執掌。

[2]潁州：州名。治所在今安徽阜陽市。

[3]幽：州名。治所在今北京市。　定：州名。治所在今河北定州市。　滄：州名。治所在今河北滄縣舊州鎮。　貝：州名。治所在今河北清河縣。　深：州名。治所在今河北深州市。　冀：州名。治所在今河北衡水市冀州區。　“丁丑”至“等州地震”：“幽定滄貝深冀等州地震”，《輯本舊史》原無記日，僅作“是月”，《輯本舊史》卷一四一《五行志》：“漢乾祐二年四月丁丑，幽、定、滄、營、深、洺等州地震，幽、定尤甚。”據改。然本紀與《五行志》有關受災州記載不一，今不改。

[4]壬午，太白經天：“壬午”，原作“辛巳”，《輯本舊史》卷一三九《天文志》記於“乾祐三年四月壬午”，“三”應爲“二”之誤；《新五代史》卷五九《司天考》、《通鑑》卷二八八均記於“乾祐二年四月壬午”，據改。

五月甲辰朔，故湖南節度使、檢校太尉、兼中書令、扶風郡公、贈太師馬希聲追封衡陽王。[1]戊申，以前邠州節度使安審約爲左神武統軍，[2]以前洛京副留守袁義爲右神武統軍。[3]乙卯，河府軍前奏，今月九日，河中節度副使周光遜棄賊河西寨，[4]與將士一千一百三十人來奔。己未，右監門大將軍許遷上言，[5]奉使至博州博平縣界，[6]覩蝝生彌亘數里，[7]一夕並化爲蝶飛去。辛酉，兖、鄆、齊三州奏蝝生。[8]乙丑，永興趙思綰遣牙將劉成詣闕乞降，[9]制授趙思綰華州節度留後、檢校太保，[10]以永興城内都指揮使常彦卿爲虢州刺史。[11]丁卯，宋州奏，[12]蝗抱草而死。己巳，湖南奏，蠻寇賀州，[13]遣大將軍徐進率兵援之，[14]戰於風陽山下，[15]大敗蠻獠，斬首五千級。

［1］湖南：方鎮名。又稱武安軍節度。治所在潭州（今湖南長沙市）。　中書令：官名。漢代始置，隋、唐前期爲中書省長官，屬宰相之職；唐後期多爲授予元勳大臣的虚銜。正二品。　太師：官名。與太傅、太保合稱三師，唐後期、五代多爲大臣、勳貴加官。正一品。　馬希聲：人名。馬殷之子，五代十國南楚君主。傳見本書卷一三三、《新五代史》卷六六。

［2］邠州：州名。治所在今陝西彬縣。　安審約：人名。籍貫不詳。五代將領。事見本書卷八二至卷八五、卷一一一。　左神武統軍：官名。唐代左神武軍統兵官。唐置六軍，分左、右羽林，左、右龍武，左、右神武，即"北衙六軍"。興元元年（784），六軍各置統軍，以寵功勳臣。其品秩，《唐會要》卷七一、《舊唐書》卷一二記載爲"從二品"，《通鑑》卷二二九記載爲"從三品"。

［3］洛京：地名。位於今河南洛陽市。　副留守：官名。古代皇帝出巡或親征時指定親王或大臣留守京城，綜理國家軍事、行政、民事、財政等事務，稱京城留守。在陪都或軍事重鎮也常設留守，以地方長官兼任。副留守即其副貳。　袁襄：人名。籍貫不詳。五代後唐至後周將領。事見本書卷三七、卷一〇三，《新五代史》卷三〇。

［4］節度副使：官名。唐五代方鎮屬官。位於行軍司馬之下、判官之上。　周光遜：人名。太原（今山西太原市）人。周德威之子、周光輔之弟，時爲李守貞之驍將。事見本書卷九一《周光輔傳》。

［5］右監門大將軍：官名。唐置，掌宫禁宿衛。唐代十六衛之一。正三品。　許遷：人名。鄆州（今山東東平縣）人。五代將領。傳見本書卷一二九。《御覽》卷九四五《虫豸部二》引《漢實録》作"右監門衛大將軍"。

［6］博州：州名。治所在今山東聊城市。　博平縣：縣名。治所在今山東茌平縣博平鎮。《御覽》卷九四五《虫豸部二》引《漢實録》作“博平縣東村”。

［7］蝝：蝗的幼蟲。

［8］兖：州名。治所在今山東濟寧市兖州區。　鄆：州名。治所在今山東東平縣。　齊：州名。治所在今山東濟南市。

［9］牙將：節度使衙將領總稱。　劉成：人名。籍貫不詳。五代將領。事見本書本卷及卷一〇九。中華書局本有校勘記：“《册府》卷一六六同，本書卷一〇九《趙思綰傳》作‘劉成琦’，《新五代史》卷五三《趙思綰傳》作‘劉筠’”。見《宋本册府》卷一六六《帝王部・招懷門四》。

［10］檢校太保：官名。爲散官或加官，以示恩寵，無實際執掌。

［11］城内都指揮使：官名。所部統兵將領。城内爲部隊番號。　常彦卿：人名。籍貫不詳。五代後漢將領。事見本書卷一〇九。　虢州：州名。治所在今河南靈寶市。

［12］宋州：州名。治所在今河南商丘市睢陽區。

［13］賀州：州名。治所在今廣西賀州市。

［14］徐進：人名。籍貫不詳。五代將領。事見本書卷三〇、卷三八。

［15］風陽山：山名。即風門山。位於今湖南武岡市。《讀史方輿紀要》卷八一：“風門山，州西四十里，極高峻。或以爲即風陽山也。五代漢乾祐二年，楚將徐進敗蠻于風陽山，斬首五千級，即此。”

六月癸酉朔，日有食之。兖州奏，捕蝗二萬斛。魏、博、宿三州蝗抱草而死。[1]乙亥，潁州獻白鹿。戊寅，安州節度使楊信奏，[2]亡父光遠，[3]蒙賜神道碑，[4]

鐫勒畢，無故中斷。詔别令斵石鐫勒。己卯，滑、濮、澶、曹、兖、淄、青、齊、宿、懷、相、衛、博、陳等州奏蝗，[5]分命中使致祭於所在川澤山林之神。開封府、滑、曹等州蝗甚，遣使捕之。[6]壬午，月犯心星。[7]辛卯，回鶻遣使貢方物。[8]丙申，改商州乾元縣爲乾祐縣，[9]隸京兆府。[10]是月，邠、寧、澤、潞、涇、延、鄜、坊、晋、絳等州旱。[11]

[1]魏：州名。治所在今河北大名縣。　宿：州名。治所在今安徽宿州市。　抱草：《輯本舊史》之影庫本粘籤："原本作'抱卓'，今據《薛史·五行志》改正。"見《輯本舊史》卷一四五《五行志》。

[2]安州：州名。治所在今湖北安陸市。　楊信：人名。即楊承信。沙陀部人。五代將領楊光遠第三子。五代、宋初官員。傳見《宋史》卷二五二。《舊五代史考異》："案：楊信本名承信，在隱帝時，避御名去'承'字。《薛史》仍當時《實録》之舊。"

[3]光遠：人名。即楊光遠。沙陀部人。五代後唐、後晋將領。傳見本書卷九七、《新五代史》卷五一。

[4]神道碑：立在墓道前記載死者事跡的石碑，亦指刻於神道碑上的碑文。

[5]滑：州名。治所在今河南衛輝市。　濮：州名。治所在今山東鄄城縣。　澶：州名。唐大曆七年（772）移治今河南清豐縣，五代後晋天福四年（939）移治今河南濮陽縣。　曹：州名。治所在今山東曹縣西北。　淄：州名。治所在今山東淄博市。　青：州名。治所在今山東青州市。　懷：州名。治所在今河南沁陽市。　相：州名。治所在今河南安陽市。　衛：州名。治所在今河南衛輝市。　陳：州名。治所在今河南淮陽縣。

[6]"己卯"至"遣使捕之"：《舊五代史考異》："案《宋史·

段思恭傳》：隱帝時蝗，詔徧祈山川。思恭上言：‘赦過宥罪，議獄緩刑，苟獄訟平允，則災害不生。望令諸州速決重刑，無致淹濫，必召和氣。’從之。”其中，“隱帝時蝗”，中華書局本有校勘記：“‘時’字原闕，據《宋史》卷二七〇《段思恭傳》補。”“苟獄訟平允”，中華書局本有校勘記：“‘苟’字原闕，據殿本、劉本、《宋史》卷二七〇《段思恭傳》補。”“必召和氣”，中華書局本有校勘記：“‘氣’，原作‘平’，據《宋史》卷二七〇《段思恭傳》改。”

[7]月犯心星：月象的一種。指月亮侵逼心宿、光芒相觸的現象。星占家認爲是大喪之兆。

[8]回鶻：古部族名。原係突厥鐵勒部的一支。唐天寶三載（744）建立回鶻汗國，9世紀中葉，回鶻汗國瓦解。其中一支爲甘州回鶻。11世紀初，甘州回鶻爲西夏所滅。參見楊蕤《回鶻時代：10—13世紀陸上絲綢之路貿易研究》，中國社會科學出版社2015年版。

[9]商州：州名。治所在今陝西商洛市商州區。　乾元縣：縣名。治所在今陝西柞水縣。

[10]京兆府：府名。治所在今陝西西安市。

[11]邠：州名。治所在今陝西彬縣。　寧：州名。治所在今甘肅寧縣。　澤：州名。治所在今山西澤州縣。　潞：州名。治所在今山西長治市。　涇：州名。治所在今甘肅涇川縣。　延：州名。治所在今陝西延安市。　鄜：州名。治所在今陝西富縣。　坊：州名。治所在今陝西黄陵縣。　晋：州名。治所在今山西臨汾市。　絳：州名。治所在今山西新絳縣。

秋七月辛亥，湖南奏，析長沙縣東界爲龍喜縣，[1]從之。丙辰，樞密使郭威奏，[2]收復河府羅城，李守貞退保子城。丁巳，永興都部署郭從義奏：[3]“新除華州留後趙思綰，自今月三日授華州留後，[4]準詔赴任，三移行期，仍要鎧甲以給牙兵，及與之，竟不遵路。至九日夕，有部曲曹彦進告，[5]思綰欲於十一日夜與同惡五百人奔南山入蜀。[6]是日詰旦，再促上路，云俟夜進途。臣尋與王峻入城，[7]分兵守四門，其趙思綰部下軍，各已執帶，遂至牙署，令召思綰，[8]至則執之，與一行徒黨，並處置訖。”甲子，樞密使郭威奏，收復河中府，逆賊李守貞自燔而死。[9]丙寅，以權涼州留後折逋嘉施爲河西軍節度留後。[10]兖州奏，捕蝗三萬斛。丁卯，前洺州團練使武漢球卒。[11]戊辰，永興軍節度使兼兵馬都部署郭從義加同平章事，[12]徙華州節度使。[13]郭從義奏，處斬前巡檢使喬守温，[14]供奉官王益、時知化、任繼勳等。[15]守温受高祖命巡檢京兆，[16]會王益自鳳翔押送趙思綰等赴闕，行至京兆，守温迎益於郊外，思綰等突然作亂，遂據其城。及郭從義率兵攻討，令守温部署役夫。守温有愛姬陷在賊城，爲思綰所録，及收城，從義盡得思綰之婢僕，守温求其愛姬，從義雖與之，意有所慊，遂發前罪，密啓于郭威，請除之，與王益等併誅焉。兖州奏，捕蝗四萬斛。

[1]長沙縣：縣名。治所在今湖南長沙市。　龍喜縣：縣名。治所在今湖南長沙市。

[2]樞密使：官名。樞密院長官。唐代宗時始以宦官掌機密，至昭宗時借朱温之力盡誅宦官，始改以士人任樞密使。備顧問，參謀議，出納詔奏，權侔宰相。參見李全德《唐宋變革期樞密院研究》，國家圖書館出版社 2009 年版。

[3]郭從義：人名。沙陀部人。五代、宋初大臣。傳見《宋

史》卷二五二。

［4］今月三日：明本《册府》卷四三五《將帥部·獻捷門二》作“三月三日”，據本卷載，趙思綰授官在五月乙丑，《册府》誤。

［5］曹彦：人名。籍貫不詳。本書僅此一見。

［6］南山：山名。即終南山。位於今陝西西安市。

［7］王峻：人名。相州安陽（今河南安陽市）人。五代將領，後周時任樞密使兼宰相。傳見本書卷一三〇、《新五代史》卷五〇。中華書局本有校勘記：“原作‘王俊’，據殿本、劉本、孔本、邵本校、《册府》卷四三五、《通鑑》卷二八八及本卷下文改。影庫本批校：‘王俊之“俊”，據下文當作“峻”。’”見本卷下文八月乙未。

［8］令召思綰：中華書局本有校勘記：“‘召’，原作‘趙’，據《册府》卷四三五、《新五代史》卷五三《趙思綰傳》、《通鑑》卷二八八改。”《舊五代史考異》：“案：《歐陽史》作七月丁巳，郭威殺華州留後趙思綰于京兆，以郭威專殺爲文，與《薛史》異。”中華書局本引孔本：“案：《歐陽史》作七月丁巳，郭威殺華州留後趙思綰于京兆。蓋以郭從義等請命于郭威，始誅思綰，故以郭威專殺爲文，又誤以奏聞之日爲專殺之日也。《通鑑》作甲辰，趙思綰釋甲出城受詔。壬子，殺思綰。與《薛史》合，爲得其實。”見《新五代史》卷一〇《漢隱帝紀》、《通鑑》卷二八八。

［9］“甲子”至“逆賊李守貞自燔而死”：《舊五代史考異》：“案《通鑑》：壬戌，李守貞自焚死。《歐陽史》作甲子，克河東。衹以奏聞之日爲據也。《五代春秋》繫于六月，殊誤。”見《新五代史》卷一〇、《通鑑》卷二八八、《五代春秋》卷下《漢隱帝》。又據《輯本舊史》卷一一〇《周太祖紀一》乾祐二年七月，“二十一日，城陷，守貞舉家自焚而死”。七月壬寅朔，壬戌爲二十一日，故李守貞當自焚於七月壬戌。

［10］涼州：州名。治所在今甘肅武威市。　折逋嘉施：人名。籍貫不詳。涼州留後。事見本書本卷。　河西軍：方鎮名。治所在

涼州（今甘肅武威市）。

［11］洺州：州名。治所在今河北邯鄲市永年區。　團練使：官名。唐代中期以後，於不設節度使的地區設團練使，掌本區各州軍事。　武漢球：人名。澤州（今山西澤州縣）人。五代將領。傳見本書卷一〇六。

［12］同平章事：官名。全稱“同中書門下平章事”。唐高宗以後，凡實際任宰相之職者，常在其本官後加同平章事的職銜。後成爲宰相專稱。後晉天福五年（940），升中書門下平章事爲正二品。

［13］“戊辰”至“徙華州節度使”：中華書局本有校勘記：“‘徙’原作‘以’，據殿本、孔本改。影庫本粘籤：‘“以華州節度使”句，“以”字按文義當作“徙”字。’按朱玉龍《方鎮表》：‘劉詞爲鎮國，兩五代史《劉詞傳》、《册府》卷三八七《將帥部》與《通鑑》同，俱云河中李守貞平，以功拜鎮國節度使。惟《舊史·隱帝紀》中云，乾祐二年七月戊辰，永興節度使郭從義徙華州。此不獨與《通鑑》異，且與同書下年四月壬申“華州劉詞移鎮邢州”文不協。據《宋史》郭從義傳》及《舊史·周太祖紀》，趙思綰叛，以從義爲永興節度使，廣順元年正月癸未加兼侍中，同年八月壬子徙許州，皆無中間移鎮華州之説。參校《通鑑》所引《乾祐二年七月戊辰制》“加永興節度使郭從義同平章事，徙鎮國節度使扈從珂爲護國節度使，以河中行營馬步都虞候劉詞爲鎮國節度使”，必是《舊史》“徙華州節度使”下脱“扈從珂爲護國節度使，以河中行營馬步都虞候劉詞爲鎮國節度使”。’”見《宋本册府》卷三八七《將帥部·褒異門十三》、《輯本舊史》卷一一〇《周太祖紀一》、《通鑑》卷二八八、《宋史》卷二五二《郭從義傳》。

［14］巡檢使：官名。五代始置，設於京師、陪都、重要的州及邊防重鎮。　喬守温：人名。籍貫不詳。五代後漢地方武官。事見本書卷一〇九。

［15］供奉官：官名。泛指侍奉皇帝左右的臣僚，亦爲東、西頭供奉官通稱。　王益、時知化、任繼勳：皆人名。籍貫不詳。皆五

代後漢供奉官。事見本書本卷、卷一〇一。

[16]高祖：即五代後漢高祖劉知遠。947年至948年在位。紀見本書卷九九至卷一〇〇、《新五代史》卷一〇。

八月壬午，[1]西京留臺侍御史趙礪彈奏，[2]太子太保王延、太子洗馬張季凝等，[3]自去年五月後來，每稱請假，俱是不任拜起。詔延等宜以本官致仕。甲申，以陝州節度使、充河中一行兵馬都部署白文珂爲西京留守，[4]加兼侍中；[5]潞州節度使、充河中一行副都署常思加檢校太師。[6]以右散騎常侍盧撰爲户部侍郎致仕。[7]辛卯，右拾遺高守瓊上言：[8]"仕官年未三十，請不除授縣令。"[9]詔："起今後諸色選人，[10]年及七十者，宜注優散官；年少未歷資考者，不得注擬縣令。"癸巳，以翰林學士、工部尚書張沆爲禮部尚書。[11]沆卜葬先人，以内署無例乞假，乃上章請解職，以赴葬事，遂落職以遣之。乙未，宣徽南院使、永興行營兵馬都監王峻，[12]宣徽北院使、河府行營兵馬都監吴虔裕，[13]並加檢校太傅。[14]

[1]八月壬午：原無"八月"，中華書局本有校勘記："按七月壬寅朔，無壬午，本卷下文甲申事，《通鑑》卷二八八繫於八月，八月壬申朔，壬午爲十一日，甲申爲十三日。"今據干支，補"八月"二字。

[2]西京留臺：官署名。即西京留守司。西京指河南府（今河南洛陽市）。掌行宫宫鑰及京城守衛、修葺、彈壓公事。　侍御史：官名。秦始置。掌糾舉百官、推鞫獄訟。從六品下。　趙礪：人名。籍貫不詳。五代官員。事見本書卷八八、卷一一六、卷一一

八、卷一二七、卷一四七。

［3］太子太保：官名。與太子太師、太子太傅統稱太子三師。隋唐以後多作加官或贈官。從一品。　王延：人名。鄭州長豐（今河北文安縣南）人。五代大臣，歷仕五代各朝。傳見本書卷一三一、《新五代史》卷五七。中華書局本有校勘記："《册府》卷五二〇下同，本書卷一一一《周太祖紀二》'（廣順元年）以太子少保致仕王延爲太子少傅'，《新五代史》卷五七《王延傳》作'以太子少保致仕'，則王延當以太子少保致仕。"見《輯本舊史》卷一一一《周太祖紀二》廣順元年三月丙子條、《宋本册府》卷五二〇下《憲官部·彈劾門四》。　太子洗馬：官名。太子屬官。掌經籍，出入侍從。從五品。　張季凝：人名。籍貫不詳。事見明本《册府》卷五二〇下《憲官部·彈劾門三（下）》、卷九六五《外臣部·封册門三》。

［4］陜州：州名。治所在今河南三門峽市陜州區。

［5］侍中：官名。秦始置。隋、唐前期爲門下省長官。唐後期多爲大臣加銜，不參與政務，實際職務由門下侍郎執行。正二品。

［6］潞州：州名。治所在今山西長治市。　常思：人名。太原（今山西太原市）人。五代將領。傳見本書卷一二九、《新五代史》卷四九。　檢校太師：官名。爲散官或加官，以示恩寵，無實際執掌。太師，與太傅、太保並爲三師。

［7］右散騎常侍：官名。中書省屬官。掌侍從規諫、顧問應對等事。正三品下。　盧撰：人名。籍貫不詳。五代官員。事見本書卷八〇、卷八五。　户部侍郎：官名。尚書省户部次官。協助户部尚書掌天下田户、均輸、錢穀之政令。正四品下。

［8］右拾遺：官名。唐武則天於垂拱元年（685）置拾遺，分左、右。左拾遺隸門下省，右拾遺隸中書省，與左、右補闕共掌諷諫，大事廷議，小事則上封事。從八品上。　高守瓊：人名。籍貫不詳。五代官員。事見本書卷一四八《選舉志》，明本《册府》卷六九《帝王部·審官門》、卷六三四《銓選部·條制六》。

[9]縣令：官名。爲縣的行政長官，掌治本縣。唐代之縣，分赤（京）、次赤、畿、次畿、望、緊、上、中、中下、下十等。縣令分六等，正五品上至從七品下。

[10]選人：候選官員。唐制，凡以科舉、門蔭、雜色入流等資格參加吏部銓選官吏的人，通稱爲選人。

[11]翰林學士：官名。由南北朝始設之學士發展而來，唐玄宗改翰林供奉爲翰林學士，備顧問、代王言。掌拜免將相，號令征伐等詔令的起草。　工部尚書：官名。尚書省工部主官。掌百工、屯田、山澤之政令。正三品。　張沆：人名。徐州（今江蘇徐州市）人。五代後唐、後晋、後周官員。傳見本書卷一三一。　禮部尚書：官名。尚書省禮部長官。掌禮儀、祭享、貢舉之政。正三品。

[12]宣徽南院使：官名。唐始置。宣徽南院長官。初用宦官，五代以後改用士人。與宣徽北院使通掌内諸司及三班内侍之名籍，郊祀、朝會、宴享供帳之儀，檢視内外進奉名物。參見王永平《論唐代宣徽使》，《中國史研究》1995 年第 1 期；王孫盈政《再論唐代的宣徽使》，《中華文史論叢》2018 年第 3 期。　兵馬都監：官名。唐代中葉命將出征，常以宦官爲監軍、都監。後爲臨時委任的統兵官，稱都監、兵馬都監。掌屯戍、邊防、訓練之政令。

[13]吴虔裕：人名。許州許田（今河南許昌市）人。五代、宋初將領。傳見《宋史》卷二七一。

[14]檢校太傅：官名。爲散官或加官，以示恩寵，無實際執掌。

九月乙巳，樞密使郭威加檢校太師、兼侍中，[1]宋州節度使兼侍衛親軍都指揮使史弘肇加兼中書令。[2]初，郭威平河中回，朝廷議加恩，威奏曰："臣出兵已來，輦轂之下，無犬吠之憂，俾臣得專一其事，軍旅所聚，貲糧不乏，此皆居中大臣鎮撫謀畫之功也，臣安敢獨擅其美乎！”帝然之，於是弘肇與宰相、樞密使、三司使，[3]次第加恩。既而諸大臣以恩之所被，皆朝廷親近之臣，而宗室劉信及青州劉銖等皆國家元勳，[4]必有不平之意，且外慮諸侯以朝廷有私於親近也，於是議及四方侯伯，普加恩焉。丙午，西京留守判官時彦澄、推官姜蟾、少尹崔淑並免居官，[5]坐不隨府罷職，爲留臺侍御史趙礪所彈也。己酉，以右千牛上將軍孫漢贇爲絳州刺史。[6]禮部尚書、判吏部尚書銓事王松停見任，[7]坐子仁寶爲李守貞從事也，[8]尋卒於其第。辛亥，宰臣竇貞固加守司徒，[9]蘇逢吉加守司空，[10]蘇禹珪加左僕射。[11]楊邠加右僕射，[12]依前兼樞密使。太子太師致仕皇甫立卒。[13]癸丑，三司使王章加邑封。乙卯，鄴都高行周加守太師，[14]襄州安審琦加守太傅，[15]兖州符彦卿加守太保，[16]北京劉崇加兼中書令。[17]丁巳，澶州李洪信移鎮陝州，以侍衛馬軍都指揮使、遂州節度使李洪義爲澶州節度使。己未，許州劉信加兼侍中，[18]開封尹侯益進封魯國公，[19]鄆州慕容彦超、青州劉銖並加兼侍中。[20]湖南馬希廣奏，於八月十八日大破朗州馬希萼之衆。[21]辛酉，靈州馮暉、夏州李彝殷並加兼中書令。[22]右武衛將軍石懿、左武衛將軍石訓並停任。[23]懿等以八月中秋，享晋五廟，命倡婦宿於齋宫，鴻臚寺劾之，[24]故有是責。癸亥，鎮州武行德、鳳翔趙暉並加檢校太師。[25]鄴都、磁、相、邢、洺等州奏，[26]霖雨害稼。西京奏，洛水溢岸。[27]乙丑，晋州王晏、同州張彦贇、邠州侯章、涇州史懿、滄州王景、延州高允權並加檢校太師。[28]

[1]九月乙巳，樞密使郭威加檢校太師、兼侍中："加"字原闕，據《輯本舊史》卷一一〇《周太祖紀一》補。《通鑑》卷二八八作"乙巳，加威兼侍中。"

[2]侍衛親軍都指揮使：官名。五代時侍衛親軍長官。多由皇帝親信擔任。　史弘肇：人名。鄭州滎澤（今河南鄭州市）人。五代後漢將領。傳見本書卷一〇七、《新五代史》卷三〇。

[3]三司使：官名。五代後唐明宗天成元年（926）將晚唐以來的户部、度支、鹽鐵三部合爲一職，設三司使統之。主管國家財政。

[4]劉信：人名。兗州中都（今山東汶上縣）人。五代十國吴國將領。傳見《十國春秋》卷七。　青州：州名。治所在今山東青州市。《輯本舊史》之影庫本粘籤："青州劉銖，原本作'清州劉殊'，今從《通鑑》改正。"見《通鑑》卷二八八，又見《輯本舊史》卷一〇〇《漢高祖紀下》天福十二年（947）七月甲辰、卷一〇七《劉銖傳》，明本《册府》卷四五五《將帥部·貪瀆門》，《宋本册府》卷六九〇《牧守部·强明門》。　劉銖：人名。陝州（今河南三門峽市）人。時權知開封府事。傳見本書卷一〇七、《新五代史》卷三〇。

[5]留守判官：官名。留守司僚屬，分掌留守司各曹事，並協助留守通判陪都事。　時彦澄：人名。籍貫不詳。本書僅此一見。　推官：官名。唐肅宗以後置，五代沿置。爲節度、觀察、團練、防禦等使的屬官。度支、鹽鐵等使也置推官掌理刑案之事。　姜蟾：人名。籍貫不詳。本書僅此一見。　少尹：官名。唐、五代於三京、鳳翔等府均置少尹，爲尹的副職。協助尹通判列曹諸務。從四品下。　崔淑：人名。籍貫不詳。本書僅此一見。

[6]右千牛上將軍：官名。唐置，掌宫禁宿衛。唐代十六衛之一。從二品。　孫漢贇：人名。籍貫不詳。本書僅此一見。

[7]判吏部尚書銓事：唐代對文官選授考課，由吏部尚書、侍郎分掌其事。尚書爲尚書銓，掌五品至七品選；侍郎二人分爲中

銓、東銓，掌八品、九品選，合稱三銓。其後皆歸侍郎專之，尚書通署而已。　王松：人名。京兆（今陝西西安市）人。唐僖宗宰相王徽之子。五代後唐至後漢官員。傳見本書附録、《新五代史》卷五七。

[8]仁寶：人名。即王仁寶。京兆（今陝西西安市）人。王松之子。事見《新五代史》卷五七《王松傳》。

[9]竇貞固：人名。同州白水（今陝西白水縣）人。五代後漢宰相。傳見《宋史》卷二六二。　司徒：官名。與太尉、司空並爲三公。唐後期、五代多爲大臣、勳貴加官。正一品。　宰臣竇貞固加守司徒：《舊五代史考異》："案：《宋史·竇貞固傳》作隱帝即位，加司徒。考貞固加司徒，在乾祐二年，《宋史》作即位所加，蓋未詳考。"見《宋史》卷二六二《竇貞固傳》。

[10]蘇逢吉：人名。長安（今陝西西安市）人。五代後漢宰相。傳見本書卷一〇八、《新五代史》卷三〇。　司空：官名。與太尉、司徒並爲三公，唐後期、五代多爲大臣、勳貴加官。正一品。

[11]蘇禹珪：人名。高密（今山東高密市）人。劉知遠爲河東節度時的屬官，後漢初任宰相。傳見本書卷一二七。　左僕射：官名。秦始置。隋、唐前期以左、右僕射佐尚書令總理六官，綱紀庶務，如不置尚書令，則總判省事，爲宰相之職。唐後期多爲大臣加銜。從二品。

[12]楊邠：人名。魏州冠氏（今山東冠縣）人。五代後漢大臣。傳見本書卷一〇七、《新五代史》卷三〇。

[13]太子太師：官名。與太子太傅、太子太保統稱太子三師。隋唐以後多作加官或贈官。從一品。　皇甫立：人名。代北（今山西北部一帶）人。五代後唐、後晋、後漢官員。傳見本書一〇六。

[14]鄴都：地名。位於今河北大名縣。五代後唐同光元年(923)，改魏州爲興唐府，建號東京。三年，改東京爲鄴都。　高行周：人名。幽州（今北京市）人。五代將領。傳見本書卷一二

三、《新五代史》卷四八。

［15］襄州：州名。治所在今湖北襄陽市。　安審琦：人名。沙陀部人。五代將領。歷仕後唐至後周。傳見本書卷一二三。　太傅：官名。與太師、太保合稱三師，唐後期、五代多爲大臣、勳貴加官。正一品。

［16］符彦卿：人名。陳州宛丘（今河南淮陽縣）人。五代後周、宋初將領。周世宗宣懿皇后、宋太宗懿德皇后，皆符彦卿女。傳見《宋史》卷二五一。　太保：官名。與太師、太傅並爲三師。唐後期、五代多爲大臣、勳貴加官。正一品。　兖州符彦卿加守太保：中華書局本有校勘記："'兖州'，原作'兖州府'，據劉本、彭本、本書卷一〇三《漢隱帝紀下》改。"

［17］劉崇：人名。即劉旻。太原（今山西太原市）人。五代後漢高祖劉知遠從弟。後漢時任太原尹，專制一方。後周代漢，劉崇稱帝於太原，國號漢，史稱北漢。傳見本書卷一三五、《新五代史》卷七〇。

［18］許州：州名。此處代指治所在許州（今河南許昌市）的方鎮忠武軍。

［19］開封尹：官名。即開封府尹。五代除後唐外均都汴州，升汴州爲開封府，置開封府尹或知開封府事。執掌京師政務。從三品。　侯益：人名。汾州平遥（今山西平遥縣）人。五代將領。傳見《宋史》卷二五四。

［20］慕容彦超：人名。沙陀部人（一説吐谷渾部人）。五代後漢將領，後漢高祖劉知遠同母弟。傳見本書卷一三〇、《新五代史》卷五三。

［21］朗州：州名。治所在今湖南常德市。　馬希萼：人名。五代十國南楚君主，南楚武穆王馬殷之子，弑殺馬希廣後自立爲王，不恤政事，後爲馬希崇所代，終被南唐所俘。傳見本書卷一三三。

［22］靈州：州名。治所在今寧夏吴忠市。　馮暉：人名。魏州（今河北大名縣）人。五代後唐至後周將領。傳見本書卷一二五、

《新五代史》卷四九。　夏州：州名。治所在今陝西靖邊縣。　李彝殷：人名。夏州（今陝西靖邊縣）人。避趙弘殷諱改名李彝興。五代宋初定難軍節度使。傳見《宋史》卷四八五。

［23］右武衛將軍：官名。唐置，掌宫禁宿衛。唐代十六衛之一。從三品。中華書局本有校勘記："'武'字原闕，據劉本、邵本、彭本補。"　石懿：人名。籍貫不詳。本書僅此一見。　左武衛將軍：官名。唐置，掌宫禁宿衛。唐代十六衛之一。從三品。石訓：人名。籍貫不詳。本書僅此一見。

［24］鴻臚寺：官署名。中央主管民族事務與外事接待活動及凶喪之儀之機關。

［25］鎮州：州名。治所在今河北正定縣。　武行德：人名。并州榆次（今山西晋中市榆次區）人。五代、宋初將領。傳見《宋史》卷二五二。　鳳翔：方鎮名。治所在鳳翔府（今陝西鳳翔縣）。　趙暉：人名。澶州（今河南濮陽市）人。五代後唐至後周將領。傳見本書卷一二五。

［26］磁：州名。治所在今河北磁縣。　相：州名。治所在今河南安陽市。　邢：州名。治所在今河北邢臺市。　鄴都、磁、相、邢、洺等州奏：中華書局本有校勘記："'州'字原闕，據殿本補。"

［27］洛水：即今洛河。

［28］晋州：州名。治所在今山西臨汾市。　王晏：人名。徐州滕（今山東滕州市）人。五代、宋初將領。傳見《宋史》卷二五二。　同州：州名。治所在今陝西大荔縣。　張彦贇：人名。籍貫不詳。五代將領。事見本書本卷、卷一〇三。　侯章：人名。并州榆次（今山西晋中市榆次區）人。五代、宋初將領。傳見《宋史》卷二五二。　史懿：人名。代郡（今山西大同市）人。五代將領。傳見本書卷一二四。　王景：人名。萊州掖縣（今山東萊州市）人。五代、宋初將領。傳見《宋史》卷二五二。　高允權：人名。延州（今陝西延安市）人。五代將領。傳見本書卷一二五。

冬十月庚午朔，契丹入寇。是日，定州孫方簡、徐州劉贇並加同平章事，[1]以利州節度使宋延渥爲滑州節度使。[2]甲戌，皇弟興元節度使承勳加檢校太師。[3]丙子，相州郭謹、貝州王繼弘、邢州薛懷讓並加檢校太尉。[4]庚辰，安州楊信、鄧州劉重進加檢校太師，[5]河陽李暉加檢校太傅。[6]壬午，兩浙錢弘俶加守尚書令，[7]湖南馬希廣加守太尉。癸未，監修國史蘇逢吉、史官賈緯以所撰《高祖實録》二十卷上之。[8]丙戌，荆南高保融加檢校太師、兼侍中；[9]以殿前都部署、江州防禦使李洪建爲遂州節度使，[10]充侍衛馬軍都指揮使；以奉國左厢都指揮使、永州防禦使王殷爲夔州節度使，[11]充侍衛步軍都指揮使。契丹陷貝州高老鎮，[12]南至鄴都北境，又西北至南宫、堂陽，[13]殺掠吏民。數州之地，大被其苦，藩郡守將，閉關自固。己丑，[14]遣樞密使郭威率師巡邊，仍令宣徽使王峻參預軍事。庚寅，府州折從阮進封岐國公，[15]豐州郭勳進封虢國公。[16]

[1]孫方簡：人名。又名孫方諫。中山（今河北定州市）人，一説莫州清苑（今河北保定市清苑區）人。五代後晋至後周將領。傳見本書卷一二五、《新五代史》卷四九。　劉贇：人名。五代後漢宗室。其父劉崇爲後漢高祖劉知遠弟，過繼爲劉知遠養子。傳見本書卷一〇五、《新五代史》卷一八。　定州孫方簡、徐州劉贇並加同平章事：《通鑑》卷二八八："壬申，加義武節度使孫方簡、武寧節度使劉贇同平章事。"與本紀異。

[2]利州：州名。治所在今四川廣元市利州區。　宋延渥：人名。洛陽（今河南洛陽市）人。五代、宋初將領，後漢高祖劉知遠

壻。入宋後改名偓。傳見《宋史》卷二五五。　以利州節度使宋延渥爲滑州節度使：《舊五代史考異》："案：延渥爲利州節度使，于前未見。王禹偁《宋公神道碑》云：'少帝嗣統，授檢校太尉，使持節利州諸軍事，行利州刺史。'蓋延渥于元年出鎮利州，二年復改鎮也。《薛史》未及詳載。"

[3]興元：府名。治所在今陝西漢中市。　承勳：人名。即劉承勳。五代後漢高祖劉知遠第三子。傳見本書卷一〇五、《新五代史》卷一八。《輯本舊史》之影庫本粘籤："承勳，原本作'成熏'，今從《歐陽史·家人傳》改正。"見《輯本舊史》卷一〇五《宗室列傳二》、《新五代史》卷一八《漢家人傳》。

[4]郭謹：人名。晉陽（今山西太原市）人。五代後晉、後漢將領。傳見本書卷一〇六。　王繼弘：人名。南宮（今河北南宮市）人。五代將領。傳見本書卷一二五。　薛懷讓：人名。祖先爲戎人，後徙居太原（今山西太原市）。五代將領。傳見《宋史》卷二五四。　相州郭謹、貝州王繼弘、邢州薛懷讓並加檢校太尉：中華書局本有校勘記："'太尉'，本書卷一〇六《郭謹傳》、《册府》卷一七二作'太師'。本書卷一〇〇《漢高祖紀下》：'（天福十二年十二月）以前鄜州節度使郭謹爲滑州節度使，加檢校太尉。'又據本書卷一〇一《漢隱帝紀上》，乾祐元年三月薛懷讓、王繼弘分别自檢校太傅加檢校太尉，則三人此前皆已加太尉。按'太尉'疑爲'太師'之訛。"見《輯本舊史》卷一〇〇《漢高祖紀下》天福十二年十二月辛丑，卷一〇一《漢隱帝紀上》乾祐元年三月甲戌、丙子；《宋本册府》卷一七二《帝王部·求舊門二》。

[5]鄧州：州名。治所在今河南鄧州市。　劉重進：人名。本名晏僧。幽州（今北京市）人。五代、宋初將領。傳見《宋史》卷二六一。

[6]河陽：方鎮名。全稱"河陽三城"。治所在孟州（今河南孟州市）。　李暉：人名。瀛州束城（今河北河間市）人。五代官員。傳見本書卷一二九。

[7]兩浙：方鎮名。治所在今浙江杭州市。　錢弘俶：人名。即錢俶。錢元瓘第九子，五代十國吴越末代君主。傳見本書卷一三三、《新五代史》卷六七。　尚書令：官名。秦始置。隋、唐前期爲尚書省長官，與中書令、侍中並爲宰相。因以李世民爲之，後皆不授，唐高宗廢其職。唐後期以李適、郭子儀有功而特授此職，爲大臣榮銜，不參與政務。五代因之。唐時爲正二品，後梁開平三年（909）升爲正一品。

[8]監修國史：官名。北齊始置於史館，以宰相爲之。唐宋史館沿置，爲宰相兼職。唐制，宰相四人中，首相兼太清宫使，次三相依次兼弘文館大學士、監修國史、集賢殿大學士。

[9]高保融：人名。陝州硤石（今河南三門峽市陝州區硤石鄉）人。五代南平國王高從誨子，後漢乾祐元年（948）繼父位。傳見本書卷一三三、《新五代史》卷六九。

[10]都部署：官名。五代後唐始置，爲臨時委任的大軍區統帥。掌管屯戍、攻防等事務。　江州：州名。治所在今江西九江市。　李洪建：人名。晉陽（今山西太原市）人。後漢高祖李皇后弟，五代將領。傳見本書卷一〇七。中華書局本作“李建”，並有校勘記：“本書卷一〇三《漢隱帝紀下》、《通鑑》卷二八九作‘李洪建’。”見《輯本舊史》卷一〇三《漢隱帝紀下》乾祐三年十一月“侍衛馬軍都指揮使李洪建判侍衛司事”，《通鑑》卷二八九記載同。又《輯本舊史》卷一〇七《李洪建傳》：“太后母弟也。事高祖爲牙將，高祖即位，累歷軍校，遥領防禦使。史弘肇等被誅，以洪建爲權侍衛馬步軍都虞候。”故知，李建乃李洪建之誤，據補。　遂州：州名。治所在今四川遂寧市。

[11]奉國：方鎮名。治所在蔡州（今河南汝南縣）。　左廂都指揮使：官名。所部統兵將領。“左廂”爲部隊番號。　王殷：人名。瀛州（今河北河間市）人。一作大名（今河北大名縣）人。五代將領。從郭威推翻後漢，後因功高震主爲郭威所殺。傳見本書卷一二四、《新五代史》卷五〇。　夔州：州名。治所在今重慶市

奉節縣。

[12]高老鎮：地名。位於今河北清河縣南。

[13]南宫：縣名。治所在今河南南宫市。　堂陽：縣名。治所在今河北新河縣。

[14]己丑：原闕，據《新五代史》卷一〇《漢隱帝紀》、《通鑑》卷二八八補。

[15]府州：州名。治所在今陝西府谷縣。　折從阮：人名。雲中（今山西大同市）人，羌族折掘氏。五代後唐至後周將領。傳見本書卷一二五、《新五代史》卷五〇。

[16]豐州：州名。治所在今内蒙古五原縣。　郭勳：人名。籍貫不詳。五代將領。事見本書本卷及卷一一一、卷一一四。

十一月壬寅，鄜州留後王饒加檢校太傅。[1]癸丑，以吴越國王錢弘俶母吴氏爲順德太夫人。[2]時議者曰："封贈之制，婦人有國邑之號，死乃有謚，后妃公主亦然。唐則天女主，[3]自我作古，乃生有則天之號，韋庶人有順聖之號，[4]知禮者非之。近代梁氏，賜張宗奭妻號曰賢懿，[5]又改爲莊惠，今以吴氏爲順德，皆非古之道也。"乙卯，以大府卿劉暤爲宗正卿。[6]

[1]王饒：人名。慶州華池（今甘肅華池縣）人。五代將領。傳見本書卷一二五。

[2]吴氏：吴越國王錢俶之母，錢元瓘之妻。

[3]則天：即武曌。并州文水（今山西文水縣）人。唐高宗皇后、武周皇帝。紀見《舊唐書》卷六、《新唐書》卷四。

[4]韋庶人：即唐中宗皇后韋氏。京兆萬年（今陝西西安市長安區）人。傳見《舊唐書》卷五一。

[5]張宗奭：人名。濮州臨濮（今山東鄄城縣臨濮鎮）人。五代後梁將領。傳見本書卷六三、《新五代史》卷四五。　張宗奭妻：《會要》卷一一封建條作“張全義妻儲氏”。

[6]大府卿：官名。即太府卿。南朝梁始置。太府寺長官。掌國家財帛庫藏出納、關市税收等務。從三品。　劉皞：人名。涿州歸義縣（今河北容城縣）人。五代大臣。劉昫之弟。傳見本書卷一三一。　宗正卿：官名。秦始置宗正，南朝梁始有宗正卿之官。由宗室充任。掌皇族外戚屬籍。正三品。

十二月庚午朔，湖南奏，静江軍節度使馬希瞻以今年十月十八日卒，[1]廢朝二日。辛未，日暈三重。戊寅，司徒、門下侍郎、平章事竇貞固奏，[2]請修《晋朝實録》，詔史官賈緯、竇儼、王伸等修撰。[3]以禮部尚書張沆復爲翰林學士。壬午，皇帝二十一姊永寧公主進封秦國長公主。[4]潁州奏，破淮賊於正陽。[5]《永樂大典》卷一萬六千二百二。[6]

[1]静江軍：方鎮名。治所在桂州（今廣西桂林市）。　馬希瞻：人名。許州鄢陵（今河南鄢陵縣）人，一説扶溝（今河南扶溝縣）人。楚國主馬希範之弟。事見本書卷八一。

[2]門下侍郎：官名。門下省副長官。正三品。

[3]竇儼：人名。薊州漁陽（今天津市薊州區）人。五代、宋初大臣。傳見《宋史》卷二六三。　王伸：人名。籍貫不詳。五代大臣，史官。事見本書卷一一三、卷一三一。

[4]永寧公主：五代後漢高祖長女，降宋延渥，天福十二年（947）四月封，至乾祐二年（949）十二月追封秦國長公主。事見《會要》卷二。

[5]正陽：地名。在今安徽壽縣正陽關鎮。中華書局本有校勘記："'正陽'原作'安陽'，據殿本、孔本、《通鑑》卷二八八改。《通鑑》胡注：'《九域志》，潁州潁上縣有正陽鎮，臨淮津。'"見《元豐九域志》卷五《泗州》條。

[6]《大典》卷一六二〇二"漢"字韻"漢隱帝（一）"事目。